L'insertion professionnelle des publics précaires

LE TRAVAIL HUMAIN

Collection dirigée par
Jean-Michel Hoc
Directeur de recherche au CNRS

L'insertion professionnelle des publics précaires

DENIS CASTRA

PRESSES UNIVERSITAIRES DE FRANCE

Dans la même collection :

Reason, J. (1993). *L'erreur humaine* (J.-M. Hoc, trad.). (Édition originale, 1990.)

Amalberti, R. (1996). *La conduite de systèmes à risques,* 2e éd., 2001.

Trinquet, P. (1996). *Maîtriser les risques du travail.*

Cellier, J.-M., De Keyser, V., & Valot, C. (éds.) (1996). *La gestion du temps dans les environnements dynamiques.*

Schwartz, Y. (1997). *Reconnaissance du travail,* 2e éd., 1998.

Leplat, J. (1997). *Regards sur l'activité en situation de travail.*

Kouabenan, D. R. (1998). *Explication naïve de l'accident et prévention.*

Grosjean, M., & Lacoste, M. (1999). *Communication et intelligence collective. Le travail à l'hôpital.*

Bourrier, M. (1999). *Le nucléaire à l'épreuve de l'organisation.*

Clot, Y. (1999). *La fonction psychologique du travail,* 2e éd., 2000.

Thoemmes, J. (2000). *Vers la fin du temps de travail ?*

Raufaste, É. (2001). *Les mécanismes cognitifs du diagnostic médical. Optimisation du raisonnement et expertise.*

Fraccaroli, F. (2002). *Le changement dans les organisations. Méthodes de recherche longitudinale attribuées à la psychologie du travail et des organisations.*

De Terssac, G., & Lalande, K. (2002). *Du train à vapeur au TGV. Sociologie du travail d'organisation.*

ISBN 2 13 052910 0

Dépôt légal — 1re édition : 2003, avril

6, avenue Reille, 75014 Paris

Sommaire

Préface

Pourquoi les diverses politiques d'insertion paraissent-elles inefficaces ou si peu efficaces ? Toutes les évaluations des dispositifs d'insertion mis en œuvre depuis une vingtaine d'années aboutissent à des conclusions relativement proches : les ressources et les réseaux personnels sont plus utiles que les stages et les formations ; les moins qualifiés et les moins jeunes restent sur le côté du chemin ; il y aurait une sorte de stock de personnes « inemployables », exclues à jamais de toutes les reprises économiques. Ne voit-on pas des patrons se plaindre de ne pas trouver de main-d'œuvre, et des chômeurs se désespérer de ne pas trouver d'emploi ? Et ce ne sont pourtant ni les moyens, ni la bonne volonté, ni les bonnes intentions qui manquent chez les professionnels de l'insertion.

Le premier type d'explication de cette situation est d'ordre économique. Non seulement il y a un déficit structurel des offres d'emploi par rapport aux demandes, mais les offres exigeraient des qualifications et des compétences que les demandeurs d'emploi ne possèderaient pas. Ainsi, toute une partie de la population serait *out* et n'aurait de salut que dans une politique ambitieuse de formation et de réforme des individus. Une autre explication suggère qu'il pourrait se constituer des « trappes d'inactivité » dans lesquelles les individus les moins qualifiés auraient plus intérêt à rester au chômage qu'à accepter des emplois précaires, épuisants et mal payés. De là à exiger une baisse des minima sociaux, il y a un pas que certains n'hésitent pas à franchir alors que d'autres mettent tous leurs espoirs dans une reprise économique si miraculeuse qu'elle réglerait automatiquement tous les problèmes.

Le livre de Denis Castra choisit un tout autre type d'explication, et c'est ce qui en fait le courage, la force et l'utilité. En un mot, la faible efficacité des dispositifs d'insertion ne tient pas seulement aux conditions générales du marché du travail, mais aux philosophies et aux pratiques de ces politiques elles-mêmes. Cette explication est courageuse parce qu'elle nous prive des consolations liées à un certain fatalisme économique, elle est forte parce qu'elle est fondée sur une série d'études et d'expériences scientifiques peu contestables, elle est utile parce qu'elle offre des perspectives pratiques, elle propose une méthode d'action.

La thèse de Denis Castra peut se dire de façon simple. Les professionnels de l'insertion pensent que les demandeurs d'emploi auxquels ils ont affaire souffrent d'un déficit de motivation et de mobilisation, leurs difficultés sont de l'ordre de leur personnalité et c'est là qu'il faut agir afin de les préparer à l'emploi. Or, ce type d'action quasiment thérapeutique et soucieux de motiver et de remobiliser les individus est, non seulement inefficace, mais véritablement pervers puisqu'il enferme les individus dans les défaillances personnelles qu'il leur attribue. Le problème de l'emploi devient le problème de l'individu et de sa personnalité. Cette psychologisation des pratiques d'insertion est souvent contre-efficace quand on observe que les stages sont moins utiles que les relations sociales, que les moins qualifiés s'en sortent parfois mieux, que l'étiologie pathologique spontanée mise en œuvre par les professionnels de l'insertion enfonce les individus plus qu'elle ne les aide. D'ailleurs, les expériences de Denis Castra montrent que les acteurs de l'insertion ont toujours une image plus négative de leurs « clients » que celle que leurs clients ont d'eux-mêmes.

Denis Castra démontre, expériences scientifiques et recherches à l'appui, que les pronostics négatifs faits sur les individus ont des conséquences réelles négatives. Si je pense qu'un individu n'est pas en mesure d'accéder à l'emploi, trop âgé, trop peu qualifié, trop peu motivé, il a d'autant moins de chances de réussir, y compris quand se mettent en place des dispositifs sensés l'aider. Par la grâce de l'effet Pygmalion, les meilleures intentions du monde ont des effets pervers. Pourquoi en est-il ainsi ? Denis Castra montre que tout marche à l'internalité, à la croyance selon laquelle les conduites des individus résultent de leurs représentations, de leurs idées, de leurs vertus et de leurs intentions, bref, de leur personnalité. On considère généralement que les pratiques sont le produit d'un ensemble d'attitudes et de jugements propres aux individus responsables, au fond, de ce qui leur arrive. Quand on pense ainsi, il devient normal d'agir sur les représentations et les dispositions des individus afin de changer leurs pratiques. Comme le disent la sagesse populaire et la coutume psychologique, il faut d'abord changer les mentalités, et quand une personne ne parvient pas à trouver d'emploi, il faut d'abord changer la personne, la former, lui faire prendre conscience...

Or, toute les études de psychologie sociale mobilisées dans ce livre démontrent le contraire. Ce n'est pas en changeant les idées que l'on change les pratiques, mais c'est en transformant les pratiques que l'on change les idées. Le racisme, le désintérêt scolaire ou la croyance dans une secte ne sont pas des erreurs de jugement des individus qu'il suffirait de corriger par la force de la raison, ce sont plus vraisemblablement des rationalisations qui perdurent tant qu'elles paraissent nécessaires à ceux qui y croient. En réduisant le chômeur à ses problèmes, on finit par faire comme s'il en était la cause, par le croire et par le lui faire croire en voulant le transformer. Or, pour la théorie de l'engagement défendue par Denis Castra, ce sont les actes qui transforment les individus, éventuellement leurs idées, bien plus que le contraire. Autrement dit, et non sans brutalité, c'est la situation de travail qui crée les qualités du travailleur bien plus que l'inverse. « Priez et abêtissez-vous, la foi viendra par surcroît », écrivait Pascal. Toutes les situations de travail et de formation intermédiaires, d'ailleurs vécues comme « bidon » par les demandeurs d'emploi, les enfoncent dans leurs incertitudes et leurs problèmes. Pour former un travailleur adulte, il faut d'abord qu'il ait du travail.

La croyance des professionnels de l'insertion dans les vertus magiques du projet participe du même mécanisme d'attribution de l'échec des individus à des causes internes, à leurs propres fautes. Il est faux de croire que le projet anticipe rationnellement une action. Il est même pervers de le faire croire à ceux qui ne disposent pas des ressources pour accomplir un projet, car cela n'aboutit souvent qu'à les confronter à leur propre dénuement. D'ailleurs, se soucie-t-on des projets des premiers de la classe alors qu'ils sont engagés dans une sorte de carrière automatique, celle des concours et des postes réservés ? En réalité, les individus sont engagés par leur carrière, que celle-ci soit marquée par le succès ou par l'échec. Agir efficacement, c'est infléchir les carrières et les conditions de l'action et, pour ce qui est de l'insertion, c'est mettre les individu dans les conditions d'un travail sans attendre qu'ils se soient transformés et soient portés par un projet dont on aurait bien du mal à croire à l'authenticité. Qui a réellement pour projet de se réaliser en étant un manutentionnaire payé au SMIG ? Si projet il y a, c'est après, quand les individus ont suffisamment de ressources et de sécurité pour se projeter dans l'avenir. Contre la tyrannie du projet, revenons à l'aphorisme de Goethe : « Au commencement était l'action. »

L'insertion ne peut se satisfaire de préparer des individus à l'emploi en les laissant affronter, ensuite, le marché du travail. Ainsi conçue, la relation d'emploi est une pure relation d'exclusion. Denis Castra montre, preuves à l'appui, que les employeurs et surtout les recruteurs mobilisent les stéréotypes les plus banals, les plus paradoxaux et les plus cruels sur les personnes, indépendamment des postes à pourvoir. Il faut que l'individu internalise son histoire, qu'il s'en perçoive comme l'auteur et le responsable, voire le coupable, tout en gardant dynamisme et confiance en soi, même quand cette histoire est une succession d'échecs. Il ne faut pas qu'il attribue à d'autres la cause de ses malheurs, mais en même temps, cette disposition à l'allégeance ne doit pas paraître excessive car elle pourrait être perçue comme un signe de passivité et d'abandon... Au bout du compte, personne ne se demande si l'individu peut occuper le poste de travail proposé et tout ceci n'a que l'allure d'une machine à assurer le contrôle social et le consentement des victimes.

Denis Castra a la dent dure, mais *L'insertion professionnelle des publics précaires* ne participe pas du climat critique et convenu de la mise en cause des nouvelles dominations néo-libérales, critiques donnant plus facilement une belle âme à leurs auteurs qu'elles ne suggèrent de solutions. Aussi propose-t-il une technique de travail plus efficace et, au bout du compte, plus juste. Ses travaux ont inspiré une méthode reposant sur l'engagement des demandeurs d'emploi, des professionnels de l'insertion et des employeurs. Si la relation d'emploi est d'abord une relation sociale, il importe d'abord de la reconstruire, de travailler avec les employeurs autant qu'avec les demandeurs de travail et de rompre avec cette sorte de fatalité psychologique et économique qui conduit à la confier à des spécialistes dont les stéréotypes ne surprennent plus personne. Plutôt que de préparer indéfiniment les individus à affronter le marché de l'emploi, il faut agir de façon intrusive, mettre les individus face à leurs employeurs, organiser des périodes d'essai, permettre à chacun de faire ses preuves dans des situations réelles, proposer des formations, mais après et à côté du travail, afin que ces formations aient un sens et une utilité, afin qu'elles engagent les uns et les autres. Denis Castra croit trop à la science pour défendre cette manière de faire au nom de ses seuls principes. Les évaluations proposées montrent qu'elle est plus efficace que les pratiques habituelles. Que ceux qui y verraient une forme subtile de manipulation se rassurent : les travailleurs qui en ont bénéficié se sentent plus autonomes et rompent plus souvent leur contrat de travail que ceux qui sont sensés avoir d'abord travaillé sur eux-mêmes et qui finissent par accepter n'importe quoi.

Le livre de Denis Castra donne un peu le vertige tant la critique de la norme d'internalité y est forte et radicale. En effet, il est facile de montrer comment l'obsession consistant à renvoyer les acteurs à eux-mêmes, à leurs projets, à leur responsabilité et à leur culpabilité, fonctionne comme une stratégie de contrôle et de domination, comme une forme particulièrement raffinée d'invalidation, surtout quand elle s'adresse à des acteurs socialement dominés. Mais cette norme d'internalité est beaucoup plus qu'une manie de psychologues et de travailleurs sociaux ou qu'une mode du management néo-libéral. Elle n'est aussi forte que dans la mesure où elle procède du projet même de la modernité en ce qu'il peut avoir de libérateur, puisqu'elle affirme que chacun peut prétendre être maître de lui-même et l'auteur de sa vie en dépit du fatum et des forces sociales. Dès lors que l'on considère que chacun est un sujet ou a le droit d'y prétendre, il est difficile de ne pas concevoir l'action comme le produit d'une intentionnalité, même quand la science nous apprendrait le contraire, sauf à considérer que nous ne sommes que le jouet de forces qui nous dépassent. En ce sens, la norme d'internalité n'est pas simplement une illusion ou une erreur, c'est aussi une perspective morale dont il est difficile, voire dangereux de se défaire.

Cette remarque change un peu la perspective critique car, plutôt que de rejeter la norme d'internalité comme telle, il faut en refuser la perversité quand elle détruit le sujet qu'elle prétend promouvoir, quand elle ignore l'ensemble des facteurs et des conditions sociales qui interdisent au sujet de s'affirmer au nom même de l'obligation d'être libre. En fait, le sujet n'est pas un être déjà là, mais le résultat d'une activité socialement construite et supposant que l'acteur se possède lui-même, c'est-à-dire qu'il possède quelque chose, à commencer par un travail lui offrant une capacité d'autonomie et de réalisation. L'insertion des précaires ne doit pas se faire contre le principe d'internalité, mais elle doit construire les conditions d'une internalité possible, c'est-à-dire un minimum d'intégration, de justice et d'estime de soi. L'erreur des professionnels de l'insertion n'est pas tant de croire à l'internalité que de croire qu'elle précède l'action et la vie sociale, que de reposer sur une image héroïque du sujet, image impossible à atteindre et qui écrase ceux qui ne peuvent y prétendre. La critique de la modernité ne peut se faire contre les valeurs de la modernité, mais contre les conditions de sa mise en œuvre. Au fond, le travail de Denis Castra vise à rendre l'internalité possible parce qu'il la situe au terme d'un processus et pas à son origine. Rien ne serait plus faux que de voir dans ce livre la défense du déterminisme contre la liberté ; d'ailleurs, la méthode proposée repose sur un principe de volonté, celle des professionnels autant que celle des précaires. Ce qui ne contribue pas à la rendre populaire.

Le pire des malentendus serait de lire *L'insertion professionnelle des publics précaires* comme un ouvrage académique de psychologie sociale, un de plus, ou comme un pamphlet contre les dispositifs d'insertion, un de plus encore. Sans en avoir l'air, il s'agit d'un livre politique fondamental parce qu'il ne propose rien de moins qu'une profonde réforme des modalités de l'action collective et des politiques d'insertion. Sans compter le fait que ceux qui s'intéressent à l'échec scolaire, à la pauvreté ou à la délinquance y trouveront matière à réflexion... et à action. Pour qui sait lire, ce livre parle de bien autre chose que de l'insertion.

François Dubet,
Université Victor-Segalen, Bordeaux 2,
EHESS, Paris

Introduction

« La psychologie joue un rôle important dans le renforcement d'une perspective individualiste, autosuffisante ; elle participe à minimiser l'importance des valeurs d'interdépendance (...) Si des solutions collectives aux problèmes sont nécessaires, quel rôle important peut jouer la psychologie si ses approches sont si lourdement individualistes, voire anticollectives ? Le préjugé de la discipline contrecarre toute solution au problème autrement qu'à un niveau purement individuel, et même là, bien des problèmes semblent être créés plus que résolus (...) Nous devons centrer notre pensée tout autant sur les interdépendances qui nous lient que sur les qualités individuelles qui nous séparent.

« (...) Un poids important de responsabilité personnelle en matière de succès ou d'échec est placé sur l'individu dans la perspective individualiste (...) Est-ce si étonnant que l'échec ou la peur de l'échec entraîne autant de dégâts chez beaucoup ? (...) Nous soutenons et acclamons leurs succès. Où sommes-nous quand ils échouent ? »

Edward E. Sampson,
Psychology and the American Ideal,
Journal of Personnality and Social Psychology,
35, 11, 1977.

Il peut paraître risqué de prétendre synthétiser un ensemble de réflexions et de recherches à propos d'un objet dont on sait et dont on accepte que la définition reste fondamentalement incertaine. Certes, les contours des objets empiriques ne coïncident jamais parfaitement avec le moule lisse des concepts et théories : mais on peut habituellement, au moins jusqu'à un certain point, choisir ces objets empiriques pour que cette coïncidence atteigne l'acceptable. Ici, cette latitude est impossible pour une raison simple : la définition des « publics précaires » est strictement affaire de politiques publiques et de classifications administratives. Il s'agit donc d'une définition appartenant au registre de l'action : par publics précaires, nous entendrons ici des catégories de populations ciblées comme prioritaires par la loi de juillet 1998, dite « d'orientation relative à la lutte contre les exclusions », et ses décrets d'application.

En pratique, cette population est composée de sous-catégories, elles-mêmes définies dans des programmes les concernant plus spécifiquement : les allocataires du Revenu minimum d'insertion, les chômeurs de longue durée, les jeunes sans qualification en difficulté d'insertion. Ces catégories existaient donc avant la loi de 1998, c'est d'ailleurs ce qui nous autorisera à examiner un certain nombre d'évaluations nationales des effets produits par ces programmes spécifiques. On observera par contre que la dénomination actuelle de publics prioritaires présente la particularité de concerner tous les stades de la vie active, de la sortie du système scolaire à l'âge de la retraite, au-delà des découpages catégoriels antérieurs. Constituer cette population en objet de recherche soulève au moins deux problèmes délicats : la grande hétérogénéité de ses composantes (ne serait-ce qu'en termes d'âge) et son éventuelle spécificité par rapport à des populations comparables mais non repérées ou accueillies par les divers dispositifs des politiques publiques.

Concernant la première question, on peut bien sûr insister sur les fortes dissemblances entre les divers publics prioritaires. Mais sur quels critères faut-il apprécier ces dissemblances ? Si l'on s'en tient à des variables dont on pense qu'elles présentent un lien étroit avec la question traitée – celle de l'insertion professionnelle – c'est alors plutôt une relative homogénéité qui apparaît : de la cinquantaine de milliers de jeunes sortant chaque année du système éducatif sans diplôme ni qualification au million de chômeurs de longue durée, en passant par le million d'allocataires du RMI, on observera un positionnement assez largement commun face à la qualification et à l'emploi. C'est d'ailleurs ce dénominateur commun qui a conduit à faire de la formation l'arme essentielle, depuis une trentaine d'années, des dispositifs d'insertion. Bref, au-delà de leur incontestable hétérogénéité sur de multiples variables, les publics prioritaires se caractérisent par une absence de qualification (inférieure au niveau CAP-BEP, ou obsolète) et une exclusion de l'emploi normal ou de droit commun au sens de la législation du travail.

La deuxième question nous semble poser un problème autrement plus délicat : quelle est la spécificité de cette population ? Pourquoi la question de l'insertion professionnelle se poserait-elle différemment pour elle que pour une autre, en tous points comparable mais pourtant en emploi ? Bien sûr, on peut espérer que les analyses et les propositions qui structurent cet ouvrage aient aussi une pertinence pour la question, générique cette fois, de l'insertion professionnelle. Toutefois, à la manière des interactionnistes, nous n'écartons pas l'idée que la particularité des publics de l'insertion, c'est notamment leur appartenance à des dispositifs spécifiques, monde de normes et de contraintes, et aussi monde animé par des professionnels avec leurs pratiques, croyances, théories implicites. Monde dont il s'avère de plus en plus qu'il est difficile de sortir puisque le public de l'insertion, comme on pouvait s'y attendre, ne bénéficie que très marginalement de l'embellie actuelle de l'emploi. Sur ce point, nous partirons du constat – qui fait l'objet du premier chapitre – que les dispositifs d'insertion se caractérisent d'abord par leur échec récurrent. L'un des buts de cet ouvrage est d'analyser cet échec à partir de quelques concepts ou théories de la psychologie sociale. Un autre est de dégager quelques réponses alternatives, et donc de contribuer à la construction d'une nouvelle professionnalité dans ce champ. Ce livre, en partie issu d'une Habilitation à diriger des recherches soutenue à Bordeaux (Castra, 1995), doit aussi beaucoup aux directions de travaux d'étudiants de 3e cycle puisque le champ de l'insertion accueille largement, on le sait, beaucoup de psychologues (sociaux ou du travail, notamment). Au fil des années, nous avons acquis la conviction que ce secteur souffrait d'un manque théorique et méthodologique considérable, ou, ce qui revient au même, de l'application de réponses et de pratiques anciennes à un problème nouveau. C'est ce manque et ce décalage que cet ouvrage veut aider à identifier et commencer à combler.

QU'EST-CE QUE L'INSERTION ?

Il est sans doute impossible – ou prématuré – de prétendre traiter comme un concept cette notion d'abord apparue comme une catégorie de l'action publique. Son usage courant est lié à la publication du rapport de Bertrand Schwartz (1981) sur l'insertion professionnelle et sociale des jeunes, même si le terme apparaît en fait quelques années plus tôt dans un arrêté de 1972 concernant les clubs et équipes de prévention (Maclouf, 1992). Quand elle est qualifiée de professionnelle (on verra que ce n'est pas toujours le cas), l'insertion désigne alors un état proche de ce que visait déjà le concept plus classique d'intégration. C'est sans doute l'instauration du Revenu minimum d'insertion (1988) et les débats qui l'ont précédée qui ont généré une forte extension du terme et surtout son couplage à la notion d'exclusion. Ces deux termes, dans leur usage courant, semblent donc adossés à une représentation de la société comme clivée, traversée par une fracture séparant les *in* et les *out*, ces derniers caractérisés par leur non insertion sur le marché du travail et une position de marginalité par rapport à la vie socioéconomique. Il n'est sans doute pas inutile de souligner que cette représentation en termes de fracture sociale est plus qu'un point de vue de sociologue puisqu'elle a manifestement concouru à structurer les débats d'une récente élection présidentielle en France.

Le flou de la notion d'insertion tient en partie au fait qu'elle désigne autant un processus que son résultat final :

— le processus évoque un passage, une transition d'un état à un autre, qui ne concernent plus seulement le temps séparant la sortie du système scolaire de l'entrée dans la vie professionnelle, mais plus généralement toutes les occurrences d'accès ou de retour à cette vie professionnelle : insertion des jeunes, des handicapés, réinsertion des chômeurs de longue durée, des prisonniers ou des malades mentaux tendent donc à constituer, en pratique, une catégorie unifiée ;
— l'état final évoque une participation « normale » à la vie de la cité, et tout particulièrement au plan des rôles économiques (production et consommation) et sociaux, voire médico-sociaux (habitat, santé, citoyenneté).

La notion d'insertion appartient donc avant tout à une catégorie du débat social et politique, qui reste sémantiquement floue mais qu'on peut, par contre, situer historiquement, voire géographiquement, puisqu'elle semble être en grande partie une spécificité hexagonale. Mais la notion concerne aussi un ensemble de pratiques professionnelles apparues dans un champ qui s'est rapidement constitué en sphère autonome : ce point est sans doute décisif pour notre propos. On trouvera chez Chopart (1993) ou Autes (1999) des analyses historiques approfondies de la naissance de ce champ professionnel à l'interface ou au carrefour de l'action sociale et de l'intervention économique :

— pendant les années de croissance, pauvreté et précarité sont conçues comme des phénomènes marginaux qu'on peut légitimement rapporter aux profils des personnes en cause (handicapés, débiles, inadaptés sociaux mais non les chômeurs). Il s'ensuit que les conceptions et pratiques des intervenants sociaux des années 1970 sont considérablement influencées par la culture médico-sociale, psychologique, voire psychanalytique, et que l'essentiel de l'action est rapportée à l'individu, centrée sur la personne ;

— alors qu'on aurait pu penser que cette conception, en termes de handicap ou de cumul de handicaps, ne pourrait pas survivre à la montée du chômage de masse avec laquelle elle est « logiquement » contradictoire, elle paraît au contraire se renforcer avec la séparation, en 1984, du risque « chômage » et du risque « chômage de longue durée », lequel est renvoyé à la solidarité nationale. Et donc aux travailleurs sociaux, « qui ignorent traditionnellement les arcanes du monde économique et privilégient les références à la personne et à sa psychologie » (Chopart, 1993, p. 41) ;

— pour autant, cette séparation entre les deux sphères (de l'emploi et de la formation professionnelle d'une part, de l'action sociale d'autre part) ne résistera pas à l'amplification et à la chronicisation de la « crise ». Bien que d'appartenances institutionnelles différentes, les professionnels de l'insertion unifient progressivement leurs pratiques autour de l'accompagnement de la personne, du suivi individualisé et de « formations » occupationnelles : « L'indemnisation du chômage s'assortit de plus en plus de formules de formation qui ne sont que des prises en charge psychologiques plus ou moins déguisées. Combien de stages ne sont que des relations tutélaires, sans aucun horizon de professionnalisation ? » (Donzelot, 1991, p. 20). Une sphère quasi autonome de l'insertion est née, avec ses représentations professionnelles où les anciennes conceptions médico-sociales et psychopathologiques semblent bien garder une place de choix. Mais on reviendra bien sûr sur ce point.

INSERTION SOCIALE ET INSERTION PROFESSIONNELLE

Cet ouvrage est exclusivement centré sur l'insertion professionnelle. Pourtant, il faut s'arrêter quelque peu sur cette distinction, aussi hasardeuse que courante, entre insertion sociale et professionnelle puisqu'elle sature les discours entendus sur le terrain. On notera d'abord que le rapport Schwartz évoqué dans cette introduction était intitulé « l'insertion professionnelle et sociale des jeunes », et non l'inverse, et que cet ordre n'est pas anodin comme l'a bien vu Autes (1999, p. 126). Bizarrement, c'est pourtant à l'envers que ce rapport est référencé dans beaucoup d'ouvrages, et non des moindres : Dubar (1987, p. 263, et 1998, p. 31), Jellab (1997, p. 190), Nicole Drancourt & Roulleau-

Berger (1995, p. 20), pour ne citer que quelques sociologues spécialistes des questions d'insertion. Tout comme l'expression initiale de Schwartz est également inversée dans les discours professionnels, où l'insertion dite sociale est toujours un préalable à l'accès à l'emploi.

Castel (1995, p. 431) remarque avec quelque ironie qu'une insertion « purement » sociale « ouvre un registre original d'existence qui pose un problème inédit ». En effet, en quoi peut bien consister une insertion sociale qui ne déboucherait pas sur une insertion professionnelle ? En une « condamnation à l'insertion perpétuelle » ; et cet « inséré permanent », c'est celui que l'on n'abandonne pas complètement, que l'on « accompagne » dans sa situation présente, quitte à l'occuper à quelques activités sensées le rapprocher de l'emploi. Ici, l'insertion est devenue un état... et « l'insertion comme état représente une bien curieuse modalité d'existence » (p. 432), souvent qualifiée de transitoire durable. Le propos de Castel peut se comprendre ainsi : bien que la distinction entre insertion sociale et professionnelle n'ait probablement pas de sens dans une société comme la nôtre profondément structurée autour des rôles économiques – et donc autour de l'identité professionnelle – elle organise pourtant les discours et pratiques des agents d'insertion. Lesquels auraient renoncé – pour diverses raisons – à l'objectif explicite initial d'accès à l'emploi et développeraient, en quelque sorte à défaut et en attendant, des activités d'insertion dite sociale autour du logement, de la santé, de la sociabilité, du sport, du loisir, etc. Bien plus, au-delà de la redéfinition de l'insertion qui s'opère dans cette dissociation, un ordre de priorité se dessine, très souvent affirmé comme une évidence : l'insertion sociale est un préalable obligé à l'accès à l'emploi. Si le titre de Schwartz est définitivement inversé, c'est sans doute aussi parce qu'il contredit cette « théorie implicite » qu'on analysera plus loin.

NOTE SUR LA « VALEUR TRAVAIL »

Les enquêtes répétées de Stoetzel (1983), Riffault (1994) et Brechon (2000) sur les valeurs des Français et/ou des Européens, de tout âge, sexe et condition sociale, montrent une étonnante stabilité des réponses concernant l'importance du travail (après la famille mais avant les amis ou les loisirs), même si le détail des réponses varie quelque peu sur une période de quinze ans (dans le sens, notamment, d'une attente de plus de responsabilité, mais aussi d'une meilleure protection de la vie hors travail). Certes, Flament (1996) fait remarquer que ces analyses « à plat » pourraient occulter des évolutions plus profondes, comme celle que son étude de représentation sociale du travail semble mettre en évidence : les jeunes insistent plus sur les contraintes liées au travail, et bien moins sur son « utilité sociale », valeur plus ancienne. Toutefois ces évolutions, difficiles à saisir pour des raisons essentiellement méthodologiques, ne semblent pas remettre en cause l'essentiel : « Le travail est une valeur très forte, intimement liée aux images de soi... Obtenir des responsabilités, avoir le sentiment de réussir quelque chose, pouvoir bien employer ses capacités, telles sont les ambitions qui se sont les plus développées ces dix dernières années » (Riffault, 1994, p. 119). Ce constat renforce les observations du paragraphe précédent en indiquant qu'une insertion autre que professionnelle semble tout simplement inconcevable aux yeux de la majorité des sujets. De fait, on a toujours observé que la première demande des bénéficiaires des dispositifs d'insertion est une demande d'emploi, conformément d'ailleurs à l'objectif explicitement annoncé de ces programmes. Loin donc des discours utopiques ou naïfs sur la fin du salariat, dont on peut d'ailleurs se demander s'ils ne sont pas d'abord une rationalisation de l'échec. À ce propos...

« L'INSERTION N'INSÈRE PAS »
(Noël, 1991, p. 192)

Émanant d'un ancien chargé de mission à la Délégation interministérielle à l'insertion des jeunes, ce diagnostic sévère prend tout son sens et son poids. Dans la même veine, Castel (1995, p. 431) remarque que si environ 15 % des allocataires du RMI retrouvent un emploi, stable ou précaire, ce résultat ne peut même pas être attribué au dispositif lui-même mais aux stratégies des bénéficiaires. Nous verrons que les évaluations nationales disponibles convergent sur ce type de constat pessimiste : mesurée au critère de leur objectif officiel – l'insertion ou la réinsertion professionnelle, et il ne sera question que de lui dans cet ouvrage, l'efficacité propre des dispositifs d'insertion apparaît faible ou nulle.

Le premier chapitre sera consacré à l'examen synthétique de quelques-unes de ces évaluations. Le constat récurrent du décalage considérable entre les objectifs affichés et les résultats obtenus questionne le psychologue qui sait combien de savoirs et de professionnalités, aux frontières du travail social, de la psychologie, de la sociologie, bref des sciences humaines et sociales, sont mobilisés dans les dispositifs d'insertion. Comment nos disciplines peuvent-elles analyser cet échec, de leur point de vue ? De leur point de vue, c'est-à-dire à partir de leurs propres outils théoriques. Ce qui suppose de renoncer à des « explications » commodes et de sens commun : l'insertion n'insère pas parce qu'il n'y a pas d'emplois disponibles. Ce discours courant des années 1990 (mais déjà plus rare aujourd'hui, puisque se heurtant à un constat en forme d'énigme : pourquoi l'embellie économique ne bénéficie-t-elle pas aux exclus de l'emploi ?) repose sur une analyse de l'emploi en termes de stock disponible, alors que c'est en termes de flux que la question doit être posée. Et plus exactement en termes de « file d'attente », selon la métaphore imagée du supermarché : si le client, constatant que le parking est plein, rentre chez lui, il ne fera jamais ses courses (encore cette métaphore a-t-elle l'inconvénient de poser que le nombre de places est strictement fini). Le problème est donc de savoir si l'insertion rapproche ses publics de l'emploi, ce qui est loin d'être établi. Nous examinerons, par contre, une autre réponse courante, parce qu'elle constitue selon nous le « noyau central » d'une représentation sociale, la structure de base d'une théorie implicite : l'échec des dispositifs d'insertion tient aux lourds handicaps des publics accueillis. Notons que cette conception invalidante, quasi médicale, reste fortement paradoxale : des dispositifs, des méthodes, des objectifs échouent à cause des publics qu'ils visent, alors même qu'ils ont été explicitement construits et conçus pour cette population. Ce qui semble indiquer à première vue que le diagnostic était erroné, que ce public n'est pas celui que l'on croyait. Ou encore, qu'on ne le perçoit pas pour ce qu'il est : on se demandera en particulier si le paradoxe ci-dessus n'est pas le prix à payer d'une conception qui pose un malade à la place de l'acteur social.

Les deuxième et troisième chapitres, plus théoriques, concentrent ce qui nous paraît pouvoir être la contribution de la psychologie sociale moderne à la question qui nous préoccupe. Il y sera question de deux grands réductionnismes. En premier lieu, on observe que les méthodologies d'insertion sont quasi exclusivement centrées sur les cognitions (savoirs, représentations, projets...) sensées augurer et inaugurer des conduites effectives, équation qui s'apparente d'autant plus à un contresens qu'on a affaire à des individus fortement contraints. Le second réductionnisme consiste en une centration exclusive sur l'individu par omission du système d'action où il évolue et dont il est en partie dépendant ; confusion, par exemple, entre la « réalité » (les compétences, l'employabilité) et la construction sociale de cette réalité, en l'occurrence, le jugement porté par un évaluateur sur l'individu. Ces deux réductionnismes rencontrent une thématique majeure de la psychologie sociale qui, de l'erreur fondamentale des théoriciens de l'attribution à l'internalisation des utilités sociales chère à Beauvois, s'interroge sur les causes et les effets de cet oubli des contextes, des situations et des rôles sociaux assez caractéristique de notre culture.

Logiquement, le dernier chapitre examine quelques applications possibles de ces reformulations ou évalue quelques expériences qui partent de points de vue proches. Il va de soi pourtant que les considérations théoriques peuvent rarement fonder, à elles seules, des pratiques sociales aussi complexes. Ces dernières reposent aussi sur des métathéories rarement explicitées. Il en est une qui sous-tend ce quatrième chapitre : si l'exclusion et l'insertion professionnelles sont des construits sociaux et non des donnés de nature, alors on peut construire (et déconstruire) autrement, et ceci est aussi affaire de choix. Le nôtre passe par une distinction à nos yeux capitale entre le marché de l'emploi (lieu incontournable de l'insertion professionnelle) et le marché du « conseil aux chômeurs » qui rencontre si rarement le précédent qu'il a inventé l'insertion dite sociale comme substitut. Autant dire que la spécificité des publics dits prioritaires sera moins recherchée dans leurs attributs personnels que dans les pratiques et représentations de ceux qui font profession de les aider, ainsi que dans les logiques d'action des dispositifs où les uns et les autres évoluent.

UNE PROBLÉMATIQUE FRANCO-FRANÇAISE ?

Le lecteur observera aisément que la quasi-totalité des données, observations ou recherches convoquées dans cet ouvrage concernent la situation française. Et il serait peu modeste de nier les raisons pratiques (l'accessibilité du terrain comme de la littérature) de cet état de fait. Toutefois, elles ne sont pas seules en cause. Donzelot (1991) sous-titrait son ouvrage : « Le modèle français », justifiant ce choix par le caractère systématique, en France, de la lutte contre l'exclusion élevée au rang de politique publique. Ce que confirme en effet l'adoption par le parlement français, sept ans plus tard, de la « loi d'orientation relative à la lutte contre les exclusions », qui est bien, à notre connaissance, une exception. De plus, cette exception n'est pas que législative. Le programme français résiste à une tendance venue d'Amérique, qui a déjà fait le tour de l'Europe, connue sous le nom d'activation des dépenses passives : en clair, exiger des contreparties (activités d'utilité publique, obligation de se soigner...) des bénéficiaires d'aides et de minima sociaux. Comme le remarque Fenoglio (*in* Damon, 1998, p. 71), notre programme « tente d'offrir l'insertion sans considérer que la personne en situation d'exclusion est plus fautive que la société qui ne parvient pas à résorber les inégalités qui la minent ».

À l'occasion d'une comparaison entre les pays européens, Paugam (1996) dresse un constat similaire. La France constitue, avec la Grande-Bretagne, un type particulier (la « pauvreté disqualifiante ») où l'exclusion est perçue comme menaçante pour la cohésion sociale dans son ensemble[1], exigeant un système national de traitement de la pauvreté. Mais les deux pays diffèrent considérablement pour les solutions préconisées : là où la Grande-Bretagne opte pour des politiques libérales (au sens économique du terme) d'incitation à sortir de l'*underclass,* y compris en diminuant le montant des aides, la France tend au contraire à développer les dépenses sociales au nom de la solidarité nationale. Il y aurait donc bien une spécificité française, y compris par rapport aux autres pays européens.

Pourtant, la réalité est sans doute plus nuancée. Paugam note que ce modèle de la « pauvreté disqualifiante » risque de se répandre dans tous les pays de l'Europe occidentale. Dans le même sens, un important ouvrage de la Direction de la recherche du ministère de l'Emploi (DARES, 1996) observe une relative convergence des modèles européens des politiques de l'emploi, et en tout cas « une certaine érosion de leurs différences majeures, autant par évolutions spontanées que par volontarisme réel » (p. 347). Il se pourrait donc que l'exception française rentre progressivement dans le rang... Surtout, au-delà des réalités législatives ou programmatiques, c'est bien sûr au volet psychosocial de la problématique de l'insertion qu'est consacré cet ouvrage. Sur ce plan, on peut souhaiter qu'il aide à décrypter quelques mécanismes généraux, possiblement transnationaux, comme par exemple celui-ci : « Au Québec comme en Ontario, la plupart des acteurs expliquent la difficulté d'intégrer le marché du travail par le manque d'autonomie personnelle... Ils s'entendent également sur le fait qu'il faut d'abord s'attarder, avec certaines personnes, à des

1. Contrairement aux pays méditerranéens où les « pauvres » ne constituent pas une *underclass* et ne sont pas particulièrement stigmatisés.

dimensions personnelles et sociales... Une faible estime de soi est considérée partout comme le plus grand obstacle individuel à l'insertion sociale et professionnelle » (Deniger, 1998, p. 154). Si la psychologisation des problèmes sociaux ignore les frontières, et malgré des spécificités culturelles et historiques sans doute durables, alors les fonctionnements sociocognitifs analysés dans cet ouvrage ne sont pas une exception française. Même s'ils affleurent dans des contenus contingents, datés et situés.

1

Les plans et les mesures (1980-2000) : échecs récurrents et symboliques internes

Conformément à l'usage local, on appellera plan un dispositif d'envergure le plus souvent nationale, articulant plusieurs prestations et concernant d'importantes tranches de population. Le Revenu minimum d'insertion ou le Crédit formation individualisé sont de cet ordre. Une mesure est le plus souvent un des outils des plans ci-dessus (par exemple, le Contrat emploi solidarité posé comme une étape d'un parcours d'insertion) ou une décision administrative explicitement ciblée sur des publics spécifiques (l'exonération des charges salariales sur les postes de première qualification).

Le catalogue précis et détaillé des divers plans et mesures qui se sont succédé en France depuis les années 1970 (période d'apparition, tant de la dégradation rapide des conditions d'insertion des jeunes que du chômage de masse) serait assez fastidieux et sans doute peu utile ici. Car au-delà de la succession ou de l'empilement de ces dispositifs, quelques grandes dates marquent la période ; leur repérage devrait suffire pour situer, à la fois les quelques invariants de ces divers plans, et les évaluations nationales dont ils ont fait l'objet. Pour faciliter la lecture et surtout éviter les répétitions, ces évaluations successives seront désignées par une lettre et précisément référencées lors de leur première évocation.

1 / En 1982, à la suite des recommandations du rapport Schwartz (cf. *supra*) se met en place un double dispositif national : d'accueil et

d'orientation pour les jeunes de 16 à 18 ans sans qualification (les Permanences d'accueil, d'information et d'orientation – PAIO – et les Missions locales pour l'emploi, deux structures voisines sur le plan fonctionnel) et de formation de ces mêmes publics. Ce volet formation est conçu comme une fusée à trois étages : stages (ou modules) d'orientation approfondie, stages d'insertion et enfin de qualification. S'agissant d'une population de mineurs, l'insertion professionnelle visée passe le plus souvent, conformément aux propositions de Schwartz sur la formation en alternance, par des Contrat d'apprentissage visant au moins le niveau V[1]. Plus généralement, les stages (tant d'insertion que de qualification) ménagent nécessairement des temps de passage en entreprise.

Ce dispositif fit l'objet de l'évaluation A, assurée localement par divers organismes ou laboratoires de recherche et synthétisée au plan national par Gérard Malglaive. Nous nous appuierons plus particulièrement sur le troisième et dernier tome de ce rapport (Malglaive, 1985), qui concerne plus particulièrement les stratégies des jeunes (un panel de 1 120 sujets ayant fait l'objet d'un suivi) articulées avec le fonctionnement du dispositif.

2 / En 1986, le dispositif ci-dessus est étendu aux jeunes de 16 à 25 ans. Il compte désormais deux niveaux, l'un dit de pré-qualification (socialisation, remise à niveau, construction de projet...), l'autre qualifiant. Dans ses grandes lignes, ce dispositif reste identique au précédent. On peut en apprécier les résultats grâce à l'évaluation B (Wuhl, 1991), laquelle inclut également quelques résultats sur l'insertion des chômeurs de longue durée. Notons que cette évaluation est contemporaine de l'apparition du Crédit formation individualisé (CFI) et du Revenu minimum d'insertion (RMI), et qu'elle n'en concerne donc pas les résultats.

3 / Le RMI est créé par la loi de décembre 1988. L'allocation d'un revenu minimum aux personnes vivant en dessous d'un certain seuil de pauvreté est couplée avec un projet d'insertion (formalisé dans un contrat) en particulier professionnelle. Sur ce point, le RMI prévoit soit l'insertion dans l'emploi normal à l'aide du Contrat de retour à l'emploi (bénéficiant d'un allégement du coût du travail pour l'employeur de l'ordre de 40 %), soit des « quasi-emplois » comme les contrats emploi-solidarité (CES, contrat de travail à mi-temps, pour

1. Dans la nomenclature de l'Éducation nationale en France, le niveau V est celui de la qualification professionnelle : Certificat d'aptitude professionnelle (CAP) ou Brevet d'études professionnelles (BEP).

une durée maximale de deux ans, exclusivement dans le secteur non marchand).

Quant au CFI, apparu en 1990, il ne s'agit pas à proprement parler d'un dispositif supplémentaire. Il se substitue au dispositif 16-25 ans évoqué au paragraphe précédent, en introduisant une nouveauté posée comme essentielle par maints acteurs ou observateurs : la mise en place d'un « parcours » personnalisé, placé sous la responsabilité nominale d'un « référent » qui prend le jeune à son niveau et l'amène progressivement à la qualification et à l'emploi. L'accent est donc mis sur l'itinéraire d'insertion (bilan des acquis, suivi personnalisé, validation) plus que sur les mesures elles-mêmes.

On notera qu'un programme spécifique à l'intention des plus bas niveaux de qualification (niveaux V *bis* et VI, inférieurs au CAP) est créé à l'intérieur du CFI en 1992, le programme PAQUE (Préparation active à la qualification et à l'emploi) après constat que le CFI avait tendance à exclure cette fraction de son public... On observe que ce programme (abandonné deux ans plus tard, mais qui réapparaît sous une forme comparable sous le nom de programme TRACE – trajet d'accès à l'emploi – en 1998) prévoit explicitement la possibilité d'accès direct à l'emploi à côté de la réponse en termes de formation qualifiante.

Le CFI (actuellement abandonné) et le RMI ont fait l'objet de nombreuses évaluations nationales. Nous avons retenu deux publications de la Documentation française, l'évaluation C (Aucouturier, 1994) et D (Damon, 1998), suffisamment synthétiques et articulant résultats quantitatifs et qualitatifs.

Nous nous appuierons, enfin, sur deux ouvrages non explicitement réservés aux dispositifs d'insertion mais comportant de nombreux résultats les concernant, l'évaluation E (Bihr & Pfefferkorn, 1999) et l'important ouvrage de la DARES[1] consacré à un panorama des quarante dernières années en matière de politiques de l'emploi (évaluation F, DARES, 1996).

1. Direction de l'animation de la recherche, des études et des statistiques, ministère de l'Emploi et de la Solidarité.

1. LA RÉCURRENCE DE L'ÉCHEC

Précisons que l'évaluation des politiques publiques n'a jamais fait l'objet en France de procédures purement expérimentales (F, p. 306) pour des raisons à la fois techniques et éthiques. La quasi-totalité des évaluations sont donc faites d'analyses longitudinales comparant le devenir d'individus issus d'un dispositif à celui d'un groupe de caractéristiques identiques (notamment en : âge, sexe, niveau de formation et durée de chômage, qui sont les critères majeurs de l'« employabilité ») n'en ayant pas bénéficié. On tente ainsi de dégager l'effet net d'une mesure, par opposition à un effet brut qui n'est parfois qu'apparent. Cet effet peut, bien sûr, être négatif (F, p. 305).

1.1. LES DISPOSITIFS « JEUNES »

Consacrée aux stages 16-18 ans, l'évaluation A conclut sur une note très pessimiste (A, p. 375 et s.). Moins de 15 % des jeunes entrés dans le dispositif ont obtenu tout ou partie du CAP ; 21 % vont en emploi, le plus souvent en contrat d'apprentissage ; le même pourcentage est encore en stage six mois plus tard (et donc sur un nouveau stage), et environ 50 % sont au chômage.

Surtout, l'observation longitudinale révèle deux stratégies à la fois bien cloisonnées et semblant produire des effets distincts :

— la majorité des jeunes qui sont en emploi au début du suivi le sont encore quatre et six mois plus tard (dans le même ou dans un autre). Très peu quittent l'emploi pour la formation, alors même qu'il s'agit de jeunes sortis sans diplôme ni qualification du système scolaire, à qui les PAIO et Missions locales proposent justement des formations qualifiantes ;

— inversement, ceux qui sont entrés en formation la choisissent à nouveau quatre et six mois plus tard, très peu la quittent pour l'emploi, alors même, on l'a vu, qu'ils atteignent rarement la qualification souhaitée.

Il y aurait donc une sorte de cloison étanche entre les stratégies centrées sur l'emploi et celles centrées sur la formation. La première, qui serait le fait de jeunes « plus débrouillards », est qualifiée de réaliste par A (p. 384) qui constate en même temps que ce n'est pas celle qui est proposée par les lieux d'accueil, même si la première demande des jeunes concerne l'emploi. « La formation ne conduit pas à l'emploi, bien au contraire, puisque les jeunes n'ayant jamais fait de formation sont beaucoup plus en emploi que ceux qui ont suivi des stages » (A, p. 378). On le voit, l'hypothèse de la captivité de ce public est déjà posée en 1985, de même que celle des effets négatifs de cette « séparation entre la formation et l'emploi, ou plus généralement le travail, qui est une caractéristique profonde de ce dispositif » (p. 404). Le rapport conclut fortement que ce n'est pas d'une autre école, ou « d'encore plus d'école » que ces jeunes ont besoin, mais de « plus d'école du tout ». La priorité est de les sortir de l'échec, en leur donnant un rôle social, lequel passe par un travail productif, utile et donc rémunéré, avec ses contraintes et ses exigences. Nous reviendrons sur ce propos.

L'évaluation B (Wuhl, 1991) concerne le même dispositif élargi aux 16-25 ans. On observe que six mois après la sortie des stages, 16 % seulement des jeunes sont en emploi, dont la moitié sur des contrats en alternance (d'apprentissage ou de qualification). « Au total, le taux d'accès à l'emploi classique n'atteint que 7,4 % de l'ensemble, en intégrant d'ailleurs dans ce chiffre les emplois en intérim » (B, p. 59). Les stages débouchent sur le chômage pour la moitié des stagiaires, ou sur des situations intermédiaires comme les Travaux d'utilité collective ou les stages d'initiation à la vie professionnelle (abandonnés respectivement en 1990 et 1992) pour la plupart des autres.

Toutefois, cet auteur observe que si les formations hors entreprise (orientation, insertion, remise à niveau) n'ont pas d'effet propre visible, voire « conduisent à maintenir les exclus dans le champ du social » (B, p. 207), les formations en alternance par contre, où le temps passé en entreprise est souvent le plus important, facilitent fortement l'insertion professionnelle ultérieure. Cet effet net positif persiste pour les plus bas niveaux de qualification, qui ont en fait le plus intérêt à en bénéficier mais qui en sont plus souvent exclus que les autres... puisque, on va le voir, ces mesures sont sélectives.

L'auteur conclut son évaluation par une note optimiste sur l'arrivée du CFI, « démarche à la fois ambitieuse et cohérente représentant à coup sûr une nouvelle étape dans la recherche de solutions à l'insertion professionnelle des jeunes menacés d'exclusion » (B, p. 72-73). C'est la notion nouvelle d'itinéraire d'insertion qui autoriserait cet espoir, alliée à la responsabilité personnelle du référent et à l'engagement de résultats. Pourtant, ce pronostic optimiste va s'avérer bien imprudent : le

CFI n'a pas produit de résultats fondamentalement nouveaux. Plus de la moitié des « bénéficiaires » n'obtiennent rien à l'issue de ce parcours, moins de 20 % obtiennent le niveau V (et il semble bien que ce soit ceux qui en étaient déjà les plus proches... ou qui possédaient déjà un CAP), 28 % bénéficient d'une « validation partielle » de leur formation (E, p. 273).

On peut résumer ainsi les principaux résultats de l'évaluation C (Aucouturier, 1994) : ce sont les bénéficiaires de contrats en alternance qui obtiennent le meilleur taux d'emploi à la sortie de ces formations (60 % environ). Les CES se prolongent par un autre CES ou par le chômage. « Plus le dispositif est proche d'un emploi normal, plus la proportion de bénéficiaires obtenant un emploi est importante » (C, p. 35). Inversement, quand la formation se fait hors entreprise, elle n'améliore pas l'insertion et n'a pas d'effets nets mesurables : comme les AIF (Actions d'insertion et de formation), destinées au chômeurs de longue durée, et qui les renvoient en majorité au chômage. La captivité de ce public est à nouveau souligné par C : « Le retour en mesure est toujours plus fréquent pour les jeunes et les chômeurs ayant déjà bénéficié d'une mesure. »

Les évaluations B et C insistent, pour la première fois, sur la sélectivité des diverses mesures. Le constat est assez inattendu, voire déontologiquement choquant : alors que ces dispositifs sont souvent présentés comme une « nouvelle chance », quand ce n'est pas le « dernier filet », on observe assez systématiquement qu'ils ont tendance à sélectionner la population la plus proche de l'objectif. Ou, pour le dire autrement, à exclure la population ciblée au départ. « Le dispositif a donc incontestablement favorisé l'embauche de jeunes qui, de par leur profil en termes de niveau de formation, étaient déjà les plus à même de trouver un emploi » (B, p. 64). Inversement, les personnes sans qualification ont nettement moins de chances d'accéder à ces formations qualifiantes qui leur sont pourtant destinées. Ce constat peut se comprendre comme une tendance des employeurs à recruter à bas prix et avec aides ou exonérations une main-d'œuvre déjà qualifiée (la « stratégie de la bonne aubaine »), mais aussi comme un automatisme des professionnels de l'insertion consistant à présélectionner les entrants pour « assurer » le résultat. Ce filtrage des entrants a entre autres effets pervers de bousculer la hiérarchie existante des diplômes et des niveaux : « L'avantage de la possession d'un diplôme de niveau V est remis en cause ; la hiérarchie des niveaux de formation est bouleversée : ceux qui accèdent à une mesure sélective avec un faible niveau s'en sortent le mieux ; ceux qui accèdent à une mesure peu sélective avec un niveau élevé s'en sortent le moins bien : la hiérarchie des mesures, elle, n'est donc pas remise en cause » (C, p. 52).

Bref, il a toujours été bien difficile de mettre en évidence un effet propre des « dispositifs jeunes » autre que de reproduction ou d'amplification des différences et inégalités de départ entre les bénéficiaires, et donc d'un renforcement de l'exclusion professionnelle pour les plus bas niveaux. Paradoxalement, il se pourrait même que cette conclusion soit elle-même optimiste, puisque l'hypothèse d'un effet négatif est rarement posée dans les recherches. Quand elle l'est, elle est plutôt validée : un jeune recruté après un passage en mesures « perçoit, toutes choses égales par ailleurs, un salaire inférieur à celui d'un jeune n'ayant pas transité par un dispositif de la politique de l'emploi ». Ce résultat est le plus souvent expliqué comme l'effet d'un processus de précarisation, dans le sens où les jeunes subiraient « une dégradation de leur capital humain lorsqu'ils sont au chômage, en inactivité ou même en mesure » (F, p. 308). Il est clair, toutefois, que ces recherches de type économétrique ne disent pas grand-chose sur les processus de cette dégradation, qui peut aussi bien se comprendre comme un désapprentissage d'aptitudes ou de compétences antérieures que comme un phénomène de stigmatisation de publics « marqués » par leur passage dans des dispositifs d'aide. Cette dernière hypothèse invite à s'interroger sur la construction sociale du jugement de l'évaluateur (recruteur, employeur, agent d'insertion), voie de recherche peu explorée, à notre connaissance, et en tout cas absente des évaluations examinées ici.

Ces constats préoccupants, voire ces hypothèses négatives, sont bien sûr nettement dissonants avec l'ampleur de ces mesures et la masse des publics concernés : déjà plus de 10 % d'une classe d'âge en 1988, soit près de 900 000 jeunes de 16 à 25 ans (B, p. 91). Les données plus récentes attestent plutôt d'une accentuation du phénomène, les mesures jeunes devenant un passage fréquent entre le système éducatif et la vie professionnelle (E, p. 278), y compris à Bac + 2. En ce sens, pour préoccupant qu'il soit, ce constat pessimiste ne concerne pas qu'une frange d' « exclus » mais bien une forte minorité d'une classe d'âge.

1.2. LE REVENU MINIMUM D'INSERTION

La population du RMI est globalement stable depuis la création de ce dispositif en 1989. Elle est relativement jeune (30 % de bénéficiaires ont moins de 30 ans), sachant que les moins de 25 ans n'y ont pas accès sauf s'ils ont des enfants. Il s'agit le plus souvent de chômeurs de longue durée avec un faible niveau de formation ou de qualification. Près de 60 % des bénéficiaires sont des personnes seules : on comprend que la population du RMI soit habituellement décrite à partir d'un double processus d'exclusion économique et d'affaiblissement du lien social (Castel, 1995). Il est toutefois impossible de dresser un portrait moyen de l'allocataire du RMI, toutes les évaluations concluant à l'extrême hétérogénéité de ce public. La comparaison avec la population « globale » n'en est que plus délicate. Tout au plus peut-on avancer quelques généralités sans doute non contestables au vu des descriptifs existants : la population du RMI est bien sûr plus pauvre (c'est une condition d'entrée), moins qualifiée, plus au chômage, plus d'origine ouvrière, plus isolée (surtout les hommes) et appartient plus à des « familles » monoparentales que l'ensemble de la population.

L'évaluation D (Damon, 1998) bénéficie donc d'un recul de près de dix ans et de la production antérieure de rapports d'étape attestant d'une certaine permanence des résultats principaux. Sur la période, un tiers environ de bénéficiaires trouvent une solution d'insertion, définie ici en termes d'accès à l'emploi (quel qu'il soit) ou à la formation... Cette définition très large désigne donc une réalité très hétérogène : les sorties en emploi de droit commun[1] (emploi non aidé, création d'entreprise) représentent 25 % des modalités de l'insertion, soit finalement 8 % du total (D, p. 42). Comme on l'a dit, ce résultat ne peut probablement pas être attribué au dispositif lui-même, puisque de plus en plus de personnes n'entrent au RMI que pour en ressortir assez rapidement, sans rencontrer des travailleurs sociaux ni souscrire de contrat d'insertion (D, p. 46).

Le « I » de RMI suscite donc une grande perplexité, au point qu'on peut se demander si ce dispositif ne va pas devenir à deux vitesses : « À côté de ceux qui rebondissent sur le dernier filet de la protection sociale, même si ce n'est pas pour aller très haut, il y a ceux qui y restent pris » (D, p. 46). Hypothèse qui semble se confirmer aujourd'hui, puisque l'embellie économique a plus un effet de ralentissement des entrées dans le dispositif que de réduction du « noyau dur » constitué des bénéficiaires les plus anciens. L'insertion risque alors de devenir ce processus sans fin qu'évoque Castel, en même temps qu'un « tiers-secteur parapublic qui s'autoreproduit et qui risque de se muer en une

1. Emploi classique, contrat de travail courant au regard du droit du travail. Cette définition inclut l'intérim, les contrats courts ou à temps partiel, mais exclut les contrats aidés (Contrat emploi solidarité, par exemple) et bien sûr les stages.

sphère assistantielle, où en contrepartie d'activités de travail ou d'actions sociales, on percevra une allocation de travail ou de subsistance » (D, p. 54). Risque d'autant plus évident que cette évolution est probablement compatible avec les représentations ambiantes...

1.3. LA PLACE DE L'ALTERNANCE

Si les contrats en alternance apparaissent souvent, dans ces évaluations, comme une réponse appropriée eu égard à l'objectif d'insertion professionnelle, les évaluateurs observent simultanément que ce n'est pourtant pas la réponse la plus courante. Au fil des rapports, on retiendra quelques chiffres globalement concordants, bien que divergeant parfois nettement selon la population de référence ou la définition plus ou moins extensive de l'alternance elle-même[1].

— L'évaluation B observe que la proportion des jeunes de 16 à 25 ans, sortis du système scolaire sans qualification (niveaux V *bis* et VI) et bénéficiant de contrats en alternance, varie (selon les panels de référence) de 8,6 à 10 % en 1988 (B, p. 59 et 67).

— La recherche de Jazé (1998), concernant exclusivement le programme PAQUE (ouvert en 1992 à l'intérieur du CFI, voir *supra*) indique, pour un échantillon de 85 000 jeunes concernés par ce programme, 4,4 % de contrats en alternance. Rappelons que ce programme concerne les publics jeunes sans diplôme ni qualification.

— Concernant le RMI, l'évaluation D établit que les formules les plus proches de l'alternance (le Contrat de retour à l'emploi, devenu CIE en 1995) représentent 4 % des sorties en 1995. Comparativement, les Contrats emploi solidarité concernent 12 % des bénéficiaires (D, p. 42).

— L'évaluation E ne concerne pas particulièrement les dispositifs d'insertion. Toutefois, les auteurs s'intéressent à la catégorie des « quasi-emplois » : stages, emplois aidés, mesures d'accompagnement des restructurations, reconversions, reclassements... Ces formules concer-

1. Par exemple, le Contrat initiative emploi (CIE) est créé en 1995 à l'intention notamment des chômeurs de longue durée et des allocataires du RMI. Cette formule n'inclut pas obligatoirement un volet formation, contrairement à un contrat de qualification ou d'apprentissage. Par contre, il s'agit bien d'une mise en situation professionnelle dans les entreprises du secteur marchand, comme le Contrat emploi solidarité en secteur non marchand.

nent aussi bien les jeunes sans diplôme que les cadres au chômage, soit près de 1,8 million de personnes en 1995. Dans cet ensemble, 18,6 % sont concernées par les formules d'alternance.

Une conclusion cohérente avec ces observations serait donc : d'une part, que la stratégie d' « immersion » en entreprise, sans contrat de travail, couplée à un temps de formation, concerne au mieux 20 % des personnes en difficulté d'insertion ; d'autre part, que ce pourcentage est nettement plus faible pour les publics les plus précaires, ceux des dispositifs RMI ou PAQUE, par exemple.

1.4. DES LEÇONS À RETENIR

On peut retenir quelques points forts de ce bref survol.

— On n'a jamais pu mettre en évidence un effet propre des formations hors entreprise sur l'accès à l'emploi. Pourtant, il ne fait pas de doute qu'elles ont notablement contribué à élever le niveau de formation des jeunes, qu'elles ont permis d'innombrables « remises à niveau » dans les langages de base (français, mathématiques, expression écrite et orale), une meilleure connaissance de l'environnement social, économique, culturel. Elles ont sans doute aussi contribué à reconstruire du lien social, à lutter contre l'isolement (dès 1985, Malglaive insistait sur la « pédagogie de la bonne ambiance » qui prévalait dans de nombreux stages, tout en questionnant sa pertinence ou sa portée par rapport à l'objectif d'insertion professionnelle). Elles ont surtout abouti à la construction de millions de « projets » puisque là était souvent leur objectif principal. Encore actuellement, l'élaboration d'un projet professionnel est l'étape préalable à un parcours qualifiant, comme la construction d'un projet d'insertion est le premier stade de la carrière d'un allocataire du RMI. Si l'on ajoute que la plupart de ces stages incluent des modules de « remobilisation » sous des formes variées, on admettra qu'on a là une bonne mise en œuvre d'un modèle proactif : définition d'objectifs et mobilisation de moyens et d'énergies pour les atteindre. Reste que le résultat est peu visible ; il faudra donc s'interroger sur les présupposés théoriques qui sous-tendent ces pratiques de formation.

— Si les formations hors entreprise n'ont pas d'effet visible sur l'accès à l'emploi, il est alors tout à fait logique qu'elles puissent avoir un effet négatif sur ce point, puisqu'elles aggravent la distance au marché du travail en en différant l'accès. C'est bien cette hypothèse qu'évoquait directement une publication de l'OCDE (1993, p. 66) :

« En fixant des objectifs de développement des potentiels individuels déconnectés de ceux qui se déterminent dans les entreprises, de nombreuses mesures d'insertion ont contribué en fait à agrandir le fossé entre population au travail et population en recherche de travail. » Sept ans plus tard, et en forçant un peu le trait, on peut se demander si l'un des effets produits ne fut pas d'alimenter le « noyau dur » du chômage, c'est-à-dire celui qui résiste à l'actuelle reprise de l'offre d'emploi. Toutefois, et contrairement à la citation ci-dessus, on peut formuler une autre hypothèse sur les raisons de ce phénomène : ces stratégies de traitement social (ou socioformatif, ou socioéducatif) du chômage engagent (au sens des théories de l'engagement, cf. chap. 2) les sujets dans une carrière de stages, bilans, orientations, remises à niveau..., dont il est de plus en plus difficile de sortir au fur et à mesure qu'elle avance, ce qui est au fond la caractéristique première de toute carrière.

— Par contre, les formations en alternance, où l'immersion en entreprise représente le plus souvent la part la plus importante, facilitent fortement l'accès à l'emploi, y compris pour les plus précaires (à qui elles sont d'ailleurs destinées, bien qu'ils en soient plus souvent exclus). On a évoqué plus haut la création du programme PAQUE en 1992 à l'intérieur du CFI, explicitement centré sur les 16-25 ans sans qualification et incluant la possibilité d'accès direct à l'emploi, avec ou sans contrat d'alternance. Son évaluation (Jaze, 1998) débouche sur un constat particulièrement net : on note à nouveau l'absence totale de corrélation entre la fréquentation des stages de formation hors entreprise, même longs (jusqu'à dix mois), et l'insertion ultérieure ; par contre, le passage par un contrat en alternance, même interrompu, ou une expérience de travail même courte, sont les seules variables qui augmentent nettement les chances d'insertion ultérieure. Concernant l'alternance, il semblerait donc que ce soit la mise en situation qu'elle comporte qui améliore le pronostic, au-delà de l'alternance *stricto sensu* (définie comme succession dans l'espace et dans le temps, de périodes d'étude en centre de formation et de temps de présence sur un terrain professionnel). Il nous faudra réfléchir sur ce type de constat, qui revient comme un leimotiv dans la plupart des évaluations, alors même qu'un vigoureux plaidoyer pour l'alternance constituait déjà une idée force du rapport Schwartz (1981). Se heurterait-elle à quelque théorie implicite bien ancrée ?

2. DEUX FIGURES DE PROUE DE L'INSERTION : L'ENFANT ET LE MALADE

Bien des observateurs des dispositifs d'insertion ont évoqué l'idée que le bénéficiaire se voyait attribuer une place ressemblant d'assez près à celle du malade dans la relation soignant-soigné. De Gaulejac (1994) note, par exemple, que les problèmes d'insertion sont le plus souvent expliqués comme la résultante de l'état d'individus ou groupes sociaux décrits comme ayant des difficultés particulières, porteurs d'un handicap, d'une inadaptation, d'un manque qu'il s'agit de traiter : « ... le jugement porte plus sur sa personne que sur ses compétences. La relation avec l'institution glisse insensiblement et implicitement de la question de l'emploi à une problématique psychologique » (p. 234), ce que Chopart (1993) appelait pour sa part la psychanalyse du pauvre. Loriol (1999) soutient que toute pratique d'insertion centrée sur l'individu peut se comprendre sur le modèle général de la thérapie (qui est toujours psychothérapie, comme l'avait bien vu Merton). À l'évidence, ce type d'hypothèse est bien compatible avec les représentations dominantes chez les professionnels de l'insertion. Dans une recherche auprès d'une centaine de travailleurs sociaux en Aquitaine, nous avons pu montrer (Castra, 1994) :

— que les causes le plus souvent invoquées pour expliquer les phénomènes de marginalité, d'inadaptation sociale..., sont assez massivement internes[1]. Lors de la passation d'une échelle d'attitude, des items comme « des pathologies parfois lourdes sont à l'origine des problèmes d'insertion sociale », ou « les problèmes d'adaptation sociale sont d'abord des problèmes personnels » sont approuvés par au moins 70 % des sujets. À l'inverse, un item externe comme « le contexte économique suffit à expliquer les difficultés de beaucoup de clients du travail social » est rejeté par 65 % de ces mêmes sujets ;
— que les interventions préconisées pour traiter ces problèmes sont massivement centrées sur les personnes, le prototype étant l' « aide

1. Depuis les travaux sur l'attribution causale, les psychologues sociaux qualifient d'internes les explications qui mettent en avant les caractéristiques personnologiques, dispositionnelles des individus (goûts, traits, intentions...), par opposition à celles qui insistent sur une causalité contextuelle ou environnementale. Ainsi, « il réussit parce qu'il est consciencieux » s'oppose à « il réussit parce qu'il est bien vu de ses supérieurs ».

à la personne en difficulté » et l' « aide au projet ». Sur ce point, on note toutefois que les professionnels préconisent également une action sur les structures (l'école ou l'entreprise, par exemple) sans doute posée comme complémentaire de la précédente.

Les modèles de réponse sont assez largement communs à des groupes professionnels qui ont par ailleurs des histoires et des positionnements institutionnels distincts : assistants sociaux, éducateurs, formateurs et agents d'insertion. Il y a donc un relatif consensus sur les causes psychologiques voire personnologiques des problèmes sociaux, qui peut se comprendre comme un phénomène de naturalisation du social en même temps que de légitimation des pratiques dont on sait qu'elles relèvent très majoritairement, en France du moins, du *case-work,* l'aide psychosociale individualisée. Remondi (1999) indique d'ailleurs comment cette représentation dominante, quand elle est contredite par la réalité immédiate, peut conduire à une réinterprétation de celle-ci. *A priori,* le fait que des individus « immédiatement employables » émargent au RMI, comme par exemple des diplômés de l'enseignement supérieur, est perçu comme l'expression de quelque cas particulier victime d'un accident de parcours. Par contre, qu'ils soient de plus en plus nombreux dans le dispositif amène les travailleurs sociaux à penser qu'ils ne seraient peut-être pas si immédiatement employables, que leur présence est le signe d'une anomalie et de problèmes familiaux ou personnels (p. 39).

Si maladie il y a, de quelle maladie s'agit-il ? Certes, alcoolisme et toxicomanie occupent une bonne place dans les récits des travailleurs sociaux. On a pourtant l'impression qu'il s'agit d'abord de symptômes adossés à une étiologie de type psychologique : c'est donc la catégorie de maladie mentale – avec des nuances et des spécificités – qui fédère les représentations étiologiques. Pour approfondir cette question, nous avons cherché à savoir quelle était la représentation de l'exclu dans notre société (Castra, 1996 *a,* 1998). Après une pré-enquête auprès d'un groupe de travailleurs sociaux et la construction d'une liste de descripteurs, les réponses de 150 sujets (étudiants en sciences humaines et sociales ou professionnels de l'insertion) indiquent :

— un consensus large entre les deux populations, pourtant très différentes par l'âge et l'inscription professionnelle ; ce point indiquerait qu'une représentation sociale autonome de l'exclu est en construction, même si la thématique de l'exclusion est somme toute récente en France, du moins sous sa forme actuelle ;

— un noyau central de cette représentation articulé autour des items : absence de projet, sentiment d'échec, image négative de soi, passivité, dépendance. L'item « besoin d'aide et de suivi » est logiquement fortement relié à ce noyau, le tout évoquant une sorte de névrose d'échec. La représentation de l'exclu serait donc d'ordre psychopathologique.

Une recherche voisine (Saberan, 1996) retrouve des résultats similaires : sentiment d'échec, perte de repères, fragilité, absence de but et de projet constituent le noyau central de la représentation, qui inclut également les « ruptures familiales ». La représentation semble s'organiser autour d'une chaîne causale qui suggère aussi une chronologie, où l'éloignement progressif de l'emploi et les ruptures familiales initient le processus d'exclusion. Toutefois, ce chercheur observe que le prototype ci-dessus est obtenu avec une consigne descriptive (profil type de l'exclu en référence à sa définition communément admise). Une différence notable apparaît avec une consigne plus évaluative (Pensez à une personne que vous suivez depuis longtemps et expliquez sa situation actuelle) : dans ce dernier cas, deux nouveaux items deviennent centraux (besoin de soutien, besoin de relation privilégiée) qui n'occupaient qu'une position périphérique en consigne descriptive. On peut penser que la deuxième consigne, évaluative mais aussi professionnellement impliquante, a entraîné des réponses justificatrices des pratiques actuellement dominantes dans le travail social.

Toutefois, il faut sans doute manier avec prudence ces quelques résultats sur les représentations étiologiques des agents d'insertion. Comme nous, Guyennot (1998) note que les explications fournies par les travailleurs sociaux sont à la fois internes et externes, même si les premières prédominent. D'autre part, le tableau psychopathologique souvent retrouvé peut fonctionner dans le discours comme une cause aussi bien que comme un effet de l'exclusion. Enfin, ce prototype de l'exclu supporte bien sûr quelques variations selon s'il s'agit de jeunes ou non. Dans la recherche précitée (Castra, 1994), on observe que l'item « leur immaturité affective empêche beaucoup de jeunes de s'insérer normalement » est le plus représentatif de l'échelle. Ce qui laisse supposer que l' « influence du groupe » ou la « frustration engendrée par l'abondance de consommation », causes apparemment externes, renvoient en fait à l'influençabilité et à l'intolérance à la frustration. C'est donc plutôt ici l'image de l'enfant, ou de l'adolescent immature, qui prévaut.

Une recherche récente dans une Mission locale de la région bordelaise (Le Coz, 2000) apporte sur ce point des précisions supplémentaires.

Elle confirme d'une part que le besoin de soutien, l'immaturité, l'influençabilité et le manque d'autonomie occupent une place centrale dans les représentations des conseillers de la Mission locale. Mais elle révèle aussi qu'ils attribuent aux jeunes dont ils s'occupent la « capacité à travailler tout de suite » et à « se battre pour s'en sortir », bien qu'ils leur reconnaissent peu de dynamisme, de capacité de réflexion et de désir d'apprendre. En simplifiant, cette représentation suggère que l'insertion professionnelle est possible mais que l'insertion sociale (et notamment la conquête de l'autonomie, l'indépendance par rapport aux pairs) est autrement plus problématique. Que l'accès à l'emploi puisse justement être une base de cette autonomie est une hypothèse qui semble peu compatible avec cette représentation, laquelle fonctionne plutôt sur la chronologie inverse. Pourtant, l'enquête auprès des jeunes confirme que l'obtention d'un emploi est le but déclaré de 60 % d'entre eux, et que 20 % poursuivent d'abord des objectifs plus instrumentaux (par exemple, obtenir son permis de conduire) en lien avec ce but. Inversement, 8 % seulement des jeunes souhaitent être orientés vers une formation et 18 % voient la Mission locale comme un lieu possible pour « parler de ses problèmes personnels ». Globalement donc, les représentation des deux partenaires semblent assez opposées...

C'est précisément l'exploration de ce décalage qui constitue l'essentiel de la recherche de Le Coz, qui emprunte pour ce faire la méthodologie que Pierrehumbert (1992) a utilisé dans le champ scolaire : soumettre une liste de descripteurs à des enseignants et des personnels spécialisés en leur demandant de répondre comme le feraient, selon eux, des élèves de SES (cursus spécialisé destiné aux élèves en grande difficulté scolaire). La même procédure est utilisée ici auprès des conseillers des Missions locales et révèle une importante distorsion entre les réponses des jeunes et celles qui leur sont attribuées par les professionnels. Les items donnant lieu au décalage le plus net sont rassemblés dans le tableau ci-après.

Le tableau se lit de la manière suivante : 78 % des jeunes ont déclaré « aimer apprendre », mais les conseillers pensent que 14 % seulement ont choisi cette réponse. Ainsi les conseillers croient (à tort) que les jeunes ont une mauvaise image d'eux-mêmes (pas autonome, immature, influençable, sans rêve) et ne croient pas (à tort) qu'ils puissent s'auto-attribuer des descripteurs valorisants (responsable, dynamique, réfléchi, aime apprendre). La conclusion est voisine de celle que Pierrehumbert (1992, p. 210) tirait de ses propres travaux : « (ces écoliers) peuvent répercuter de façon inattendue un message positif... auquel les enseignants eux-mêmes n'osent croire... Si nous insistons sur ce point,

	Réponses des jeunes (en %)	*Réponses attribuées aux jeunes par les conseillers (en %)*
Sans rêve	5	43
Pas autonome	5	29
Immature	6	29
Influençable	10	57
Responsable	78	43
Réfléchi	82	14
Aime apprendre	78	14
Dynamique	69	14

c'est que, nos données le montrent, les spécialistes eux-mêmes peuvent se laisser abuser ». Par contre, cet auteur semble proposer une lecture purement cognitive de ce phénomène, en termes d'erreur perceptive, là où nous trouvons une représentation sociale – qui n'est pas une erreur.

Il reste que cette image du jeune comme influençable et dépendant, à l'image de soi dégradée où prévaudrait un sentiment d'échec est loin d'être partagée par les intéressés. De même, alors que 55 % des jeunes déclarent apprécier la lecture et les discussions avec les personnes âgées, ces deux réponses sont totalement méconnues des conseillers. Comme par un effet de halo, la distorsion s'étend donc aussi à la sphère privée et des loisirs. Mais le plus important est sans doute que le décalage est particulièrement net sur des items directement en rapport avec l'insertion professionnelle, zone de compétence des conseillers : les jeunes se déclarent plutôt sereins par rapport au premier emploi, quand 70 % des conseillers les imaginent plutôt inquiets ; huit jeunes sur dix demandent par contre un suivi en entreprise lors de ce premier emploi (« en cas d'ennuis avec le patron »), alors que 60 % des conseillers pensent que ce suivi n'est pas souhaité. Les représentations du travail véhiculées par les jeunes sont également méconnues, puisque ceux-ci choisissent à 70 % l'item « être quelqu'un dans la société », réponse non prévue par les conseillers, qui supposent seulement le choix « gagner ma vie ». Les représentations strictement instrumentales sont donc surestimées par les professionnels (Le Coz, 2000, p. 58).

Il est difficile de comprendre ces distorsions perceptives, du moins quand elles portent sur des points aussi centraux de la mission des conseillers, comme de simples « erreurs » ou manques d'informations. Elles reflètent sans doute en partie les pratiques professionnelles, qu'elles pourraient aider à justifier (par exemple, le suivi en entreprise n'étant pas l'activité la plus courante des conseillers, ils pensent que les jeunes ne le souhaitent pas). Elles traduisent plus probablement le fait que les jeunes des Missions locales ne sont pas d'abord perçus comme des demandeurs d'emploi mais comme des postadolescents « à problèmes » dont il faut d'abord assurer l'insertion sociale et l'accompagnement psychologique. Les potentialités et les attentes positives s'estompent derrière les manques et les handicaps.

L'enfant et le malade, l'enfant n'étant lui-même pas très bien. Un tuteur ou un référent pour le premier, écoute, suivi et aide personnalisée pour tous. Il peut s'agir d'un suivi social « lourd » pour des personnes en « souffrances » ou en « très grande difficulté », un accompagnement d'un parcours ou d'une trajectoire pas toujours orientés vers l'autonomie puisqu'on intègre aussi l'hypothèse d'une prise en charge « chronique » pour certains. Il y a, bien sûr, une cohérence dans les discours et pratiques des agents d'insertion : plus le cas est « lourd », moins on peut travailler (ou même envisager) le volet professionnel de l'insertion, et plus on s'oriente vers des modalités d'accompagnement isomorphes à une relation thérapeutique. Dans cette logique, l'accès à l'emploi est au mieux différé (pour mieux le préparer), le plus souvent oublié au profit d'une insertion dite sociale. On comprend également que penser l'insertion professionnelle évoque d'abord la formation, laquelle est plus apte à redynamiser, restaurer le lien social, par opposition aux contraintes fortes et à la dureté des rapports sociaux dans l'emploi, que des individus particulièrement fragiles ne supporteraient pas. On comprend, enfin, qu'un thème récurrent du discours des agents d'insertion soit celui de leur insuffisance numérique pour suivre comme il le faudrait – c'est-à-dire plus et mieux qu'ils ne le font – des personnes dont la demande d'aide est forte. Même si elle se cache parfois derrière une demande d'emploi dont l'authenticité est souvent mise en doute.

3. DU RÔLE À LA PERSONNE. MAIS OÙ EST DONC PASSÉ LE CITOYEN ?

S'il est une distinction qui fonde l'existence d'une pluralité de sciences humaines et sociales – et parmi elles, la sociologie et la psychologie – c'est celle entre les statuts et rôles d'un côté, l'individu ou la personne de l'autre. Pour triviale ou basique qu'elle soit, cette distinction nous semble devoir être précisée dans un contexte qui, justement, l'estompe ou la dissout.

Le statut est une position dans le système social. Tout statut fait généralement l'objet d'une formalisation et d'une codification minimales, qui précisent en particulier les droits et devoirs qui y sont associés. Par exemple, le statut de demandeur d'emploi stipule que son titulaire doit chercher du travail, répondre aux convocations de l'ANPE, examiner positivement les solutions qu'on lui propose... Par ailleurs, un statut ne peut généralement se concevoir sans son articulation avec un ou des statuts complémentaires (médecin-malade, enseignant-élève...), cette complémentarité rendant plus saillants les droits associés à tout statut : tout demandeur d'emploi est en droit d'attendre une réponse, sur ce registre, de la Mission locale, de l'ANPE, et plus généralement du service public de l'emploi. De même, le statut d'allocataire du RMI comporte des droits et des devoirs (l'allocation et l'insertion) mais inversement le co-contractant (dont l'identité est d'ailleurs bien floue : l'État ? le département ? le travailleur social ?) a le devoir de proposer des réponses et des solutions conformes à sa mission explicite et est en droit d'attendre que le partenaire y souscrive. Ces premières précisions signifient que, la demande d'emploi étant constitutive du statut de chômeur de longue durée (et, le plus souvent, d'allocataire du RMI), répondre à une autre demande supposée plus « vraie » (d'aide, de soutien...), ou orienter vers un bilan de compétences, revient en fait à dénier au sujet la place qu'il occupe dans le système (et donc à lui en imposer une autre). Simultanément, l'agent d'insertion sort de la place qui est la sienne et rend caduques les attentes qui pouvaient légitimement le concerner. Pour le dire plus brièvement, il peut sembler assez illégitime qu'un agent du service public de l'emploi se comporte d'abord en professionnel de la relation d'aide.

Mettre l'accent sur la complémentarité des statuts revient par ailleurs à insister sur le fait que la notion même de statut renvoie aux interactions, réelles et symboliques, entre individus (ou groupes) socialement positionnés dans le système. Il découle de ce fait que les caractéristiques et le fonctionnement de ce système ne sont pas d'abord liés aux propriétés des individus mais à la nature de leurs interactions. En ce sens, expliquer les échecs des dispositifs d'insertion par les lourds handicaps de leur public est, sur le plan théorique du moins, une imposture.

La notion même de statut désigne un ensemble de situations, de règles, de conduites communes à un grand nombre de personnes : elle désigne donc une réalité que ces personnes ont en commun. Or, ces statuts sont occupés par des personnes différentes, des individus. Si l'on entend par personne, ou individu, un ensemble d'idiosynchrasies telles que traits, goûts, attitudes, désirs..., alors il est clair que cette définition relève d'un autre niveau d'analyse que celle du statut (niveau intrapersonnel pour l'un, positionnel pour l'autre dans la terminologie de Doise, 1982). Certes, le concept de rôle, tel qu'il est communément employé en psychologie sociale, concerne bien cette idée des particularités que présentent les personnes dans la façon d'occuper leur statut ; mais ce concept relève d'abord du niveau interactif associé aux appartenances statutaires (et en particulier les attentes mutuelles) et non, ou très secondairement, de celui des spécificités individuelles.

Bref, statuts et rôles renvoient à l'acteur social, et les catégories d'acteur et de personne sont théoriquement distinctes. L'une renvoie au système social et aux interactions intra ou interpositionnelles qui s'y déroulent, l'autre aux caractéristiques internes du sujet. Bien sûr, l'articulation de ces niveaux d'analyse est souhaitable, et les exemples en sont légion : des théories vocationnelles de Super (1964), pour qui le développement psychologique et les insertions statutaires, semblent dans un rapport de poupées russes, au modèle inverse de Merton qui explique par le fonctionnement bureaucratique les traits obsessionnels du fonctionnaire. Mais on ne peut articuler des niveaux d'analyse que si on les distingue soigneusement : c'est donc de la confusion des niveaux qu'il s'agit ici, et notamment du réductionnisme psychologique. Comme l'exclusion, l'insertion est un rapport social qui prend place dans des systèmes organisés. On ne peut pas traiter l'exclusion professionnelle par la prise en charge psychologique des demandeurs d'emploi, pas plus qu'on ne peut comprendre l'échec scolaire si on centre l'analyse sur les caractéristiques propres des élèves, même si c'est ce que l'on fait le plus souvent (Lecigne & Castra, 1997). Rabattre une problématique afférente aux statuts et rôles sur les caractéristiques de la personne revient non seulement à naturaliser les problèmes sociaux, à immuniser le fonctionnement social, mais surtout à amputer le sujet de ses appartenances et identités sociales. Certes, le statut de malade est bien une position dans le système : mais, précisément, elle a pour caractéristique première de constituer une « niche » où le sujet est dispensé, provisoirement en principe, de ses droits et devoirs antérieurs.

Comme le dit joliment Castel (1995, p. 473) : « Il n'est pas certain que ce soit un traitement de l'individu qui convienne à un citoyen à part entière. » On peut même, comme cet auteur, être certain du contraire et craindre le déni de citoyenneté auquel risque de conduire un tel traitement.

2

Cognitions et conduites. L'acteur et l'agent

Ce chapitre part de l'idée simple que l'insertion professionnelle est un ensemble, éventuellement cohérent et organisé, de conduites finalisées, c'est-à-dire tournées vers un objectif qui reste, du moins dans notre société, l'accès à un emploi stable. Cette définition donne donc la priorité aux actions, conduites, comportements, pratiques sociales des sujets, tout à fait logiquement puisque l'insertion ne peut pas rester projetée ou imaginée mais se traduit nécessairement par l'accession à des positions, des appartenances statutaires, le plus souvent dans des organisations.

Bien entendu, il est courant que les actions du sujet soient précédées d'anticipations diverses que nous nommerons, pour utiliser un terme englobant, cognitions. Rapportées à notre objet, ces cognitions incluent les savoirs (l'information, la connaissance), mais aussi les attitudes (c'est-à-dire la position normative du sujet par rapport à l'objet) ou, en termes plus modernes, les représentations (qui peuvent être définies comme un agencement particulier et hiérarchisé de savoirs et de positions normatives par rapport à l'objet). Enfin, on adoptera le point de vue selon lequel le terme de projet, très présent dans le champ éducatif, social et de l'insertion, appartient lui aussi à ce registre cognitif et concerne plus particulièrement l'anticipation des conduites. On pourrait le définir comme l'ensemble des antécédents cognitifs de ces conduites finalisées qui constituent l'insertion.

Nous partirons alors du constat selon lequel la quasi-totalité des méthodologies de l'insertion professionnelle concernent quasi exclusivement les cognitions : savoirs, informations, attitudes, représentations, projets. Une méthodologie qui serait centrée sur les conduites procéderait, par exemple, par mise en situation, prise de rôle : on a vu que cette option – qui est en particulier celle de l'alternance – reste largement minoritaire.

Tout se passe donc comme si les dispositifs d'insertion fonctionnaient sur le postulat d'une détermination étroite des conduites par les cognitions : c'est l'examen de ce postulat (en général, et plus particulièrement pour les publics précaires) qui constituera l'essentiel de ce chapitre. Et examiner ce postulat conduit immanquablement à rencontrer l'hypothèse inverse d'une détermination des cognitions par les conduites, et plus généralement à envisager la dialectique complexe entre ces deux processus. Dialectique dont le point d'équilibre est probablement fort divers selon les personnes et les situations, ce que nous tenterons de modéliser en fin de chapitre.

1. ATTITUDES ET COMPORTEMENTS

On sait combien ce binôme a fait l'objet d'une série de controverses et de modèles contradictoires, du moins dès que les comportementalistes du début du siècle prétendirent étudier le comportement en posant comme variables indépendantes exclusives les changements du contexte de stimulation, répudiant donc le « mentalisme », les états de conscience et les attitudes. Pourtant à la même époque, du côté d'une certaine sociologie, on décidait que les attitudes étaient l'objet propre de la psychologie sociale. Les termes du débat sont donc posés dès 1920.

1.1. LE THÉORÈME DE THOMAS

Dans leur recherche sur l'adaptation des immigrants polonais aux États-Unis, Thomas et Znaniecki (1920) introduisent l'un des principes clé des théories interactionnistes : l'univers de l'immigré polonais, les situations dans lesquelles il se trouve, sont faits de valeurs. Les valeurs sont des objets sociaux (comme le mariage, le travail, les enfants...) particuliers, en ce sens qu'ils font l'objet de prises de position qu'on nomme attitudes. Et ce n'est pas la situation objective qui détermine la conduite mais la définition qu'en donne le sujet, cette activité d'interprétation étant étroitement liée à ses attitudes. Une réalité construite se substitue donc à une réalité objective pour déterminer la conduite du sujet : « Si les hommes définissent une situation comme réelle, alors elle est réelle dans toutes ses conséquences » (Thomas, 1923, p. 67). Tous les interactionnistes insisteront sur les « équivalents subjectifs » des situations objectives, et donc sur l'activité d'interprétation des sujets comme préalable causal de la conduite.

Toutefois, le concept d'attitude n'appartient pas aux interactionnistes : il est posé très tôt par la psychologie expérimentale comme une variable intermédiaire non observable, intervenant entre le stimulus et la réponse, et défini comme un état de préparation à l'action (Allport, 1935). Cette fonction énergétique et d'orientation des conduites autorise la prédictibilité des comportements à partir de la connaissance des attitudes, ce qui représente au fond le véritable intérêt du concept – son utilité plutôt. Mais le consensus qui règne pendant le premier quart de siècle sur le lien attitude-comportement reposait surtout sur le fait que ce lien n'avait pas été véritablement testé, ce que fera, parmi les tout premiers, Lapiere (1934).

1.2. LAPIERE, LES CHINOIS ET QUELQUES AUTRES

Généralement cité dans tout ouvrage sur les rapports entre attitudes et comportements, cette étude se déroule dans un contexte (les États-Unis de 1930) où les préjugés raciaux sont particulièrement affirmés envers les Orientaux, les Noirs et quelques autres. Accompagné d'un couple de Chinois, Lapiere se présente dans 251 hôtels ou restaurants du pays et note à la fois l'accord des responsables pour le recevoir et, le cas échéant, la qualité de cet accueil. Ce chercheur manipulera même certaines variables en laissant ses amis chinois entrer les premiers dans l'établissement ou négocier eux-mêmes une chambre, une table...

Le groupe a été reçu dans tous les établissements sauf un (0,04 %), et le plus souvent avec une grande courtoisie. Quelques mois plus tard, Lapiere envoie un questionnaire à tous les responsables de ces établissements ainsi qu'à un échantillon comparable mais n'ayant pas été visité. À la question « Accepteriez-vous des clients de race chinoise dans votre établissement ? », 92 % répondent non et 8 % choisissent une réponse plus évasive (Ça dépendra des circonstances). La distribution des réponses est identique dans les deux groupes, indiquant que l'échantillon initial de Lapiere n'était pas particulièrement biaisé.

Cette étude montre donc que les comportements des gens ne sont pas toujours liés à leurs attitudes, y compris dans un domaine aussi « chaud » que les préjugés raciaux (l'expérience de Lapiere a d'ailleurs été répliquée vingt ans plus tard, avec les mêmes résultats et avec des Noirs). Lapiere conclut d'ailleurs que si les attitudes sont facilement mesurables, elles ne peuvent pas par contre être considérées comme des prédicteurs du comportement. Comme le soulignent Channouf, Py et Somat (1996), ces résultats, pour surprenants ou inattendus qu'ils soient, ne sont nullement isolés ou atypiques en psychologie sociale. La revue de Wicker (1969) se proposait justement de recenser les recherches sur divers objets d'attitude (du travail aux droits civiques) et répondant à des critères précis : chaque individu doit avoir émis une attitude et un comportement à propos du même objet ; attitude et comportement ne doivent pas avoir été mesurés en même temps ; la mesure des comportements ne doit pas se réduire au recueil du témoignage verbal du sujet. La recension de près d'une quarantaine d'études remplissant ces conditions indique que la corrélation entre attitude et comportement ne dépassait jamais .30, que la corrélation moyenne était de l'ordre de .15 et souvent proche de 0. Il est rare que plus de 10 % de la variance dans la mesure du comportement puisse être attribuée aux données sur les attitudes.

Wicker conclut qu'il est raisonnable de penser que les attitudes ne sont pas corrélées, ou faiblement, aux comportements manifestes, et met en garde contre le risque de conceptualiser les attitudes comme un processus intermédiaire sous-jacent au comportement. Il indique de plus certains facteurs, recensés dans ces études, qui interviennent négativement sur ce lien attitude-comportement : des facteurs personnels (comme, par exemple, la compétition entre diverses attitudes ou motivations : les restaurateurs de Lapiere ont aussi besoin de clients...) et des facteurs situationnels (pression sociale, présence d'autres personnes) pour conclure que ce sont probablement les facteurs situationnels qui sont les plus responsables de l'inconsistance attitude-comportement.

Les résultats de Wicker ont induit un certain pessimisme chez les psychologues des années 1960 qui travaillaient sur les attitudes : à quoi sert, en effet, de les connaître et de les mesurer si elles ne prédisent rien ou presque. Mais ce pessimisme est aggravé par deux autres événements pratiquement contemporains :

— dans un ouvrage publié en 1968, Mishel fait un bilan des études sur la validité et prédictivité des tests dans différents domaines : intelligence, style cognitif, moralité... et observe que la prédictivité de ces outils est tout à fait modeste (de l'ordre de 10 % de la variance, là encore) dès qu'il s'agit des mesures de traits de personnalité. Plus précisément, les réponses aux questionnaires auto-administrés montrent une réelle consistance personnologique, mais les comportements étudiés par des mesures différentes et indépendantes montrent au contraire une grande variabilité, y compris dans des conditions apparemment similaires. On comprend que ce résultat ajoute au pessimisme issu des recherches de Wicker, puisque les concepts d'attitude et de trait de personnalité ont des statuts théoriques finalement très proches : variables latentes, prédispositions exerçant une influence directive sur le comportement ;

— enfin, les travaux de Festinger et le paradigme de la soumission forcée (Festinger & Carlsmith, 1959), que nous retrouverons plus loin, produisent des recherches mettant au jour une causalité inverse entre attitude et comportement : dans ce modèle, les attitudes sont une conséquence de l'acte et non son prédicteur. Dans ce contexte théorique encore, l'étude des attitudes n'a donc pas grand intérêt puisque l'origine du comportement se trouve dans les « circonstances »... On remarquera pourtant que ce n'est plus d'absence de lien attitude-comportement qu'il s'agit, mais d'une relation causale inversée : ici, au moins, la consistance persiste...

Ce secteur de recherche connaît donc une certaine perplexité vers la fin des années 1970. Pourtant, des évidences persistent : en particulier, la connaissance des attitudes politiques reste un bon prédicteur des comportements de vote, et l'amélioration du pronostic (la réduction de la marge d'erreur) est beaucoup plus liée à la taille de l'échantillon qu'au principe même sur lequel reposent les sondages d'opinion. Ce type de remarque aboutit à la conclusion que les comportements sont peut-être plus facilement prédits par les attitudes dans certaines situations que dans d'autres : en particulier, le comportement électoral est émis en contexte de grande liberté (l'isoloir) et le plus souvent dans une situation où de nombreux choix sont possibles. On comprend donc qu'une deuxième génération de recherches ait quelque peu reformulé la question de départ : dans quelles conditions les attitudes sont-elles prédictives des comportements ?

1.3. DE L'ACTION RAISONNÉE À L'ACTION PLANIFIÉE

1.3.1. *Quelques redéfinitions*

La période est marquée par les travaux de Fishbein et Ajzen, dont il suffit sans doute ici d'évoquer l'ouvrage principal (1975). Ces deux auteurs se livrent, dans un premier temps, à une critique des études antérieures au cours de laquelle ils proposent de nouveaux principes méthodologiques pour améliorer la prédictivité des attitudes :

— Construire un indice de comportement multiple.

Si on distingue, pour une même attitude, un indice comportemental unique, désignant un comportement ponctuel et précis, et un indice multiple désignant la combinaison d'un ensemble de comportements différents, alors on peut montrer que le second est nettement plus corrélé avec l'attitude correspondante que le premier. C'est, par exemple, un indice multiple de 70 comportements religieux (aller à l'église, faire la prière avant le repas...) qui est le plus corrélé avec l'attitude religieuse, alors que celle-ci ne prédit que peu ou pas du tout chacun de ces comportements pris isolément. C'est le principe de l'agrégation des conduites.

— Distinguer l'attitude générale et l'attitude spécifique.

Le principe de correspondance affine le précédent : puisque l'attitude ne prédit valablement qu'une classe de comportements, alors il faut distinguer une attitude générale (par exemple, les attitudes par rapport au travail) et une attitude spécifique (par rapport à tel travail dans telle entreprise). On ne peut prédire un comportement spécifique à partir d'une attitude générale, comme l'aurait fait Lapiere : l'attitude générale envers les Chinois ne concerne pas particulièrement ces deux Chinois bien habillés, parlant bien et accompagnés d'un blanc de classe moyenne. Il faut donc veiller à ce que l'attitude et le comportement soient définis à un niveau correspondant de spécificité (ou de généralité).

— La cible prototypique.

Les attitudes concernant souvent des classes d'objets (ou groupe ethnique, par exemple), on comprend qu'elles s'expriment plus totalement envers un élément particulièrement représentatif de la catégorie-cible de l'attitude. Là encore, Lapiere dérogeait à cette règle puisque son couple de Chinois n'avait pas grand chose en commun avec le Chinois de quartier récemment immigré cible du préjugé.

1.3.2. *Le modèle de l'action raisonnée*

Ces quelques précisions étant acquises, les auteurs proposent un modèle général de prédiction du comportement qui comporte deux innovations :

— il tente d'inclure la présence d'attentes normatives issues de l'environnement (émanant d'autre personnes ou groupes importants pour le sujet) et la tendance à la conformité du sujet lui-même (sa propension ou motivation à se soumettre à ces attentes). Ces deux variables constituent la norme subjective attachée au comportement ;

— surtout, le modèle stipule que le déterminant du comportement n'est pas l'attitude, fût-elle spécifique, mais l'intention d'agir (c'est-à-dire la composante conative de l'attitude). Il est donc clair que ce modèle ne pourra désormais concerner que les actions volontaires, conscientes, délibérées (au sens propre), puisque l'intention se définit en fait comme l'intensité avec laquelle l'individu veut accomplir cette action.

L'attitude spécifique (à l'égard de ce comportement précis) et la norme subjective déterminent l'intention d'agir, qui seule prédit l'action. Le modèle sera validé lors d'études de comportements très divers, de la consommation de tabac à l'assiduité des étudiants aux cours, montrant des corrélations élevées ou satisfaisantes. Certains objecteront que ces corrélations sont élevées parce que les variables initiales (attitude et norme subjective) sont en fait très proches, et que, par ailleurs, leur définition et leur mesure sont quasi tautologiques de celles de l'intention qu'elles sont sensées prédire.

1.3.3. *Un modèle restrictif et révisé*

Par la conception du sujet qui le sous-tend, le modèle de l'action raisonnée évoque les recherches sur l'attribution causale de cette même période : un sujet contemplatif et réflexif, qui procéderait par comparaison, réflexion probabiliste, anticipation des effets d'une décision... et qui, par ailleurs, est parfaitement capable de connaître ses propres attitudes et les attentes des autres. Un sujet rare, sans doute, et des comportements en fait peu quotidiens. Certes, le modèle est limité aux comportements volontaires. Mais que signifie exactement cette restriction ? un subordonné qui exécute l'ordre d'un supérieur émet-il un comportement volontaire ? Si oui, on est alors dans un cas de figure tout à fait intéressant où un comportement volontaire est en fait voulu par d'autres que le sujet lui-même. Sinon, on regrettera qu'un modèle si sophistiqué n'ait que peu d'utilité pour une catégorie de comportements très répandus et finalement essentiels au fonctionnement social.

Bien sûr, le modèle sera critiqué et amendé par d'autres. Entre autres amendements, on remarquera ceux de Triandis (1977) et de Bentler et Speckart (1979), dont on peut penser – ce que n'affirment pas leurs auteurs – qu'ils apportent une innovation assez radicale : la prise en compte des comportements passés. Ce que le premier appelle habitude n'est pourtant pas synonyme d'automatisme : il s'agit seulement de la fréquence avec laquelle un comportement donné s'est déjà manifesté antérieurement. Et point n'est besoin d'évoquer des conduites addictives (comme la consommation de drogues) pour illustrer cette catégorie de comportement : pour beaucoup de personnes, sont habituels des comportements comme exécuter les consignes du supérieur hiérarchique, s'arrêter à un feu rouge, se rendre aux convocations de l'ANPE, prendre le bus tôt le matin ou faire un footing le dimanche. Bref, enrichi de la catégorie « habitude », le modèle de Triandis n'est plus, à notre avis, le modèle « volitionnel » de Fishbein, puisqu'un comportement (passé) en initie un autre (actuel) sans passer par l'attitude ou l'intention...

Bentler et Speckart (1979) introduisent également le comportement passé (qu'ils n'appellent pas habitude), prévoient (et vérifient eux aussi) qu'il peut agir directement sur le comportement actuel sans passer par l'attitude ni l'intention. Encore une fois, il ne s'agit pas de comportements « scriptés » ou automatiques : en matière de don du sang, par exemple, on observe une influence directe du comportement antérieur sur le comportement actuel, mais aucune incidence de l'attitude... Quant à l'attitude, justement, ces deux auteurs introduisent à nouveau une véritable innovation : les attitudes et les normes subjectives sont corrélées avec le comportement antérieur... La porte est donc ouverte pour une lecture de ces résultats qui n'a plus grand-chose à voir avec un modèle cognitif et de rationalité : les comportements passés déterminent à la fois les attitudes et les comportements actuels, et l'intention n'est pas nécessairement présente dans la chaîne causale. Une lecture parfaitement compatible avec une théorie de l'engagement – on y reviendra – mais bien distante de l'image du « sujet fin stratège » du modèle initial de Fishbein. Lequel sera enrichi, par son collègue Ajzen, d'une nouvelle variable concernant la croyance qu'a le sujet de pouvoir exécuter un comportement donné : cette variable est le « contrôle perçu ». L'ajouter au modèle revient à reconnaître que beaucoup de comportements (encore une fois, sans parler des routines et automatismes) ne sont pas entièrement sous contrôle volitionnel. Mais si cette éventualité échappait au sujet ? En clair, s'il surestimait ses possibilités de contrôle ? Ajzen précise alors que c'est plutôt le contrôle réel que le contrôle perçu qui est la variable déterminante, mais qu'on peut confondre les deux si le comportement n'est pas totalement nouveau pour le sujet, c'est-à-dire s'il a une expérience passée de ce contrôle réel. Par chance, contrôle réel et perçu peuvent donc être tenus pour équivalents...

On le voit, le modèle de l'action raisonnée a vécu bien des vicissitudes et bénéficié de critiques ou d'apports dont certains pourraient bien constituer une remise en cause du modèle lui-même. À nouveau, la comparaison avec un autre champ de recherche, celui de l'attribution causale, semble facile et fructueux : au sujet statisticien et « scientifique spontané » des origines se substitue peu à peu un décideur bien plus modeste qui utilise des shèmes tout prêts sans forcément y penser, puis un ordinateur fautif ou biaisé, puis un avare cognitif qui pense le moins possible, enfin un pseudo-analyste qui exhibe en fait des théories implicites et des idéologies (ou des représentations sociales pour d'autres). Même si on découvre aussi que ce sujet est parfaitement capable de penser comme il devrait, mais que ce n'est pas ce qu'il fait habituellement. On observera, avec Deschamps (1996), que ces abandons ou reformulations successifs sont concomitants des efforts pour socialiser les théories de l'attribution, c'est-à-dire renoncer à l'image du sujet abstrait désinséré des rapports sociaux au profit d'un acteur engagé dans des transactions quotidiennes, à partir de rôles et d'appartenances multiples, avec ses contraintes et ses croyances, parfois aussi ses buts et ses stratégies.

Est-ce à dire qu'il vaut mieux renoncer à ces modèles néo-rationnels quand on s'intéresse aux relations entre attitudes et comportements en contexte social ? Sans répondre directement à cette question, on peut en tout cas se demander si ce sont bien les modèles les plus utiles quand on se confronte aux contraintes de l'action et à ses logiques pragmatiques. Mais le mieux est sans doute d'enrichir ce débat d'un exemple concret.

1.4. LE MODÈLE À L'ÉPREUVE : L'INTÉGRATION DES HANDICAPÉS DANS LES ENTREPRISES

Ce paragraphe s'appuie sur la belle thèse de Nathalie Bayle (2000), bien qu'il s'en écarte quant à l'interprétation des résultats. La question est pragmatiquement importante : qu'est-ce qui peut bien faire que certains chefs d'entreprise intègrent des handicapés dans leur établissement et que d'autres – bien plus nombreux – ne le font pas, alors même que ce comportement les pénalise (du fait de « l'amende » versée à l'AGEFIPH) ? Sont prises en compte et minutieusement mesurées : les attitudes générales (l'intégration des handicapés dans les entreprises), spécifiques (dans mon entreprise) et l'intention, pour ce qui est de la réplique du modèle de Fishbein. Mais aussi ce que l'auteur nomme des incitations :

— celles émanant de la sphère extraprofessionnelle, comme, par exemple, l'existence de contacts avec des personnes handicapées, ou l'attitude à l'égard de leur sociabilité, ou encore la valorisation différentielle, par le décideur, de ses sous-systèmes d'activité ;

— celles concernant directement les variables organisationnelles : l'expérience de l'entreprise en matière de contrats aidés (puisque celui-ci en est un), le fait d'avoir déjà recruté des travailleurs handicapés, la situation de l'entreprise par rapport à l'obligation d'emploi et par rapport aux aides reçues ;

— celles, enfin, constituées par les expériences professionnelles, mais individuelles cette fois, du décideur : sa connaissance des textes, l'évaluation qu'il en fait, le fait d'avoir été plus ou moins exposé aux campagnes de communication des organismes spécialisés.

Mentionnons enfin un indicateur qui s'avérera décisif : le degré de bureaucratisation de l'entreprise, mesuré à la formalisation de la structure, du processus décisionnel d'embauche, de la procédure et des critères de recrutement. Il s'agit donc d'une définition wébérienne de la bureaucratie, au sens d'existence et de preignance de la règle. Ce critère permet la répartition des 140 entreprises rencontrées en trois catégories (faiblement, moyennement et fortement bureaucratisées).

Ajoutons que les décideurs concernés sont soit le chef d'entreprise pour les petites structures, soit le responsable du personnel ou le directeur des ressources humaines pour les plus grandes, rencontrés sur leur lieu de travail. Il s'agit donc des acteurs dont le degré d'autonomie, ou la capacité de décision, sont des plus élevés dans l'entreprise. Enfin, on a tout lieu de penser que les questions touchant aux handicapés sont de celles qui mobilisent fortement un ensemble de croyances, attitudes, affects susceptibles de régler étroitement les comportements, conformément à ce que prévoit le modèle de l'action raisonnée.

Les principaux résultats de cette recherche sont assez inattendus :

— l'intention n'est pas liée au comportement, alors même que rien ne permet de penser qu'elle soit mal évaluée ;
— l'attitude spécifique est liée à l'intention et au comportement dans les entreprises faiblement bureaucratisées seulement ; c'est aussi là que le lien entre attitudes spécifique et générale est le plus fort (il est faible ou non significatif ailleurs) ;
— le coefficient de détermination du comportement par les attitudes et l'intention est faible, mais deux fois plus fort dans les entreprises faiblement bureaucratisées que dans les autres (0,27 contre 0,14).

Le modèle de l'action raisonnée sort donc bien affaibli de cette épreuve, même si on remarque avec intérêt qu'il commence à avoir une certaine pertinence dans les petites entreprises (où sa prédictivité reste cependant bien modeste). La question initiale – pourquoi les entreprises embauchent-elles des handicapés – n'a donc que peu ou pas de réponse. Reste le rôle éventuel des « incitations » :

— les variables extraprofessionnelles (relevant donc d'autres sous-systèmes d'activités) sont liées aux attitudes générales et/ou spécifiques, mais jamais à l'intention ni au comportement ; leur rôle est donc, au mieux, médiatisé ;
— les incitations professionnelles, qu'elles soient organisationnelles ou individuelles, sont donc les variables les plus lourdes, au point d'être les seules actives dans les grandes entreprises. Rappelons que ces variables incluent le comportement passé, la position par rapport à la législation, le fait d'avoir été ou non « démarché »...

En forçant un peu le trait, on pourrait dire que dans la plupart des entreprises, et notamment les plus grandes, les décideurs n'en sont pas (au moins sur ce point) puisque le fait d'avoir ou non des comportements d'inclusion n'est lié ni à leurs attitudes ni à leurs intentions. Ce sont donc probablement les « circonstances » (au sens de Festinger) ou opportunités diverses qui initient ces conduites plus que les valeurs ou attitudes des sujets. Du point de vue d'un professionnel qui aurait précisément pour but l'insertion des handicapés, ces résultats n'orientent pas particulièrement vers les méthodes habituelles d'information, de persuasion via des campagnes de communication aux effets peu décidables. Ils inciteraient plutôt à multiplier les expériences directes, à initier des situations telles que celle où le décideur se trouve impliqué dans un réseau d'entreprises liées par une convention aux organismes spécialisés. Ou encore, celle où un médiateur du marché de l'emploi, qui aurait gagné la confiance du décideur, initie lui-même l'accès de ces personnes à l'entreprise et fait la preuve de cette possibilité.

Cette recherche montre surtout que l'acteur – fût-il décideur, mais c'est justement ce vocable qui génère des ambiguïtés et des attentes peu fondées – peut être pris dans un ensemble de contraintes qui laissent finalement peu de place à son libre-arbitre. On remarque qu'il ne s'agit pas ici de contraintes économiques, puisque sur ce plan, justement, la plupart des entreprises ont intérêt à recruter des handicapés. Il s'agit bien de contraintes liées au fonctionnement même de l'organisation, notamment la pluralité des acteurs et niveaux décisionnels et la formalisation des procédures. Dès lors, il n'est pas surprenant que le responsable d'une petite entreprise artisanale parvienne mieux à traduire ses convictions en décisions. Pourtant, il ne faut sans doute pas surestimer cette possibilité si on a en vue l'efficacité de l'action, pour au moins deux raisons :

— y compris dans les petites entreprises, le modèle de l'action raisonnée ne rend compte que d'une part relativement faible du comportement d'inclusion, dont l'essentiel serait donc explicable par des contraintes ou ressources autres ;
— il est vrai que ce sont surtout les petites entreprises (et notamment celles qui ne sont pas assujetties, avec moins de 20 salariés) qui accueillent le plus de handicapés (près des trois quarts du total). Mais ce résultat peut aussi faire l'objet d'une lecture en négatif : sachant que la capacité de recrutement est par définition limitée dans ces entreprises artisanales, mieux vaut sans doute en conclure que des stratégies d'insertion efficaces pour ce type d'entreprise doivent être revues au profit d'autres méthodes susceptibles de « mordre » sur d'autres secteurs largement déficitaires, celui des moyennes et grandes organisations.

La recherche de Nathalie Bayle (2000) est exemplaire du traitement d'une question qui est très souvent celle que se pose, justement, l'agent d'insertion : comment amener des acteurs à émettre des conduites qu'ils n'émettraient pas spontanément, sans que ces conduites soient pour autant problématiques quant à leurs attitudes personnelles ? On aura reconnu une formulation qui est celle des théories de l'engagement (Joule & Beauvois, 1998), lesquelles proposent en effet une méthodologie d'intervention – où le décideur n'est pas toujours celui qu'on croit – sur laquelle on reviendra bientôt.

Ainsi, le psychosociologue des années 1960 a donc quelque raison d'être assez circonspect sur la question de la détermination des conduites par les attitudes. Plus grave, il est finalement assez démuni dans ses interventions de terrain, dont il faut rappeler qu'elles visent toujours, d'une façon ou d'une autre, des changements de conduites des individus ou des groupes. Il n'est pas exclu que le concept de représentation sociale soit apparu en France pour tenter de pallier certaines incomplétudes de celui d'attitude (voir, en particulier, les analyses de Moscovici, 1962). Mais il était fatal que le nouveau concept rencontre la même question, celle du lien entre représentations et pratiques sociales.

2. REPRÉSENTATIONS ET PRATIQUES SOCIALES

2.1. UN CONCEPT ENGLOBANT

Le concept de représentation sociale (Moscovici, 1961 ; Abric, 1994) est en effet défini comme englobant celui d'attitude, puisque sa définition est tridimensionnelle :

— l'attitude, soit ici l'orientation générale du sujet par rapport à l'objet de la représentation, constitue l'essentiel de la dimension normative. De plus, on convient généralement que l'attitude participe étroitement à la constitution du noyau central (soit le niveau le plus résistant et stable de la représentation), au moins « dans toutes les situations où interviennent directement des dimensions socio-affectives, sociales ou idéologiques. Dans ce type de situation, on peut penser qu'une norme, un stéréotype, une attitude fortement marquée seront au centre de la représentation » (Abric, 1994, p. 23) ;

— l'information sur l'objet est une autre dimension de la représentation. C'est sans doute ce qui fait l'originalité de ce concept par rapport à celui d'attitude : souvenons-nous que les attitudes ne sont jamais mesurées par le recueil d'informations sur (ou des descriptions de) l'objet, puisque, par définition, l'information peut être « objective » et appropriée comme telle par le sujet, quelle que soit par ailleurs son attitude. C'est donc ici que le concept de représentation est englobant : le sujet possède un savoir, une connaissance, une information sur l'objet (souvent d'ailleurs un savoir issu des zones de production de la connaissance scientifique, comme dans le premier travail de Moscovici, 1961), il est donc aussi dans une position descriptive (*vs* évaluative) par rapport à cet objet. Le concept de représentation concerne donc aussi, à côté de ce que les gens croient, veulent, jugent, ce qu'ils savent, observent, voient. Ces deux niveaux sont inextricablement constitutifs de ce système qu'est la représentation, même si on peut, bien sûr, les distinguer à des fins de repérage dimensionnel (Moliner, 1995) ;

— enfin, l'idée de champ de la représentation renvoie à l'organisation hiérarchisée de ces éléments, traduite en particulier dans la distinction entre noyau central et système périphérique. Le premier joue un rôle essentiel dans la stabilité de la représentation, il est de plus relativement indépendant du contexte immédiat. Son origine est ailleurs, « dans le contexte global historique, social, idéologique – qui définit les normes et les valeurs du groupe dans un système social donné » (Abric, 1994, p. 28). On comprend donc que la thématique du changement des représentations ait très tôt intéressé les chercheurs, ce noyau central étant particulièrement résistant. D'autant plus que le système périphérique – à la fois plus contextualisé et individualisé – a aussi une fonction de protection de ce noyau central, par sa capacité à intégrer des changements mineurs ou secondaires, sans mise en cause de l'essentiel.

2.2. REPRÉSENTATIONS ET CONDUITES

La question des rapports entre les représentations et les conduites apparaît à deux niveaux dans la théorie aixoise[1] : à propos des fonctions des représentations, d'une part, de leurs modalités de transformation d'autre part.

1. On nomme souvent « école aixoise » le groupe de chercheurs de l'Université de Provence qui, autour d'Abric, Flament, Guimelli et quelques autres, développent une approche structurale des représentations, tant au niveau théorique (noyau central et système périphérique) que méthodologique (choix pour l'analyse de similitude, par

À côté de leur fonction de savoir (elles permettent de comprendre et d'expliquer la réalité, c'est le « savoir de sens commun » de Moscovici) et de définition et/ou protection identitaire, les représentations sont, pour Abric (1994, p. 16-18) liées aux conduites selon deux modalités distinctes : elles guident les comportements et les pratiques – notamment parce qu'elles sont prescriptives, et que les prescriptions peuvent être « absolues » (*vs* conditionnelles, Flament 1994). Mais elles peuvent aussi participer d'une logique justificatrice, les représentations étant alors un après-coup permettant de justifier les prises de position et les comportements. La représentation joue ici un rôle de maintien ou de renforcement de la position du groupe concerné, et en particulier de pérennisation de la distance sociale, phénomène bien visible dans le champ des relations et des représentation intergroupes.

On voit donc que les représentations interviennent aussi bien en amont qu'en aval des conduites : manifestement, la théorie tente de dépasser les tribulations du concept d'attitude en intégrant la mise en cause sévère de Festinger qui en faisait, lui, un effet de l'action. Fort logiquement, la question posée par Abric devient donc : quelles sont les situations, contextes ou conditions qui favorisent la détermination des pratiques par les représentations, ou l'inverse ? Question à nouveau cruciale pour notre propos, qui sera examinée attentivement plus loin.

Mais la théorie rencontre aussi la question du lien entre représentations et pratiques dès qu'elle s'interroge sur les transformations, et *a fortiori* sur le changement, des représentations. Sur ce point, une position particulièrement nette (stricte ?) est celle de Flament (1994, p. 49) : « Malgré nos efforts, nous n'avons jusqu'ici pu trouver trace de modification d'une représentation sociale sous l'influence d'un discours idéologique : seules les pratiques sociales semblent avoir quelque effet. » Notons que la question des fonctions des représentations n'est pas équivalente à celle de leur modalité de transformation : en ce sens, le noyau central peut être à la fois prescriptif de pratiques et ne pouvoir changer que du fait d'autres pratiques. Il reste que la position de Flament est peut-être d'un matérialisme un peu entier, si l'on en juge aux travaux d'Aissani et Bidaud (1998) et de Brandin, Choulot et Gaffie (1998) qui explorent – semble-t-il avec quelque succès – l'hypothèse d'une transformation des représentations sous l'effet d'une thérapie ou

exemple). On l'oppose parfois aux tenants d'une approche pluridimensionnelle (non consensuelle) des représentations, dits pour leur part « école genevoise », dont l'orientation est bien représentée par l'ouvrage de Doise, Clemence et Lorenzi-Cioldi (1992).

d'une influence minoritaire. Encore les transformations observées semblent-elles cantonnées au système périphérique, mais susceptibles d'augurer et d'inaugurer un changement plus profond. Quoi qu'il en soit, la position de Flament (1994), comme d'ailleurs celle de Guimelli (1994) issue notamment de ses travaux sur la fonction d'infirmière (« on observe donc que les pratiques ont un effet majeur sur la transformation des représentations sociales... l'accès à des pratiques nouvelles modifie de façon massive la structure des représentations », p. 106) indiquent clairement à l'intervenant social (par exemple, l'agent d'insertion) qui aurait par exemple pour objectif d'agir sur les représentations du travail (ou de l'entreprise) qu'il a tout intérêt à opter pour des interventions qui génèrent des conduites nouvelles, notamment par prise de rôle en contexte naturel et expérience directe de l'objet.

Est-ce à dire pour autant que les représentations ne seraient qu'un effet sociocognitif des pratiques sociales ? Bien sûr, cette position mécaniste est difficilement tenable, l'approche la plus matérialiste acceptant l'hypothèse que les représentations puissent avoir un effet-retour sur les pratiques. On pourrait dès lors s'en tenir à une pétition de principe en forme de credo dialectique : représentations et pratiques s'engendrent mutuellement, forment un tout ou un système. Mais, de par son caractère générique, cette proposition est au fond peu opératoire, et peu utile pour l'intervenant. On peut supposer qu'il est des situations ou des contextes où les représentations sont particulièrement aptes à générer des conduites, et d'autres où le processus inverse sera le plus visible, ce qui n'exclut pas, dans les deux cas, un effet ultérieur de renforcement en sens inverse. C'est au repérage de ces divers contextes qu'est consacrée la dernière partie de l'ouvrage d'Abric (1994), particulièrement précieuse pour notre propos.

2.3. LA POULE OU L'ŒUF : SELON LA NATURE DES SITUATIONS

Cet auteur nous propose de considérer que la nature du lien entre pratiques et représentations est directement déterminée par deux caractéristiques de la situation : la part d'autonomie du sujet (notamment par rapport au système de pouvoir, ou aux contraintes auxquelles il est confronté) et la présence d'éléments fortement reliés à des affects ou à la mémoire collective (susceptibles en particulier de mobiliser des mécanismes d'affirmation ou de défense identitaires).

Les représentations règlent les pratiques quand la charge affective est forte et que la référence à la mémoire collective est nécessaire pour maintenir ou justifier l'identité, voire l'existence même du groupe et de ses pratiques. On comprend aisément qu'un collectif s'estimant menacé, non seulement se crispe sur le système de croyances ou de représentations constitutif de son identité, mais développe, de plus, des mécanismes de contrôle interne renforçant son unité. Dans ce type de contexte, les conduites individuelles et collectives sont assez largement prévisibles à partir d'une connaissance préalable des représentations. Cette hypothèse est cohérente avec cette tradition de recherches qui, de Sherif (1969) plaçant deux groupes en compétition, déclenche l'apparition de représentations hostiles puis de passages à l'acte agressifs, à Deconchy (1998) observant le renforcement de l'orthodoxie et du réglage des comportements en cas de menace externe perçue par le groupe religieux. Sur un plan plus macrosocial, on observera des exemples similaires en situation de conflit : Fisher (2000) montre, par exemple, qu'au-delà des changements historiques, l'identité étudiante perdure depuis cinquante ans autour de la défense des diplômes, le refus de la sélection et l'égalité des chances, ce qui suffit pour comprendre les promptes réactions des étudiants à toute réforme, constituant à leurs yeux une mise en cause de ces quelques principes. Enfin, comment comprendre autrement que l'inquiétude des consommateurs quant à la qualité de l'alimentation (sans doute ancrée dans quelque solide représentation de la maladie comme intoxication permanente, Herzlich, 1969) suffise à déclencher ce que les médias appellent des psychoses – et en tout cas des bouleversements profonds dans des pans entiers de l'économie.

D'autre part, les représentations orientent d'autant plus les pratiques que celles-ci sont non contraintes. Sur ce point, il faut probablement renoncer à une conception binaire où les pratiques seraient contraintes ou non : les pratiques sociales font toutes l'objet d'un contrôle plus ou moins preignant et visible – c'est même l'essentiel de leur définition. Mais, inversement, la marge d'autonomie du sujet n'est jamais nulle et apparaît même parfois comme importante. C'est donc le niveau ou degré de contrainte – ou d'autonomie – qui constitue ici la variable décisive. Abric évoque notamment les recherches sur le choix professionnel ou d'orientation. On peut prendre pour exemple celle de Vouillot et Huteau (1994), consacrée aux lycéennes qui se destinent aux carrières sociales après leur baccalauréat : les lycéennes de terminale ayant le projet de devenir assistantes sociales ont des représentations plus proches de celles des étudiantes d'école de service social (Bac + 2) que celles d'autres lycéennes de terminale n'ayant pas ce type de projet. La représentation de la filière semble donc ici jouer un rôle de socialisation professionnelle par anticipation. Dans le même ordre d'idée, le travail déjà cité de Guimelli (1994) montre comment les représentations que les élèves infirmières ont de leur rôle – et en particulier la place plus ou moins centrale du « rôle propre » dans cette représentation – sont assez prédictives du choix professionnel de ces infirmières (quitter ou non l'hôpital pour le secteur privé ou libéral). Ce second type de situation, où les pratiques semblent nettement influencées par les représentations antérieures, présente plusieurs caractéristiques communes : il s'agit souvent de situations de choix (et donc d'autonomie relative du sujet), lequel est par ailleurs fréquemment complexe ou ambigu (comme en matière d'orientation professionnelle des lycéennes, par exemple). Sans qu'on soit pour autant tenu de se référer à un modèle de l'individu rationnel : le beau travail de Jodelet (1989) montre au contraire que c'est dans une croyance en la contagiosité de la maladie mentale que s'enracine cette « règle de l'écart » respectée par tous les habitants accueillant chez eux les pensionnaires de l'hôpital psychiatrique. Ici, c'est d'ailleurs l'observation de ces pratiques qui permet d'inférer cette composante centrale des représentations, jamais dite et donc non accessible par le langage. L'exemple de Jodelet est particulièrement pertinent pour une autre raison : les familles d'accueil développent ces pratiques de discrimination dans une situation de large autonomie par rapport aux incitations des infirmiers et médecins de l'hôpital (prônant au contraire l'intégration maximale), lesquelles restent donc globalement lettre morte sur ce point.

Il est par contre des situations où les pratiques sociales sont beaucoup plus contraintes. Ces situations peuvent provoquer des phénomènes inverses de ceux décrits ci-dessus : « Dans des situations à forte contrainte – sociale ou matérielle – la mise en cause de certaines pratiques est susceptible d'entraîner des transformations complètes des représentations » (Abric, 1994, p. 234). Encore faut-il que la situation soit perçue par les acteurs comme non provisoire, irréversible, faute de quoi seraient mis en cause des éléments seulement périphériques de la représentation. De même, on n'entend pas par conduites contraintes des conduites qui seraient explicitement imposées par un contrôle de proximité : il s'agit plutôt de conduites qui s'imposent « de par les circonstances » (Flament, 1994). L'exemple le plus typique est celui des pratiques nouvelles des chasseurs étudiées par Guimelli (1988) en tant qu'elles sont générées par des modifications du milieu, en l'occurrence la raréfaction du lapin de garenne victime de la myxomatose. Nous avons nous-même étudié une situation qu'on peut tenir pour similaire : dans le champ de l'insertion, et du fait des lois de décentralisation (1985), une partie des travailleurs sociaux ont désormais des relations obligées avec les élus locaux (maires et conseillers généraux) dont ils dépendent maintenant. Comparativement, ce changement épargne d'autres secteurs traditionnels du travail social (justice, éducation nationale, services sociaux des hôpitaux...). La comparaison de la représentation des élus dans ces deux populations (Castra, 1995*b*) montre qu'elle a subi un changement important en un laps de temps finalement court : si elle est toujours globalement négative et dévalorisante, elle est plus positive dans le groupe « dépendant » qui perçoit les élus comme des partenaires potentiels, porteurs de projets, et plus seulement comme des féodalités lointaines toutes-puissantes. Là encore, si ces pratiques nouvelles sont contraintes – et irréversibles – ce terme ne doit pas pour autant être pris dans un sens trop restrictif : les travailleurs sociaux restent fortement attachés à leur indépendance professionnelle, qu'ils sauvegardent en grande partie. Simplement, l'élu local fait désormais partie de ce paysage professionnel quotidien puisqu'il décide des budgets. On observera que l'évolution de la représentation semble aboutir à une forme de justification de ces pratiques nouvelles, comme si les sujets ne pouvaient pas à la fois commercer quotidiennement avec les élus et continuer à véhiculer d'eux l'image très péjorative qui persiste chez leurs collègues de l'autre groupe. On est ici très proche d'une analyse dans les termes de la théorie de la rationalisation, comme le constate également Flament (1994, p. 51), qui s'y réfère explicitement. Nous allons donc examiner de plus près comment ce courant aborde la question des rapports entre cognitions et conduites. Auparavant, une conclusion provisoire semble émerger, concernant notre problématique, de cet ensemble de recherches sur les représentations.

2.4. ET L'INSERTION PROFESSIONNELLE ?

Qu'apportent de nouveaux les travaux de l'école aixoise – et plus particulièrement ceux concernant les relations entre représentations et pratiques – pour la question qui nous occupe ici ?

— Si l'on observe que les exclus du marché du travail ne constituent pas un groupe social, au sens d'un collectif partageant, non seulement des objectifs communs, mais aussi des normes, des valeurs, une conscience d'appartenance : bref, une identité, mais qu'ils constituent d'abord une catégorie administrative profondément hétérogène, alors on ne peut pas s'attendre à ce que des processus de revendication ou de défense identitaires aboutissent à ce réglage des pratiques par les représentations évoqué dans le premier cas de figure d'Abric. Les « exclus » ne sont pas un groupe ni une classe sociale puisqu'ils se caractérisent au contraire par la désaffiliation (Castel, 1995).

— On admettra que la population qui nous intéresse ne se caractérise pas particulièrement non plus par son degré d'autonomie, surtout s'il s'agit de viser son intégration dans des organisations de travail elles-mêmes contraignantes. Sans oublier que les dispositifs eux-mêmes peuvent présenter des niveaux de contrainte élevés : si l'on observe, par exemple, les recherches évaluatives sur les bilans de compétences (Kop *et al.*, 1997), on note qu'un bénéficiaire sur deux environ déclare être lui-même à l'initiative de son bilan, les auteurs ajoutant d'ailleurs que ce pourcentage est probablement surestimé du fait de quelque biais d'échantillonnage. Cet exemple paraît d'autant plus parlant que les bilans de compétences reposent légalement sur la libre décision du sujet, et étaient initialement destinés à des salariés en réorientation ou en reconversion et non particulièrement à des demandeurs d'emploi (qui représentent pourtant 75 % de l'effectif dans l'exemple ci-dessus). Plus généralement, la littérature actuelle sur les dispositifs d'insertion, telle qu'évoquée au premier chapitre, insiste sur la captivité d'une partie de leur public. Bref, le deuxième cas de figure d'Abric, référant à l'autonomie du sujet, ne paraît pas non plus particulièrement pertinent ici.

En conclusion provisoire, on retiendra donc que la théorie des représentations sociales nous autorise à considérer, plus et même mieux que ne le permettaient les modèles néo-rationalistes antérieurs, qu'on ne peut pas particulièrement s'attendre à un réglage des comportements par les cognitions dans la situation où se trouvent les populations dont il est question ici. Même si on sait que le sujet tente en permanence – et y parvient en partie – de se soustraire aux contraintes les plus fortes qui pèsent sur lui ; cela ne signifie donc pas que l'individu est totalement passif et soumis face aux obstacles ou au pouvoir des autres, mais seulement que les modèles « mentalistes » (ou idéalistes dans la tradition philosophique) ne sont sans doute pas les plus pertinents ici, ou nécessitent, pour le moins, d'être fortement amendés par d'autres.

3. FAIRE PUIS CROIRE. DISSONANCE ET ENGAGEMENT

On a vu plus haut que les psychologues des années 1960 connurent quelque pessimisme dans leurs études des relations entre attitudes et comportements. Le modèle de Festinger n'était pas pour rien dans cette inquiétude, qui postulait que l'attitude pouvait n'être qu'une rationalisation cognitive de conduites « extorquées » par les circonstances. Quel que soit l'aspect contre-intuitif de ce modèle, et le fait qu'il heurte manifestement de front nos conceptions d'un sujet qui pense et veut ses actes avant de les émettre, on oublie trop souvent que cette perspective n'est pourtant pas nouvelle.

3.1. CLASSIQUES ET OUBLIÉS : PASCAL ET LA FONTAINE

Cette idée était déjà présente dans le « pari » de Pascal, où l'on en vient à croire à force de prier. Surtout, elle constitue l'essentiel du « Renard et les raisins » de La Fontaine, très courte fable (10 vers) où le renard, qualifié au choix de gascon (fanfaron, hâbleur) ou de normand (une réponse de normand est ambiguë, ne tranche pas) décide que des raisins (« mûrs apparemment et couverts d'une peau vermeille ») qu'il ne peut atteindre, bien que mourant presque de faim, « sont trop verts et bons pour les goujats ». La fable elle-même est ambiguë, qui ne tranche pas entre le fait de savoir si ce renard est délibérément de mauvaise foi ou s'il tente seulement de rendre plus viable cette fracture entre un but hautement valorisé et l'impossibilité de l'atteindre. D'où, sans doute, l'hésitation de La Fontaine entre le gascon et le normand. D'ailleurs, la fable n'a pas de morale finale, contrairement à la plupart, mais finit sur une question qui laisse entière l'ambiguïté : « Fit-il pas mieux que de se plaindre ? » Lucidement, l'auteur pose ici un principe d'économie psychique – et la réduction de la dissonance en est un autre, au fond assez voisin – où il apparaît qu'il vaut peut-être mieux dévaloriser l'objectif initial plutôt que se désespérer de ne pouvoir l'atteindre.

La théorie de la dissonance tente de rendre compte d'un type de situation dans lequel l'individu réaménage plus ou moins profondément ses propres attitudes ou croyances afin de les rendre plus conformes à celles qui seraient logiquement (il faut lire : psycho-logiquement, puisqu'il s'agit pas de logique formelle) impliquées par les conduites qu'il a été amené à réaliser. Ce type de situation est caractérisé par le fait que l'individu n'aurait pas émis spontanément de telles conduites, qui s'éloignent notablement de celles que lui dicteraient ses attitudes (puisqu'il s'agit de conduites dites contre-attitudinales), sans que pour autant elles lui aient été imposées par la contrainte explicite ou l'exercice « dur » du pouvoir (lesquels tendent, au contraire, par un phénomène bien connu de réactance, à renforcer les attitudes initiales du sujet).

Si « Le renard et les raisins » est une assez bonne illustration d'une situation de dissonance (le renard est « pris », par les circonstances, dans une situation qu'il déplore et réprouve), le modèle de Pascal est plutôt celui de l'engagement : le sujet est ici pris dans une succession et une répétition de conduites (prier) qui ne sont pas nécessairement opposées à ses attitudes antérieures (le sujet de Pascal ne sait pas si Dieu existe) et qu'on qualifie habituellement de non problématiques. Pourtant, ces conduites ne seraient probablement pas apparues spontanément : en clair, il faut bien qu'une force externe au sujet intervienne pour les inaugurer. On peut considérer que la théorie de l'engagement (Joule & Beauvois, 1987, 1998) est à la fois un condensé et une généralisation des théories de la consistance :

— l'individu tente de maintenir une consonance (harmonie, non contradiction psycho-logique) entre ses attitudes et ses actes ;
— si l'acte générateur d'engagement est contre-attitudinal, alors les attitudes seront modifiées dans un sens plus conforme à la conduite émise ; s'il est non problématique, alors il initiera ou renforcera l'attitude correspondante, et renforcera la résistance ultérieure au changement. En fin de compte, le résultat est bien le même, que l'acte soit contre-attitudinal ou non ;
— ces effets de l'acte ne sont attendus que dans des conditions bien précises, qui constituent cette « technologie des circonstances » qu'évoquait déjà Festinger. Le sujet doit avoir le sentiment d'émettre librement cet acte (c'est le paradoxe de la soumission librement consentie), ce qu'on lui demande d'ailleurs d'attester dans la plupart des expériences ; l'acte doit être irrévocable, la voie de la dénégation est barrée (il est répété, ou public, les conséquences sont irréversibles) ; enfin, l'acte doit être important pour le sujet. On n'a sans doute pas assez insisté sur cette dernière condition : la théorie de

l'engagement ne concerne pas ces événements anodins ou insignifiants de la vie quotidienne qui, sans être réductibles à des habitudes ou des automatismes, n'ont par particulièrement vocation à être « mentalisés » en attitudes ou prises de position (comme choisir tel ou tel itinéraire pour se rendre à son travail). Elle concerne au contraire ces conduites essentielles (à la fois pour le sujet et le fonctionnement social) particulièrement coûteuses pour l'individu (l'engagement dans une formation pour les chômeurs de longue durée, le dépistage du sida, la lutte contre les accidents du travail..., pour évoquer quelques exemples de Joule & Beauvois, 1998). Tout le contraire, donc, d'une psychologie de l'accessoire.

3.2. MALENTENDUS ET FACILITÉS

Une certaine lecture de la théorie de l'engagement laisse croire qu'elle repose sur une conception de l'individu particulièrement passif, soumis, ballotté par les circonstances. Le bouchon sur la vague, image hautement choquante pour une culture libérale justement basée sur l'autonomie du sujet. Il n'est pas sûr que ce contresens soit totalement absent des positions de Curie (1995), évoquant justement cet « être soumis chantant la liberté au son d'un orchestre de bagnards » (p. 127). Bien que citant Ibanez (1989), Curie associe explicitement la théorie de l'engagement aux modèles de la reproduction idéologique dans une société « où les hommes marchent tout seuls ».

Pourtant, selon Ibanez (1989, p. 46), « nous ne nous reconnaissons comme humains que dans la mesure où nous nous percevons comme capables d'autonomie ». En d'autres termes, c'est bien parce que les individus ont appris à se considérer comme la cause ultime de leurs actes qu'ils rationalisent des pratiques dissonantes : ils n'auraient pas à le faire. s'il était éventuellement concevable pour eux que le comportement puisse s'expliquer par l'action de forces externes (le pouvoir des autres, Dieu ou les ancêtres, pour citer les plus connues). C'est bien parce que le modèle des choix rationnels est dominant que la rationalisation fonctionne, aussi paradoxale que soit cette proposition. Il faut donc convenir que le sujet de l'engagement est un sujet actif qui cherche à donner sens à son expérience. Le constat de l'idéologisation des pratiques (plus exactement, d'une partie d'entre elles) n'est pas incompatible avec « l'accent mis sur les activités herméneutiques des agents sociaux » (Ibanez, 1989, p. 44) mais est, par contre, incompatible avec la conception de l'agent social comme « pur esprit, éthéré et métaphysiquement libre » (p. 45) et cela est tout autre chose. En fait, l'homme « qui marche tout seul » (sans penser ni vouloir ce qu'il fait ?) selon la célèbre formule d'Althusser évoque plutôt le modèle de la « rationalisation en acte » que Joule (1996) pose en effet comme une alternative à la rationalisation cognitive, et où un acte engageant est « rationalisé » par la production d'un deuxième acte encore plus coûteux, surtout si le premier n'a pu faire l'objet d'une rationalisation cognitive. Quant à cette dernière, elle traduirait surtout les efforts du sujet pour se sortir des « circonstances » difficiles qui l'affectent. Si les hommes marchent tout seuls, c'est donc d'abord parce qu'ils veulent marcher, même si c'est parfois pour tourner en rond.

Dans les débats que les théories de l'engagement ne manquent pas de provoquer, nous avons souvent entendu qu'il s'agit d'abord d'une théorie « de laboratoire », peu apte à rendre compte de l'épaisseur des conduites quotidiennes concrètes. Et en effet, le caractère directement opératoire de la théorie facilite le passage à l'expérimentation – laquelle s'est par contre très souvent déroulée en milieu naturel. Pour autant, il est évident que la théorie de l'engagement constitue une grille de lecture consistante pour certains phénomènes empiriquement observables. Nous en retiendrons deux, hors laboratoire, et présentant par ailleurs quelque rapport avec notre problématique.

3.3. DEUX EXEMPLES BIEN NATURELS

3.3.1. *Mobilité statutaire et rationalisation*

On doit à Lieberman (1956) l'une des plus anciennes et remarquables observations de terrain, dont la validité écologique ne peut être mise en doute, qui s'inspire directement des théories de la consistance. Le cadre de l'enquête est une entreprise moyenne produisant des équipements ménagers, et qui a, semble-t-il, pris l'habitude d'interroger régulièrement ses salariés sur leurs attitudes par rapport à la direction, aux syndicats, aux conditions de travail. L'enquête en cause concerne 2 350 ouvriers, 145 délégués syndicaux et 151 contremaîtres, interrogés en octobre 1951.

On sait que dans une entreprise de cette taille, des changements fréquents se produisent concernant les statuts des personnes. Plus particulièrement ici, dix mois après la première enquête :

— 23 ouvriers sont devenus contremaîtres, qu'il s'agisse de remplacements de départs à la retraite, de promotions à des postes de cadre ou de postes nouvellement créés ;
— 35 ouvriers sont devenus délégués syndicaux, en remplacement de ceux qui n'étaient pas réélus ou ne voulaient pas se représenter.

Ces deux groupes sont donc constitués de personnes qui connaissent des changements de rôles plutôt engageants, non anondins, pendant cette période. Inversement, l'immense majorité des salariés de la première enquête n'a pas connu de mobilité particulière, ce qui permet à Lieberman de constituer deux groupes-témoins : l'un, d'ouvriers qui ne sont pas devenus contremaîtres, l'autre d'ouvriers qui ne sont pas devenus délégués syndicaux. Les questionnaires remplis en 1951 par tous les employés sont à nouveau administrés sous la même forme aux quatre groupes en décembre 1952, soit quinze mois après la première enquête (on dit aux salariés qu'on s'est limité cette fois à un échantillon représentatif).

Les comparaisons intergroupes concernent tout particulièrement :

— les attitudes envers la direction et les cadres, et envers les syndicats et ses représentants ;
— les attitudes envers le système de salaire au rendement, qui a les faveurs de la direction, et le système d'avancement à l'ancienneté, qui est soutenu par le syndicat.

Une enquête identique est à nouveau effectuée en 1954, soit deux à trois ans après la prise de rôle ; ce laps de temps permet aussi de prévoir que certains employés peuvent revenir à leur statut antérieur pour des raisons diverses, et donc constituer un nouveau groupe particulièrement intéressant.

Les résultats obtenus renforcent l'hypothèse selon laquelle être placé dans un rôle de contremaître ou de délégué syndical influe sur l'attitude du titulaire du rôle. À titre d'exemple, si rien ne distinguait les deux groupes avant le changement de rôle (différence de 0,1 % dans les scores d'attitude envers la direction), la différence s'est par contre fortement creusée en 1952 (+ 47,8 % de différentiel en faveur des nouveaux contremaîtres) et se renforce en 1954 (+ 62,4 %). Ces résultats désignent en fait deux phénomènes distincts :

— ils soulignent que la prise en compte des attitudes antérieures des sujets ne permet pas de prédire la mobilité qu'ils vont connaître : en clair, ce n'est pas le fait d'être déjà plus favorable à la direction qui explique qu'on soit promu contremaître. C'est donc la prise de rôle qui explique le changement d'attitude et non une quelconque prédisposition qui explique la prise de rôle. Ce premier niveau de résultat nous informe en fait sur les logiques qui président à la mobilité interne dans l'organisation, logiques qui semblent donc référer à des processus spécifiquement organisationnels et de management (sur lesquels cette étude ne nous dit rien) mais qui, par contre, ne semblent pas s'appuyer sur les attitudes et valeurs individuelles des nouveaux promus ;

— le deuxième niveau de résultat confirme les hypothèses de départ, voire au-delà. Les nouveaux contremaîtres voient l'entreprise comme un meilleur lieu de travail que d'autres entreprises comparables, et deviennent plus favorables au salaire au rendement. Les nouveaux délégués voient le syndicalisme et les délégués syndicaux sous un œil plus favorable et privilégient le système d'avancement à l'ancienneté. Un résultat secondaire est conforme à l'hypothèse bien que non prévu : les changements d'attitude sont plus nets chez les nouveaux contremaîtres que chez les nouveaux délégués, ce qui peut s'expliquer par les différences de rôles (le rôle de délégué n'est pas irréversible, et n'est pas non plus une occupation à plein temps ; de plus, un employé promu contremaître doit renoncer à son affiliation syndicale, contrairement au délégué).

Enfin, un résultat non attendu par l'auteur renforce la cohérence de l'ensemble : les nouveaux contremaîtres deviennent non seulement plus favorables à la direction, mais aussi plus hostiles au syndicat (cette double évolution ne s'observe pas chez les nouveaux délégués, sans doute pour les mêmes différences de rôles évoquées ci-dessus).

Lieberman fait par ailleurs état de certains résultats issus de la troisième enquête (1954) après une période de récession économique qui a touché l'entreprise : huit contremaîtres ont été rétrogradés ; de même, mais pour des raisons plus habituelles, 14 délégués sont redevenus simples ouvriers. L'étude des attitudes lors de cette troisième enquête indique que les nouveaux contremaîtres qui le sont restés gardent ou renforcent leur attitude favorable face à la direction, contrairement aux « déchus » qui ont tendance à retrouver leur attitude initiale. De tels retournements ne s'observent pas chez les ex-délégués. Mais la taille des échantillons rend hasardeuse l'analyse de ces nouveaux résultats, néanmoins compatibles avec la conclusion d'ensemble de cette étude : les gens ont tendance à s'équiper d'attitudes ou d'idéologies justifiant les conduites et les rôles qu'ils ont accepté de tenir. Ce résultat est totalement conforme aux prévisions de la théorie de l'engagement.

Les analyses de Lieberman ont manifestement une portée qui déborde largement le cadre de la moyenne entreprise Rockwell. Toute prise de rôle consiste pour le sujet à s'exposer à des attentes nouvelles des partenaires, puisque ce sont précisément ces systèmes d'attentes qui définissent habituellement le rôle. Elles concernent un ensemble de conduites, de façons de dire et d'être, voire de penser qui ont tendance à s'imposer progressivement au nouveau titulaire du rôle, du moins lorsqu'il a librement accepté d'y entrer. Tout cela laisse prévoir que la prise de rôle est sans doute le plus important levier de changement individuel, sans oublier bien sûr qu'il existe des rôles dévalorisés et des attentes correspondantes. Cette proposition, banale pour la psychologie sociale, n'a manifestement pas reçu toute l'attention nécessaire dans les méthodologies d'insertion, on y reviendra très bientôt.

3.3.2. *Le processus de rationalisation en orientation, ou l'antiprojet*

Ce paragraphe s'appuie sur les travaux de Dumora (2000), Dumora et Lannegrand-Willems (1999), qui sont, à notre connaissance, les seuls chercheurs à tester la transposition de la théorie de l'engagement dans le champ de l'orientation scolaire. Bien entendu, la transposition ne concerne qu'une partie des événements qui s'y déroulent puisque le modèle concurrent – celui de la rationalité des choix – est bien présent et souvent pertinent :

— On peut bien sûr s'orienter par goût, et par avance, vers certaines filières universitaires quand on est élève de terminale. Il apparaît que le modèle du choix rationnel rend correctement compte des cheminements psychologiques des sujets dans les situations de faible contrainte : situation de franche réussite scolaire (qui élargit les possibilités de choix) et/ou de grande ouverture des filières. Ces trajectoires consonnantes, au sens où il y a correspondance entre les souhaits et les possibles scolaires, recouvrent en fait deux cas de figure bien distincts : les trajectoires de l'excellence (celle des très bons élèves qui maintiennent tout au long de leur scolarité un choix d'études longues et de professions prestigieuses) et celles, plus modestes, du pragmatisme. Dans ce dernier cas, les élèves issus pour la plupart de milieux peu favorisés font très tôt le choix du lycée professionnel après le collège, orientation raisonnablement possible, compte tenu notamment d'un niveau d'exigence scolaire moindre pour cette voie. Les entretiens répétés lors d'un suivi de cohorte, de la 6e à la 3e, indiquent clairement chez ces deux groupes « la conscience qu'ils ont de l'harmonie entre ce qu'ils peuvent et ce qu'ils veulent, que ce soit prestigieux ou modeste » (Dumora & Lannegrand-Willems, 1999, p. 7).

— Mais cette harmonie est rare, surtout chez les élèves qui viennent consulter les conseillers d'orientation. Souvent contraints par les circonstances scolaires et les « avis » (qui valent décision) des conseils de classe de s'orienter vers des voies de formation non seulement imprévues mais de plus dévalorisées, les sujets procèdent la plupart du temps à une réhabilitation de ces voies de formation, et donc de leur « choix » terminal qui leur permet de garder congruentes leurs préférences et leurs conduites d'orientation. « Le comportement générateur de dissonance... est donc ici l'acceptation d'une orientation problématique, c'est-à-dire en contradiction avec les attitudes initiales des sujets » (p. 8). Plus : cette réhabilitation de la voie professionnelle auparavant refusée s'accompagne de la dévaluation concomitante des filière longues, phénomène bien visible également à l'Université (p. 9). Les auteurs remarquent que l'ingrédient essentiel de l'engagement (et donc de la rationalisation) est bien présent dans les procédures d'orientation : la déclaration de liberté est explicitement prévue par les textes législatifs qui précisent que les élèves ne peuvent se voir imposer l'orientation vers l'enseignement professionnel. Toutefois, le choix de filières plus valorisées doit recevoir l'aval du conseil de classe – ou, à défaut, des commissions d'appel. La conclusion est limpide : « Un certain nombre d'élèves de 3e se trouvent donc dans la situation paradoxale d'être amenés à choisir librement la seule possibilité que les circonstances leur laissent » (p. 10).

Notons que la transposition du modèle ne va pas ici sans quelque difficulté ou, peut-être, sans quelque enrichissement. En particulier, on ne peut pas réduire le moment de la soumission à la signature d'une fiche de vœux ou d'un dossier d'inscription. Même si les élèves « orientés » (puisque ceux qui continuent vers la voie longue ne sont pas dits, eux, orientés !) ne sont peut-être pas les plus compétents pour décoder suffisamment à l'avance les normes et attentes de l'institution, ils anticipent progressivement le verdict final, en particulier au cours de la classe de 3e. Le processus de rationalisation se déroule donc, très probablement, selon une temporalité que les habituelles approches expérimentales ne connaissent pas. Plus précisément, il semble bien ici que la rationalisation anticipe le plus souvent le verdict final. C'est ainsi que l'orientation la plus probable devient la cause du choix d'orientation...

Ces travaux mettent aussi en évidence ce qui advient parfois quand le « sentiment de liberté », condition aussi illusoire que nécessaire au

« bon » déroulement du processus, est absent. Il arrive en effet que la décision d'orientation soit imposée aux familles par l'autorité scolaire, ou encore que les familles soient trop distantes de l'institution scolaire pour « négocier » cette orientation. Il arrive aussi que cette orientation se fasse vers des filières particulièrement dévalorisées, ou des places vacantes « de dernière minute ». Ici, le modèle de la rationalisation est tout simplement non pertinent. Les élèves continuent à refuser le « choix » imposé et conservent une perception extrêmement négative de l'établissement et de l'enseignement qu'il dispense. Il y a là une autre lecture des origines possibles de la « violence à l'école » dont est saisie depuis peu l'opinion publique.

3.4. ÉLARGISSEMENT : ON EST TOUJOURS ENGAGÉ PAR QUELQUE CHOSE

La riche moisson expérimentale de la théorie de l'engagement a conduit à canoniser des mises en œuvre du modèle dont il est bien sûr impossible de retrouver strictement l'équivalent en milieu naturel. En particulier, la technique habituelle du « pied-dans-la-porte » prévoit qu'une source d'influence (le plus souvent l'expérimentateur) extorque au sujet un acte dit préparatoire, c'est-à-dire à la fois relativement peu coûteux et qui a donc peu de chances d'être refusé (accepter de participer à une expérience de psychologie), mais préparant en fait l'émission d'un acte plus coûteux qui est la requête-cible (venir au laboratoire à 7 heures du matin). L'efficacité de la procédure est appréciée par comparaison avec un groupe témoin auquel on propose directement la requête coûteuse. La technique du pied-dans-la-porte peut être redoublée notamment si l'on pense que l'acte final, de par le coût élevé qu'il représente, ne peut être approché que par une stratégie d' « escalade », c'est-à-dire par obtention d'actes intermédiaires de plus en plus coûteux (voir, par exemple, dans Joule & Beauvois, 1998, le chapitre consacré à la prévention du sida). Ajoutons, enfin, que l'expérimentateur maîtrise le déroulement temporel de la séquence et notamment le temps qui s'écoule entre les diverses conduites émises.

Il est évident qu'une telle forme canonique n'est pas observable telle quelle dans les situations naturelles, et qu'inversement ces situations procurent rarement à l'intervenant le niveau de maîtrise qui est celui de l'expérimentateur. Pourtant, le modèle de l'engagement est bien une mise en forme, théorique et méthodologique, de pratiques empiriques courantes dans le secteur commercial ou de la manipulation politique (Joule & Beauvois, 1987). De même, les exemples que nous venons de développer concernant la mobilité statutaire dans les organisations ou l'orientation scolaire montrent que le modèle a une pertinence et un intérêt heuristique certain pour bon nombre de situations naturelles. Il suffit sans doute d'en conserver l'essentiel, qui peut tenir en deux propositions :

— l'individu n'est engagé que par ses conduites (et non par ses projets, attitudes...), puisque l'engagement se définit comme le lien du sujet à ses actes comportementaux (la mesure dans laquelle il les reconnaît comme siens) ;
— le sentiment de liberté lors de l'émission de ces conduites est la condition essentielle de cet engagement (et le modèle n'a jamais dit qu'il s'agissait nécessairement d'une illusion !), étant entendu que l'acte posé doit être irrévocable (ne peut pas être rétroactivement nié ou annulé). Il semble acquis que quelques autres facteurs, comme la répétition de l'acte ou son caractère public, augmentent le taux d'engagement qui doit donc être compris comme une variable continue (on est plus ou moins engagé par ses actes) plus que binaire (être engagé ou non).

Cette définition minimale permet alors de retrouver la large palette de situations naturelles évoquées plus haut. Au point que beaucoup de psychologues sociaux français sont surpris d'apprendre qu'on trouve chez le sociologue interactionniste Becker (1960) une authentique théorie de l'engagement (au sens large ci-dessus), à commencer par une définition du concept de *commitment* lui-même. Quelques années plus tard (Becker, 1985), le même auteur utilise ce concept dans le cadre de ses études sur la déviance. Il commence par observer qu'une personne « normale » se trouve progressivement impliquée dans les institutions et les conduites conventionnelles : « Divers types d'intérêts se trouvent peu à peu investis dans des conduites avec lesquelles ils ne semblent pas avoir de lien direct. Par suite des actions qu'il a accomplies dans le passé, ou du fonctionnement ordinaire de certains mécanismes institutionnels, l'individu en vient à estimer qu'il doit adopter certaines lignes de conduite... En fait, on peut considérer l'histoire normale des individus dans notre société comme une série d'engagements de plus en plus nombreux et profonds envers les normes et institutions conventionnelles » (p. 50). On est tenté de traduire, dans le langage de Beauvois (1994) : du fait des conduites socialement nécessaires où il est normalement impliqué sa vie durant, l'individu fait siennes les normes et valeurs afférentes à ces conduites, construisant ainsi des significations qui les légitiment. Notons que l'idée selon laquelle ces conduites seraient extorquées au sujet dans des situations de contrainte pure est absente chez Becker, qui se réfère donc bien au fonctionnement des sociétés libérales reposant plus sur des attentes et incitations normatives que sur la coercition. Notons enfin que les intérêts propres du sujet ne l'orientent pas particulièrement vers de telles conduites, puisqu'il n'y a pas de lien direct entre ces conduites et ces intérêts... Il reste l'idée que plus cet engagement se prolonge et plus il est irréversible, ce qui est d'ailleurs la définition de la « carrière » chez les interactionnistes.

Au fond, le *commitment* de Becker est le processus majeur de la socialisation. Rien d'étonnant, dès lors, à ce que la carrière des déviants soit analysée dans les mêmes termes que celle des autres : les individus apprennent à participer à une sous-culture organisée autour d'une activité déviante particulière ; de façon concomitante, ils rationalisent leur position en construisant un système d'autojustification (une « idéologie », dit Becker) qui fournit aux individus une raison solide de persévérer dans la ligne où ils sont engagés. Et là encore, plus l'individu persévère et plus la carrière est irréversible, d'autant que les « normaux » interviennent tôt au tard pour « statuer » – au sens propre – sur cette carrière et attribuer durablement au sujet une place officielle de déviant qui constitue en fait l'aboutissement de la carrière.

Que retenir de tout cela pour notre propos ? Deux hypothèses centrales :

— puisque seuls nos actes nous engagent, on ne peut pas particulièrement attendre d'un travail sur les cognitions (savoirs, attitudes, représentations) qu'il inaugure les conduites effectives constitutives de l'insertion professionnelle ;
— par contre, le modèle de l'engagement – au moins dans sa formulation extensive – permet d'entrevoir que la répétition d'activités sans rapport visible avec l'objectif d'insertion professionnelle (qu'on désigne habituellement sous le terme d'insertion sociale) est susceptible d'engager le sujet dans un statut d'assistance d'autant plus irréversible qu'il se prolonge.

Bref, le modèle de l'engagement pourrait être aussi heuristique pour l'insertion que pour l'exclusion : les actes engagent, quels qu'ils soient.

3.4.1. *Engagement et insertion*

Si l'accès à une position professionnelle stable est l'objectif final d'une stratégie d'insertion, il est probablement possible de concevoir des niveaux d'engagement intermédiaires dont on fera l'hypothèse qu'ils rapprochent de cet objectif. Toutefois, rien n'indique avec certitude qu'il ne puisse être posé d'emblée, notamment si l'on observe qu'il correspond exactement à la demande des individus, et que l'on fait par ailleurs l'hypothèse que la plupart des bénéficiaires des dispositifs d'insertion sont employables. Par contre, on peut concevoir qu'un certain nombre de mécanismes excluants sont à l'œuvre lors du processus d'insertion, et ce dès la phase de recrutement. L'existence de tels obstacles relève alors d'une intervention sur le contexte et les conditions du processus d'insertion, qu'on abordera au chapitre suivant.

Si toutefois des étapes intermédiaires devaient être formalisées, se pose alors la question de leur cohérence avec l'objectif final. Une stratégie d'engagement progressif suppose que les « actes préparatoires » et intermédiaires soient isomorphes, de même nature que la requête-cible. C'est bien ce qui pose problème dans les dispositifs actuels : autant on peut comprendre qu'un contrat en alternance – qui est un véritable contrat de travail avec prise de rôle dans l'entreprise – a quelque chance d'inaugurer des engagement plus coûteux, autant on voit mal en quoi un bilan de compétences, un stage d'aide au projet, de découverte des métiers, une formation hors entreprise rapprochent de l'objectif. C'est bien ce que confirment, dans leurs grandes lignes, les évaluations examinées au premier chapitre. Elles indiquent que si des niveaux intermédiaires d'engagement devaient être définis, il faut qu'ils restent les plus proches possibles d'un contrat de travail normal en milieu naturel. De plus, ces niveaux intermédiaires ne pourraient être posés que comme provisoires et non répétitifs, puisque leur fonction est justement de préparer des engagements plus profonds.

Quels effets cognitifs peut-on attendre de tels engagements ? Conformément aux travaux de Lieberman et de bien d'autres, sans doute une importante transformation des représentations du travail, de l'entreprise, voire de la société et bien sûr de soi-même. Sans doute aussi l'émission de conduites cohérentes avec les attentes de rôles, notamment au niveau de la gestion du temps ou encore de la présentation de soi. Mais le plus décisif se situe sans doute au niveau des effets identitaires. Bien que les recherches semblent assez peu nombreuses sur ce point, on mentionnera l'intérêt de travaux tels que ceux d'Amerio et

De Piccoli (1991). Ces auteurs remarquent le peu d'attention que la psychologie sociale a réservée à l'action, sauf à la considérer comme un comportement, c'est-à-dire « comme une conduite dans laquelle le sujet est inséré et non comme une relation qu'il contribue à produire » (p. 23). La notion de comportement est a-spécifique (elle vaut aussi pour l'animal) en ce qu'elle ne fait appel à aucune intervention active du sujet dans la détermination de ce qu'il fait. Or l'action ne se réduit pas au faire : « Elle insère le sujet, non pas (ou du moins pas seulement) dans un contexte d'objets mais aussi dans un contexte de relations » (p. 26). D'où l'hypothèse d'un effet de « concrétisation cognitive » de l'action : les attitudes formées au cours d'expériences et de conduites effectivement réalisées sont plus stables ; ces effets de concrétisation sont en relation avec les processus de construction identitaire, car l'action amène l'acteur à se différencier du contexte tout en y recherchant des relations. Les auteurs concluent que l'ensemble de ces concrétisations, comparaisons et différenciations induites par l'action, contribuent à l'élaboration ou à l'enrichissement de représentations communes de la part d'individus regroupés par l'action, ainsi qu'à la construction d'une identité sociale plus marquée et plus stable. Les recherches empiriques des auteurs montrent en particulier comment un groupe constitué exclusivement autour de relations d'amitié, sans objectif d'action commune (et donc, un groupe centré sur lui-même et non sur une tâche) présente des représentations pauvres, très peu articulées, sans marquage d'identité défini, comparativement à des groupes de composition identique mais centrés sur des actions communes (d'ailleurs fort diverses : musique, sport, action sociale ou politique). Ce type de constat alerte utilement, à notre avis, sur les risques inhérents à certains modes d'intervention comme des pratiques de « formation » sans objectif visible d'action sur le réel, trop centrés sur l'occupationnel ou le consommatoire de la relation en groupe (la « pédagogie de la bonne ambiance », Malglaive, 1985).

3.4.2. *Engagement et exclusion*

Nos conduites nous engagent, quelles qu'elles soient. Si l'on admet, comme la plupart des observateurs, que bien des activités proposées aux bénéficiaires des dispositifs d'insertion n'ont pas grand-chose à voir avec l'accès à l'emploi, que la carrière du bénéficiaire peut durer plusieurs années (il y avait, en 1997, plus de 100 000 personnes qui étaient au RMI depuis sa création, soit depuis huit ans, Damon, 1998, p. 46), alors on peut s'attendre à ce que l'engagement des sujets dans ces activités inaugure puis renforce une carrière qui éloigne progressivement de l'emploi. Cette hypothèse peut-être formulée en d'autres termes : les dispositifs d'insertion ne seraient pas tournés vers leur sortie mais induiraient, au contraire, des processus de socialisation interne. Les parcours d'insertion peuvent être lus non comme des itinéraires vers l'emploi, mais comme un apprentissage des contraintes institutionnelles. Qu'on songe par exemple à l'insistance des chargés d'accueil dans les Missions locales sur l'assiduité du jeune (Jellab, 1997). Le fait qu'une partie du public des dispositifs en devienne captif fait, à notre avis, l'objet d'une lecture trop économique : l'idée de désincitation au travail ou de « trappes d'inactivité » (Damon, 1998, p. 54) est d'abord posée en termes de différentiel trop faible entre le revenu procuré par l'allocation et le salaire minimum que le sujet obtiendrait s'il était en emploi. Cette approche classique de la pensée économique libérale ignore des processus qualitatifs d'une tout autre nature. La recherche de Le Coz (2000) déjà citée apporte un éclairage important sur ce point. S'intéressant au programme TRACE (dispositif récent visant les jeunes sans qualification et/ou cumulant des handicaps sociaux, personnels ou familiaux), l'auteur s'interroge sur ce qui peut bien différencier cette population de celle habituellement reçue dans les Missions locales. Les comparaisons entre les deux groupes sont instructives :

— ils ne diffèrent ni par le niveau de diplôme et de qualification (ce qui traduit déjà un glissement important par rapport à l'intitulé du programme), ni par le sexe, l'âge, le mode d'accès à la Mission locale, la nature de la demande ou l'évaluation qu'ils font de leur parcours et de la disponibilité des conseillers ;
— par contre, ils sont légèrement plus anciens et connaissent mieux le fonctionnement de la Mission locale. Surtout – et cette variable est de loin la plus discriminante –, ils ont effectué plus de stages de formation, d'aide au projet et de bilans de compétences que les autres (qui sont plus tournés vers l'emploi ou la qualification) ;
— si l'on observe maintenant les différences dans les autoportraits que les jeunes dressent d'eux-mêmes sur une liste de descripteurs, on observe que l'item le plus discriminant est « a de la patience », deux fois plus choisi par le groupe TRACE ! Le deuxième et dernier item introduisant une différence significative entre les deux groupes est « besoin de soutien », plus choisi à nouveau par ce même groupe. Il est bien sûr impossible de savoir jusqu'à quel point cette dernière réponse traduit un processus de rationalisation, par le jeune, de sa

sur-utilisation du dispositif. Quoi qu'il en soit, ces résultats sont parfaitement compatibles avec l'hypothèse d'un engagement de plus en plus irréversible dans une carrière orientée vers ce statut d'inséré permanent qu'évoquait Castel (1995).

Certes, l'hypothèse d'une chronicisation de leur public par les dispositifs est désagréable et passablement polémique. De plus, elle est sans doute fausse si elle est formulée sans nuance. On peut, par contre, se demander si elle n'est pas plus pertinente pour certaines catégories de bénéficiaires. Concernant les Missions locales, Jellab (1997) dresse une typologie des logiques d'action des jeunes face à ces structures, où la logique de l'engagement (l'adhésion aux impératifs institutionnels, la conformité aux apprentissages conseillés) ne concerne qu'une minorité de jeunes, les autres se répartissant entre des logiques d'attente (chez des jeunes très dépendants de leur famille), de confrontation et/ou de retrait (le jeune doute de l'utilité des actions conseillées) et une logique de la transition, où les services de la Mission locale sont utilisés comme un moyen parmi d'autres et provisoirement. Cette catégorisation reste descriptive, comme toute typologie. On observe toutefois que les jeunes qui bénéficient de l'image la plus positive auprès des conseillers, ceux qui se voient délivrer « un code de bonne conduite » (p. 199) sont ceux qui relèvent de la logique d'engagement (ce terme est utilisé sans mention particulière du sens précis qu'il a ici). On peut faire l'hypothèse que la chronicisation évoquée plus haut les concernerait aussi plus particulièrement, mais ce point de vue ne repose pour l'instant sur aucune donnée empirique.

Quoi qu'il en soit, l'éventualité d'un engagement vers un statut d'exclu est un risque souligné par tous les analystes des dispositifs d'aide à l'insertion professionnelles. Nous retiendrons de la problématique de l'engagement :

— qu'un dispositif d'insertion doit être explicitement et rationnellement tourné vers sa sortie ;
— qu'il doit apporter une attention toute particulière à la cohérence, l'homologie entre l'objectif final et les étapes transitives ou intermédiaires sensées le servir ;
— qu'il doit affirmer un refus de la répétition de ces mesures intermédiaires puisqu'elles ne peuvent constituer un but en soi.

Présenter en ces termes la démarche d'insertion, en insistant sur les processus et les étapes, rencontre assez directement des formulations toujours très actuelles dans le champ professionnel : celle d'itinéraire, ou de parcours, comme mises en œuvre d'un projet. Omniprésente dans ce champ, cette dernière notion mérite qu'on l'examine de plus près, ne serait-ce que parce qu'elle pourrait bien concentrer nombre de théories implicites déjà évoquées.

4. LE PROJET : DES CONCEPTS À LA NOTION

Tous les observateurs s'accordent sur l'ambivalence et la polysémie du terme de projet, y compris celui qui a le plus contribué à le populariser en France : « C'est là une ambivalence troublante... le projet, expression du transitoire et de l'éphémère au service de réalisations ponctuelles et efficaces se veut en même temps recherche de permanence et de globalité, recherche de sens à travers l'explication de finalités régulatrices non sujettes à révisions périodiques » (Boutinet, 1990, p. 18-19). Pourtant, malgré – ou grâce à – cette ambivalence, qui suffit à comprendre qu'on puisse fortement hésiter à en faire un concept (Leroy, 1993), cette notion a fait l'objet d'un engouement considérable, avant qu'on finisse par en dénoncer la « dictature » : autre paradoxe...

4.1. UNE POLYSÉMIE SÉDUISANTE

À l'échelle individuelle[1], le projet est d'abord une certaine forme d'anticipation, de tentative de maîtrise d'un avenir qui échappe à l'individu. Il permet de penser l'incertain ou le complexe, puisque c'est justement dans ces contextes que la créativité est sensée émerger. La notion de projet consacre l'individu comme acteur de sa trajectoire personnelle : son lieu d'élaboration est nécessairement le sujet. Même si celui-ci à une histoire, une biographie, le projet est fondamentalement un antidéterminisme : il est intention de faire et intention d'être.

La séduction de la notion ne tient pas seulement au fait qu'elle est toujours connotée positivement, puisque le projet tend vers un ailleurs

1. Nous nous en tiendrons à cette échelle. Les expressions de « projet d'entreprise » ou « projet éducatif », concernant des organisations ou des équipes, relèvent d'un autre niveau d'analyse. Bien que la notion soit la même, ce qui ajoute à sa polysémie.

et un après souvent idéalisés. Elle tient aussi au fait que le projet insiste sur le versant individuel du changement, là où les idéologies du progrès laissaient peu de place aux personnes au profit du mouvement social ou de l'évolution inéluctable des découvertes technologiques. Par opposition, le projet consacre une valeur forte actuelle de notre société, car il relève d'un idéal d'accomplissement de soi, suppose la mobilisation de la personne en vue de son autoconstruction.

Ainsi l'engouement pour le projet relèverait-il du fait que celui-ci est d'abord une norme sociale, même s'il n'est pas que cela. Cette norme appartiendrait à la même matrice, culturelle ou idéologique, que la notion de compétence, très prisée aussi et contemporaine : dans les deux cas, ce que font les gens est le reflet de ce qu'ils sont et doit leur être attribué ; ce qui leur arrive est la conséquence de ce qu'ils font, et donc de ce qu'ils sont. L'individu « à projet » exhiberait un savoir-être bien utile, une compétence sociale appréciée, l'internalité (Brangier & Tarquinio, 1998). Bien entendu, toute médaille a son revers : nous avons vu plus haut qu'être « sans projet » est un item central d'une représentation quasi psychiatrique de l'exclu dans notre société.

Dans une recherche déjà évoquée (Castra, 1994), concernant les représentations professionnelles des travailleurs sociaux, on présentait à ceux-ci une série d'items, organisés en échelle, proposant certaines formes d'intervention possible en travail social. On observe que l'item « Aider une personne à s'insérer c'est d'abord lui permettre de formuler son projet » fait l'objet d'un très fort consensus (m = 5,2 sur une échelle en 6 points) dans une population de 85 travailleurs sociaux aux horizons professionnels et pratiques quotidiennes pourtant fort divers. Que ce consensus reflète d'abord une norme de jugement se vérifie par le fait que l'item est non discrimant dans une population par ailleurs très partagée sur les modes d'intervention professionnelle. En d'autres termes, des professionnels qui divergent parfois fortement, aussi bien sur les explications qu'ils proposent des problèmes sociaux que sur la façon de les traiter, sont par contre d'accord sur le fait que l'aide au projet est la première étape de l'aide à l'insertion. Il faut donc en conclure que ce consensus ne traduit pas nécessairement des représentations communes, ni ne débouche sur des pratiques comparables (puisque l'échantillon de cette recherche comprenait deux groupes aux pratiques bien distinctes : l'un centré sur le travail individuel et l'aide à la personne, l'autre centré sur les groupes, les collectifs, les territoires). La référence incontournable au projet semble donc fonctionner plus comme un discours désirable et socialement valorisant que comme un indice de pratiques quotidiennes spécifiques.

Si la référence au projet trouve sa normativité dans le fait que la notion de projet serait l'équivalent opératoire, existentiel, de la norme d'internalité, cette question mérite toutefois d'être approfondie puisque les formes d'internalité peuvent être en fait assez diverses. En particulier, Beauvois, Bourjade et Pansu (1991) proposent de distinguer une internalité de type personnologique, où ce sont les explications en termes de traits qui prédominent (je fais bien mon travail parce que je suis consciencieux) et une internalité-intention, où le sujet exprime d'abord des projets ou des objectifs (je fais bien mon travail parce que je veux réussir). Ces auteurs avaient observé que l'internalité-trait était surtout valorisée par les cadres, ce qui indique donc qu'elle semble porteuse d'un maximum de valeur dans le contexte organisationnel. Nous avons retrouvé nous-même un résultat de ce type dans l'analyse d'entretiens de recrutement (Castra, 1995c). L'internalité « vraie » est donc de type personnologique, un individu en situation d'évaluation se valorisera plus efficacement en disant ce qu'il est plutôt que ce qu'il veut.

Si la distinction trait-intention en matière d'internalité est probablement tout aussi pertinente dans le contexte de l'insertion professionnelle (puisque la notion de projet coïncide manifestement avec la modalité intention), il n'est pas certain par contre que l'internalité-trait soit toujours la plus valorisée dans ce contexte. Notamment, quand l'accent est mis sur la suite des échecs et renforcements négatifs qui caractérisent l'exclusion, il est peu probable qu'un interne-trait qui s'auto-attribuerait ces événements en les expliquant par ses caractéristiques propres puisse se valoriser ainsi aux yeux d'un évaluateur. Nous avons ainsi construit (Castra, 1998) des discours internes de modalité diverse : un discours interne-trait « négatif » (évoquant le biais de modestie également étudié par Dubois, 1994) où le sujet évoque, par exemple, son manque de motivation ou sa passivité ; un interne-trait « positif » où la personne, malgré son échec récurrent, maintient un discours à première vue valorisant : elle est très indépendante, refuse de se soumettre, veut « garder sa personnalité ». Enfin, un discours interne-intention qui se caractérise par le fait que le sujet ne parle jamais du passé ni de ce qu'il est, mais fait état de projets consistants (vouloir réussir, fonder une famille, être comme tout le monde...). Bien entendu, un protocole externe (où le sujet semble accuser l'école ou ses parents mais invoque aussi la malchance ou la maladie) servira de base de comparaison.

Cette recherche a fourni des résultats partiellement compatibles avec les travaux antérieurs sur la norme d'internalité. Les 180 sujets de l'étude (dont 115 agents d'insertion et 65 étudiants) dévaluent, comme toujours et partout, le discours externe : même en situation d'exclusion, il n'est pas bon d'exhiber une causalité externe, d'autant qu'elle passe souvent par une mise en cause des structures sociales. Par contre, les deux internes-trait (positif et négatif) sont aussi dévalués que l'externe, résultat nouveau dans ce type de recherche : que le discours soit excessivement modeste ou nettement plus autocomplaisant ne change rien au pronostic négatif dont ce sujet continue à faire l'objet. Nous avons proposé d'analyser ce résultat en référence aux travaux de Lerner (1980) : quelle que soit sa modalité, le discours interne-trait renforce la tendance courante à la « dévaluation du perdant », laquelle est basée sur la croyance que les gens sont pour quelque chose dans ce qui leur arrive et qu'ils l'ont quelque part mérité. Ce type de discours valide lui-même cette croyance et semble clôturer définitivement la situation d'exclusion. Par contre, seul l'interne-intention échappe à la dévaluation générale induite par les trois autres protocoles : il fait l'objet d'un pronostic moyen, et la tonalité globale de son portrait est nettement plus positive. Nous avons conclu cette recherche en proposant qu'il paraît impossible à un « exclu » de se valoriser à l'aide d'un discours interne de type personnologique. Ce résultat paraît tout à fait cohérent eu égard aux travaux sur les attributions et représentations intergroupes : l'internalité-trait, dont on a vu qu'elle correspondait à une norme dominante dans le groupe d'appartenance (qui est ici celui des évaluateurs), ne peut pas être simultanément une caractéristique de l'*out-group,* lequel est précisément gravement déviant par rapport à ces normes. De nombreuses recherches ont montré qu'un événement ou comportement désirable était expliqué en termes internes quand il émanait d'un membre de l'*in-group,* mais plutôt en référence aux circonstances ou au hasard quand il se produisait dans l'*out-group*. Ainsi, la différenciation catégorielle, et le biais proendogroupe qui l'accompagne, génèrent le plus souvent une inversion de la normativité.

Il reste que le discours-projet de l'interne-intention lui a permis d'éviter cette dévaluation, alors qu'il est dans la même situation objectivement difficile que les trois autres. Les sujets semblent apprécier ce discours combatif et volontaire, bien que cet engouement soit aussitôt tempéré par des réserves et des craintes, voire des doutes (il est naïf, peu conscient des obstacles qu'il va rencontrer ; de plus, ce discours est peut-être un peu « appris », convenu). Le sujet ne parle pas de lui, de son histoire, de son passé, il fait exclusivement état d'objectifs (prendre le premier travail qui se présentera) ou de projets au sens plus large du terme (fonder une famille). Il est possible que cette internalité proactive empêche l'assimilation de ce sujet à son histoire, tout en exhibant cette projection dans le futur, si prisée dans notre culture et que recouvre justement cette notion de projet. Car il s'agit manifestement d'une norme plus culturelle que strictement professionnelle : les étudiants de notre échantillon, issus du premier cycle des sciences humaines, sociales ou de l'éducation, fournissent exactement les mêmes réponses que les agents d'insertion, au point que nous avons pu confondre les deux groupes dans toutes les analyses. Cette identité de réponse est suffisamment frappante pour être signalée, entre deux populations de génération différente et de positionnement professionnel sans commune mesure. Il est donc clair que la valorisation du discours-projet n'est pas l'apanage de la corporation des travailleurs sociaux et qu'il y a là, plus probablement, une représentation bien plus extensive centrée sur l'individu proactif qui organise sa destinée.

4.2. DE CONCEPTS POSSIBLES À UNE NOTION SYNCRÉTIQUE

Si la notion de projet s'avère au fond bien pratique et séduisante, c'est d'une part parce qu'elle est théoriquement commode en permettant d'appréhender de façon syncrétique des contenus conceptuels distincts, d'autre part, parce qu'elle est idéologiquement pertinente dans son contexte.

Il est assez aisé de montrer comment la notion de projet englobe, ou subsume des concepts disponibles, plus précis ou mieux définis dans divers champs de la psychologie. On n'en évoquera ici que quelques-uns.

— Elle semble, par exemple, manifestement concernée par le concept de motivation tel que défini par Nuttin (1980*a*) : issu du besoin, l'état motivationnel du sujet l'oriente vers la recherche et la construction d'un objet-but et des actes-moyens qui y conduisent. Projet et plan d'action sont la forme concrète et comportementale que prend le besoin au niveau cognitif. En ce sens, le projet est la représentation d'un but qui contribue à assurer le guidage et la planification de l'action. Mais on est alors également proche de la dimension conative de l'attitude (l'intention d'agir) évoquée dans les chapitres précédents : en particulier, l'intention plus ou moins marquée d'atteindre le but permet de distinguer un projet fort d'un projet faible (Pujol, 2000, p. 96).

— De même, en ce qu'elle évoque anticipation et prévision, la notion de projet est également concernée par d'autres travaux du même

Nuttin (1980*b*) sur la perspective temporelle, cette représentation cognitive qui nous met en présence d'événements indépendamment de leur présence actuelle et réelle. De plus, cet auteur souligne la souplesse de cette représentation, qui donne à la perspective temporelle une certaine flexibilité et créativité. Nous reviendrons très bientôt sur certaines de ces recherches de Nuttin.

— Enfin, si le projet est motivation et anticipation, il articule aussi des valeurs, des connaissances, des informations ; la notion tend alors à se confondre avec celle de représentation sociale abordée plus haut, du moins si l'on veut bien se rappeler que Doise (1973) et Abric (1994) lui reconnaissent une fonction anticipatrice, que le premier étudie dans le contexte de l'intergroupe et que le second étend à des situations variées. En ce sens, il pourrait y avoir de forts recouvrements entre le projet d'accéder à un métier et la représentation que le sujet en a – ou, plus exactement, la représentation de cette profession dans le groupe d'appartenance du sujet : mais il est vrai que cette dimension collective est, elle, nettement absente du « concept » de projet.

Ce décorticage de la notion (étant déjà acquis que besoin de contrôle et internalité sont aussi concernés) la fait paradoxalement apparaître comme étant en somme bien pratique parce que multidimensionnelle, englobante, fédérative. Une sorte de boîte à outils aux contenus certes quelque peu disparates ou hétérogènes que rassemble pourtant un contenant utilement unique. Si l'on ajoute qu'elle peut concerner l'individu aussi bien qu'une organisation (via le projet d'entreprise) ou des équipes pédagogiques ou thérapeutiques (via les projets du même nom), on comprend que ce sésame multifonctions tire précisément son avantage d'une polysémie qui devrait « logiquement » aboutir à son éclatement au profit de concepts plus élémentaires. Mais c'est d'une logique sociale (et, par exemple, d'une idéo-logique) qu'il s'agit, qui remplit d'autres fonctions et obéit à d'autres contraintes que le raisonnement scientifique proprement dit.

Car le projet est aussi une composante essentielle de la modernité. La société est elle-même objet d'interrogation et de réflexion sur son histoire et sur son avenir, questions auxquelles elle n'apporte plus de réponse préconstruite depuis l'affaiblissement des grandes idéologies et depuis que des « crises », dont on ne sait si elles sont accidentelles ou chroniques, affectent la crédibilité des réponses acquises. La société « n'est plus uniquement considérée comme une "machinerie" à reproduire un ordre ancien, mais également est supposée capable de générer de façon volontariste des équilibres et des fonctionnements nouveaux » (Leroy, 1993, p. 81). L'individu adéquat à ce type de société n'est déterminé ni par son histoire ni par les contraintes de la situation ; il est autonome, voire autosuffisant. On peut se demander s'il est possible de trouver en psychologie une définition cohérente de cet acteur. C'est la question que se pose Doise (1993, p. 56-58), pour observer justement qu'il n'existe à ce sujet aucun consensus, mais au contraire un différend fondamental entre deux conceptions. L'une, que l'auteur illustre par les travaux de Sampson, pour qui l'individu occidental :

— est conçu comme étant la source de l'ordre social, ce qui « fournit des fondements fragiles pour construire une société » ;
— est d'autant plus apte à assurer la cohésion sociale qu'il aura forgé une individualité forte, alors « qu'il paraît plus probable qu'il s'agit là de conditions qui entravent l'harmonie sociale plus qu'elles ne la facilitent » ;
— relève d'un idéal de maturité qui serait l'autonomie, c'est-à-dire un contrôle interne plutôt qu'externe, alors même que « des personnages indépendants exigent toujours plus de contrôle externe pour que l'ordre social soit respecté ».

Bref, il s'agit bien pour Sampson d'un contresens total, au point que « ce personnage occidental du moi, de l'ego, de l'identité, de l'individualité a été construit pour son propre échec et pour être dangereux socialement... Ce personnage a été programmé pour être maîtrisé mais en même temps pour occulter cette caractéristique par un discours d'autonomie et de maîtrise de soi » (*in* Doise, 1993, p. 57). Ainsi Sampson oppose-t-il, à la manière d'un sociologue durkheimien, l'individualisme et les comportements prosociaux d'entraide et de coopération. Il ne semble pas douter que la société « aura le dernier mot » et asservira cet individu par un contrôle social accru, transmuté en maîtrise de soi : on retrouve donc « la liberté chantée au son d'un orchestre de bagnards » de Curie (1995). Doise observe que cette position contredit frontalement les points de vue d'auteurs comme Maslow, Erikson ou Rotter, pour qui l'individualisme est d'abord une conception normative, voire éthique centrée sur la recherche d'authenticité, la liberté de choix, la responsabilité personnelle. Pour ce courant, les critiques contemporaines de l'individualisme attaquent en fait une conception dépassée, datant du XVIIe siècle, qui opposait intérêts individuels et intérêts sociaux. Doise en conclut que des représentations sociales sont aussi à l'œuvre dans le champ même de l'activité scientifique (*op. cit.*, p. 58).

La question de savoir si l'existence de cet individu autosuffisant participe à l'harmonie sociale ou au contraire la contredit est en effet bien délicate et risque de toute façon de recevoir une réponse elle-même normative. D'où l'intérêt de ce que l'on peut considérer comme une mise au point de Castel (1995, p. 464 et s.) et qui constitue sans doute une nette avancée dans ce débat. L'auteur observe que l'individualisme moderne pose en effet l'individu comme un être moral, indépendant et autonome, et ainsi essentiellement non social. Portée par le libéralisme, cette figure s'impose à la fin du XVIIIe siècle à partir de l' « individualisme de marché », c'est-à-dire cette image du sujet « maître de ses entreprises, poursuivant avec acharnement son propre intérêt et défiant à l'égard de toute les formes collectives d'encadrement » (p. 464). Un peu à la manière de l'aventurier de l'Ancien Régime, cet individu joue sa liberté dans les interstices d'une société en changement ; il connaît parfaitement les règles traditionnelles et s'en sert au bénéfice exclusif de son intérêt ou plaisir individuel. Castel remarque que la force de cet individualisme conquérant a occulté l'existence d'une forme d'individualisation « qui associe l'indépendance complète de l'individu et sa complète absence de consistance », dont le vagabond représente le paradigme : un être absolument détaché (désaffilié dans le vocabulaire de Castel), un pur individu et, de ce fait, complètement démuni, un être tellement individualisé qu'il est surexposé. Cette autre figure est celle de l'individualisme « négatif », qualifié ainsi « parce qu'il se décline en termes de manque : manque de considération, manque de sécurité, manque de biens assurés et de liens stables » (p. 465). Certes, le vagabond moderne n'est pas celui de la société préindustrielle (dont Castel trouve l'homologue dans l'exemple idéaltypique du toxicomane de banlieue), mais la question posée reste la même, en forme de paradoxe fort : « Il va être demandé, ou exigé, que des individus démunis agissent comme des individus autonomes » (p. 465). Cette remarque peut être facilement traduite pour s'intégrer dans ce paragraphe : l'idéologie du projet est volontiers articulée à une conception humaniste ou personnaliste de l'individu qui tend à se libérer des contraintes, qu'il s'agisse d'ailleurs du pouvoir d'autrui ou de ses propres déterminismes. Mais cette entreprise, pour valorisée qu'elle soit, a d'autant plus de chances de réussir que l'individu est suréquipé en ressources tant matérielles que symboliques et relationnelles. La gageure est alors de plaquer la pédagogie du projet sur des individus qui sont les moins à même d'y satisfaire. Cette question fait l'objet des derniers paragraphes de ce chapitre.

Ainsi, le syncrétisme de la notion de projet et les antécédents métathéoriques hétérogènes sur lesquels elle semble reposer n'ont pas manqué de soulever controverses, malentendus, mises au point.

D'autant qu'il a bien fallu s'interroger sur le contexte du surgissement de ce terme : celui d'une crise profonde de l'action et du travail, et en premier lieu leur dérégulation. Via le projet, l'acteur en vient à s'interroger sur lui-même quand les cadres de référence s'estompent, que l'éphémère et la flexibilité constituent le paysage dominant de son environnement. Doute et incertitude de l'acteur, mais aussi injonction de l'observateur : « Les projets doivent être impérativement déclinés pour que l'individu justifie sa légitimité à exister ; de ce point de vue, les sans-papiers de notre société ce sont d'abord les sans-projets... qui de ce fait se laissent ou se font marginaliser voire exclure » (Boutinet, 1999, p. 254). Avec la prise en compte de ce contexte d'affaiblissement rapide des repères traditionnels, et le pointage des attentes fortement normatives à l'encontre de ses premières victimes, l'acceptation humaniste du projet a fait place au doute, à la critique ou au refus de la notion y compris chez certains de ces utilisateurs les plus convaincus. Le temps d'une mise en cause de la « dictature du projet »[1] serait-il venu ?

4.3. LA DICTATURE DU PROJET

Dans sa préface à la dernière édition de l'*Anthropologie du Projet,* Boutinet (1993) observe une série de dérives liées à la notion de projet, relevant toutes de la même croyance selon laquelle la « mise en projet » des personnes ou des institutions est un moyen adéquat pour surmonter leurs insuffisances ou difficultés actuelles. Or, il s'agirait là d'un sens pauvre ou dévoyé de cette notion : alors qu'elle désigne à l'origine cette quête incertaine et tâtonnante de significations qu'un acteur cherche à conférer à son itinéraire de vie, elle serait maintenant réduite à une perspective instrumentale et directement opératoire, c'est-à-dire à des objectifs explicités couplés à des moyens appropriés.

Cette centration sur le projet personnel indique surtout que « les cadres régulateurs de l'insertion font défaut... ces cadres qui s'estompent sont ceux des savoirs institués, ceux des qualifications reconnues, ceux des planifications organisées » Boutinet, 1999, p. 255). Si on ne peut que partager ce point de vue – qui relève d'abord d'une observa-

1. Cette expression est le titre d'un colloque qui s'est tenu à Bordeaux en 1996 à l'initiative de l'association Espace-Projet, et qui fut riche des communications de J. Guichard, Cl. Lemoine, B. Dumora, J. Limoges, Cl. Coquelle... Voir Carriérologie, vol. 6, 3-4 pour les actes.

tion attentive des processus de désorganisation dans les sphères scolaire et professionnelle ces dernières années –, on peut aussi s'étonner de l'étonnement de Boutinet : les acteurs sociaux, et en particulier ceux de l'insertion en quête permanente de nouveaux modèles, concepts (si ce n'est de nouvelles recettes), se sont approprié une notion qu'ils ont bien sûr dissociée de ses origines (d'ailleurs multiples : du siècle des lumières[1] à Sartre et Heidegger[2]). Il est assez paradoxal de déplorer que ces acteurs en fassent un usage d'abord pragmatique, alors même qu'ils sont justement en recherche d'outils pour l'action et qu'ils mobilisent abondamment chercheurs et théoriciens par rapport à cet objectif – beaucoup plus en tout cas que pour une meilleure connaissance de la philosophie existentialiste. Que les usages sociaux d'une notion s'écartent fortement de sa définition initiale (quant à elle bien fragile et finalement arbitraire) est le lot commun de bien des « concepts », comme ceux d'intelligence ou de personnalité, pour n'évoquer que les plus célèbres.

Or, sur ce terrain justement, la notion fait aussi l'objet de bien des critiques. On s'arrêtera quelque peu sur celle de Coquelle (1997), qui remarque, tout à fait logiquement pour un consultant, que quand une organisation, ou une équipe, ou des stagiaires demandent de monter des actions de définition de projets, ce n'est pas au projet « existentiel » qu'ils se réfèrent mais au projet instrumentalisé, que l'auteur nomme « projet balistique », c'est-à-dire l'idée que pour conduire un cheminement il faut avoir au préalable une représentation du résultat final de ce cheminement. C'est donc ce deuxième sens (beaucoup plus « caricatural, simpliste, technologique » que le premier, mais qui correspond pourtant à la façon dont les gens posent les problèmes sur le terrain) qui est interrogé et donc, très directement, l'efficacité de la notion pour l'action. L'auteur en vient alors à révoquer le projet pour plusieurs raisons (Coquelle, 1997, p. 121-122).

— Quand on analyse le cheminement d'une vie (y compris celle d'une organisation), on observe qu'il ne correspond pas au modèle du projet, c'est-à-dire que les gens ne deviennent pas ce qu'ils deviennent parce qu'un jour ils se sont forgés la représentation de ce qu'ils voulaient devenir. Cette remarque rejoint les propos de Noël (1991, p. 196), ancien chargé de mission à la Délégation interministérielle à

1. Selon Boutinet, 1999, p. 252.

2. Voir, sur ces points, les analyses de Guichard, 1997, p. 17 et s. C'est donc cet usage social de la notion de projet dans un contexte général de recherche d'efficacité pour sortir de « crises » diverses qui est à interroger.

l'insertion des jeunes, qui raillait à sa façon contrats et projets d'insertion : « Personnellement, j'ai une formation initiale à Bac + 4, vingt ans de vie professionnelle, un parcours totalement chaotique et pas de projet à plus d'un an. Et vous ? » En clair, une vie n'est pas conduite de cette façon (et pas seulement chez les exclus) mais se construit au hasard des rencontres et des opportunités dans des contextes de contraintes sociales souvent pesantes. Le modèle du projet est inadéquat parce que non-descriptif du réel :

— le projet n'aurait pas non plus d'utilité sur le plan pratique, puisqu'il risque de générer un rapport rigide ou fermé à l'environnement en focalisant exclusivement le sujet sur les ressources ou les obstacles pertinents pour ce projet. Un comble pour une notion sensée traduire, au contraire, la créativité de l'individu... ;

— le projet est aussi générateur d'inauthenticité, puisque exiger de quelqu'un qu'il ait un projet consiste à lui ordonner d'avoir un désir et donc à le placer dans un paradoxe de situation dont il ne peut sortir qu'en ne croyant pas lui-même au projet qu'il a produit ;

— enfin, le modèle du projet est idéologiquement pervers. L'auteur aborde ici une critique très répandue, que nous retrouverons bientôt chez Huteau ou Guichard : non seulement l'injonction du projet concerne d'abord les personnes qui sont en difficulté sociale, mais elle consiste au fond à leur signifier que ces difficultés sont le fait d'une absence de projet, ou d'un mauvais projet, et qu'elles sont donc responsables de leur sort.

Inadéquat, inutile, inauthentique et idéologiquement pervers : la critique de Coquelle l'amène logiquement à plaider pour un modèle alternatif d'intervention : le « modèle du bricoleur » est en effet plutôt antinomique du précédent puisqu'il s'agit d'abord de travailler sur des opportunités, de faire des choses plus que de se les représenter, d'analyser l'expérience dans la communication et l'échange. Nous reviendrons, au troisième chapitre, sur certains éléments de cette contribution.

La « dictature du projet » fait aussi l'objet de sévères mises en cause dans le domaine scolaire, où beaucoup de discours et de pratiques s'organisent autour du « projet de l'élève ». Rochex (1994) critique cette perspective en remarquant que les élèves qui réussissent sont ceux pour qui les apprentissages scolaires ont un sens en soi, indépendamment du fait que « ça prépare à un métier pour plus tard ». Rabattre la question des savoirs sur celle de leur utilité comporte le risque d'enfermer les jeunes dans un rapport à l'école qui exclut le plaisir d'apprendre et de savoir. Cette analyse de Rochex est d'autant plus notable qu'elle concerne particulièrement les élèves d'origine défavorisée, ceux qui sont justement les plus exposés à l'injonction du projet dans le cadre d'une préparation précoce à l'insertion professionnelle.

Bien entendu, l'aspect paradoxal – voire manipulateur – de cette injonction n'a pas échappé aux spécialistes de l'orientation (dont on peut pourtant penser qu'ils sont pour beaucoup dans l'omniprésence de la notion de projet dans les discours politico-pédagogiques). Guichard (1997) rappelle, à son tour, que le projet est radicalement différent d'un objectif chez Sartre ou Heidegger puisqu'il s'agit d'une dimension fondamentale de l'être et non de quelque chose qu'on pourrait poser puis atteindre. Pourtant, replacé en contexte scolaire, l'usage de la notion nous amène à nouveau très loin des idéaux existentialistes. En particulier, la définition de projets personnels ou professionnels n'est pas une exigence particulière pour les adolescents qui réussissent, puisque les attentes à leur endroit sont en fait très générales : poursuivre le plus longtemps possible des études peu spécialisées, qui laissent très ouvert le champ des alternatives (on remarquera que ce système scolaire semble en fait inciter ses meilleurs éléments à différer le plus possible le moment de la réflexion sur l'insertion socioprofessionnelle). Mais le tableau est très différent pour les jeunes en difficulté scolaire, qui doivent d'abord renoncer aux filières « normales » menant au baccalauréat, puis faire souvent leur deuil de filières professionnelles très recherchées donc sélectives, pour enfin « inscrire l'affectation qu'on leur assigne dans un projet de vie »... (Guichard, 1997, p. 10). Le paradoxe réside donc dans le fait que celui qui a toute latitude pour formuler un projet n'est pas tenu, ni même incité à le faire ; inversement, celui dont la marge de liberté est très réduite doit avoir un projet « qui consiste à considérer comme un choix personnel l'orientation dans l'une des voies qu'on lui propose, les options étant d'autant plus rares qu'il est en difficulté » (p. 11).

Ainsi, dans ce cas précis, l'aide au projet se réduirait au formatage de ce projet pour assurer sa conformité à l'univers des possibles. Il était inévitable que surgisse, là aussi, la question de la déontologie de telles pratiques, taxées de manipulation par Huteau (1997) : ces techniques d'aide à la construction de projets pourraient bien n'être que « des techniques de manipulation sophistiquées » destinées à faire accepter par les sujets les voies d'orientation les plus probables, même dévalorisées dans la hiérarchie des filières. Les modalités de ce formatage visent manifestement à permettre aux sujets de rationaliser ce choix qu'ils n'ont pas fait : « L'autorité n'est pas brutalement affirmée... On se propose d'impliquer et de motiver les individus afin de les amener à faire "librement" ce qu'ils n'avaient pas forcément envie de faire mais que l'on souhaite qu'ils fassent » (p. 11).

On retiendra de ces approches que la notion de projet, si elle procède de confusions et de syncrétismes théoriques, se caractérise, par contre, pas un usage social finalement plus consensuel, réservé en fait à la sphère de l'échec social (scolaire ou professionnel) où sa mise en œuvre, outre que son utilité n'en soit pas facilement démontrable, soulève d'authentiques questions politico-déontologiques que certains auteurs posent avec une grande netteté. Certes ces questions ne constituent pas, loin s'en faut, l'essentiel de la vaste littérature sur le projet – notion dont la noblesse cadre mal avec de telles mises en accusation. Il faudra pourtant se rappeler que la sphère de l'action sociale – et tout particulièrement le champ de l'insertion – est particulièrement concernée par ce questionnement sur les valeurs, idéologies, métathéories qui en sont au fond constitutives. Les débats sur la notion de projet ne peuvent pas rester purement théoriques ou techniques, pas plus que le fait d'intégrer cette notion à sa méthodologie d'intervention (ou de ne pas le faire) n'est neutre. Mais revenons, pour l'instant, à un nouvel élément, théorique encore, de ce débat.

4.4. PEUT-ON FAIRE DES PROJETS QUAND IL EN FAUDRAIT ?

S'il est une idée simple à la base des diverses pratiques d'aide au projet, c'est bien que les individus en difficulté ou en échec pour des raisons diverses ont tout particulièrement besoin de construire une représentation de leur futur à court ou moyen terme et de la mettre en œuvre par des moyens appropriés. Pourtant, nous avons à plusieurs reprises rencontré l'idée que ces individus, dans ces circonstances particulièrement problématiques pour eux, n'étaient justement pas dans les meilleures dispositions pour opérer cette projection. On va examiner ici deux contributions théoriques à l'appui de cette thèse.

4.4.1. *Privation de contrôle et tentation magique*

On s'appuiera ici sur les travaux de Deconchy et de ses collègues (voir, par exemple, Deconchy & Hurteau, 1998 ; Deconchy, Jorf & Oung,

2000). L'auteur situe en partie ses recherches en prolongement des travaux de Seligman sur la résignation acquise *(learned helplessness)* : un sujet humain, placé dans une situation qu'il ne contrôle pas (ni techniquement, au sens de maîtriser, ni cognitivement au sens de comprendre) présenterait un tableau globalement déficitaire, comparativement avec un sujet se trouvant dans une situation qu'il contrôle ou sait pouvoir contrôler. Ces déficits sont habituellement répertoriés à trois niveaux : affectif, motivationnel, cognitif. Déficits affectifs de type dépressif, déficits motivationnels observables, par exemple, à une plus grande résistance à produire des réponses volontaires, déficit cognitif dans les performances intellectuelles. Plus généralement, l'individu qui perd la capacité de contrôler son environnement, son devenir ou sa propre activité, va évoluer vers une situation de prostration, de désespoir acquis qui l'incite à ne plus rien faire pour lutter. Alaphilippe et Fontaine (1996) soulignent qu'une situation de ce type « peut fort bien advenir lors de prises en charge trop invasives, en institution ou à domicile, qui retirent toute initiative à la personne » (p. 230), remarque concernant plus particulièrement, pour ces deux auteurs, les personnes âgées.

Supposons, par hypothèse, que les situations d'exclusion professionnelle soient aussi pour une part des situations de non-contrôle (en rappelant, ce point est essentiel, que la résignation acquise est bien le fait de situations particulières, pouvant donc affecter n'importe quel individu). Certes, nous ne connaissons pas de travaux systématiques sur ce point, mais le rapprochement entre le *learned helplessness* et l'état de retrait et de passivité souvent observé chez les chômeurs est cohérent et d'ailleurs fréquent : « La plupart des études sur le chômage se réfèrent à un retrait social, à l'inactivité du sujet et à l'augmentation des sentiments d'anxiété, de détresse et de dépression comme étant des manifestations interreliées... et des facteurs qui s'influencent l'un l'autre » (Roques, 1993, p. 61). Cet auteur évoque d'ailleurs la possible analyse du comportement inactif comme une conséquence d'un sentiment d'impuissance en face de la menace, pouvant aboutir à une forme de paralysie (p. 57). Les travaux de Deconchy et de ses collègues apportent deux précisions importantes sur ce plan :

— un sujet mis en situation de non-contrôle, et dont les ressources cognitives se trouvent ainsi diminuées, a tendance à recourir à des solutions cognitivement moins coûteuses en matière de jugement social : recours plus fréquent à des stéréotypes, renforcement des stratégies de catégorisation sociale. Plus généralement, l'épuisement cognitif issu des situations incontrôlables amènerait les sujets à un rejet de tout traitement approfondi de l'information, au profit, donc, de traitements plus superficiels (Deconchy & Hurteau, 1998 p. 105) ;

— toutefois, les recherches de cet auteur semblent suggérer et conforter l'idée que l'analyse des effets du non-contrôle cognitif en termes de déficits est peut-être trop étroite : il s'agirait moins d'exténuation des processus motivationnels et cognitifs que de recherche d'autres réponses, qualitativement différentes de celles fournies par le groupe-témoin, non placé en situation d'incontrôle. En bref, le sujet placé en situation de non-contrôle présenterait une sorte de « préférence » pour des réponses irrationnelles (par exemple, dans les protocoles de Deconchy, des réponses liées aux croyances sur la sorcellerie, les maléfices, les tabous transgressés...). La « résignation acquise » se traduirait donc, non seulement par un moindre effort pour un traitement approfondi et diversifié de l'information, mais encore par un recours plus systématique à des explications « magiques » de la situation problématique.

Si tant est que ces constats soient transposables aux situations d'exclusion professionnelle, il faut probablement en conclure que le plus urgent dans ces situations n'est pas d'élaborer des projets (dont on constate d'ailleurs très fréquemment qu'ils sont utopiques, décalés, irréalisables : est-ce le traitement superficiel et magique du problème ?), mais de restaurer un minimum de contrôle de la situation chez le sujet, de travailler à créer des circonstances où la situation devient ou redevient plus maîtrisable. Nous retrouvons sous une autre forme le paradoxe évoqué à plusieurs reprises : la construction de projets rationnels, informés, circonstanciés serait donc un « luxe » plutôt hors de portée pour ceux à qui on les demande pourtant...

4.4.2. *La perspective temporelle*

On n'évoquera ici que très partiellement ce courant de recherche sur la perspective temporelle en psychologie (voir, par exemple, Thiebaut, 1998). On trouve, en particulier chez Fraisse (1967), l'idée que des personnes vivant des situations – limite (prisonniers, déportés, malades...) vivent surtout dans le présent et ont aboli la continuité entre le passé et l'avenir. « Ces sujets... placés souvent dans un avenir en apparence fermé et sans espoir ont fini par prendre l'habitude de ne plus penser à l'avenir et d'étouffer aussi dans leurs mémoire le souvenir de leurs années passées » (p. 183). Cette « emprise du présent », également visible chez le maniaque ou la personne âgée, marque un rétrécissement de l'horizon temporel généralement analysé comme une défense contre un avenir menaçant. Dans la même veine, la perspective temporelle, chez Nuttin (1980b), est articulée à une théorie de la motivation. Les objets qui stimulent notre activité sont ces objets intentionnels, ces objets-buts localisés dans le passé, le présent ou l'avenir ; ces objets peuvent donc être affectés d'un signe (d'un indice) temporel, ce qui permet d'opérationnaliser l'étude de l'horizon temporel des individus. On observe ainsi que dans une situation de danger la perspective temporelle se réduit aux seuls objets de la situation présente. De même, la longueur de l'empan temporel varie avec l'âge et connaît un net rétrécissement chez la personne âgée – du moins en milieu populaire. Ces variations peuvent être analysées, selon Thiebaut (1998), en posant la stabilité du statut comme variable explicative : « Selon que ce statut est plus ou moins organisé et persistant sur plusieurs années, et selon que l'individu s'y meut en des séquences régulières et bien définies, telles la progression scolaire ou le développement des carrières, les anticipations seront plus ou moins facilitées » (p. 107). Ce constat intéressant indique donc que les anticipations temporelles sont d'autant plus possibles et riches que le statut est stable et que le sujet progresse normalement à l'intérieur de ce statut. Il faut donc en conclure que des statuts précaires, des ruptures de cette progression (comme l'échec scolaire ou la mise au chômage) ou l'accès à des statuts aussi nouveaux qu'incertains (comme la retraite) sont susceptibles de rétracter fortement l'horizon temporel de la personne. Une hypothèse du même ordre est abordée différemment par Bouffard, Lens et Nuttin (1983) : un climat d'insécurité et de frustration aurait des effets paralysants sur la perspective temporelle future (il s'agit ici de la frustration ressentie par des candidats aux grandes écoles du Rwanda, où des « quotas » ethniques peuvent décider de la sélection quels que soient les résultats scolaires des postulants). Les résultats vont dans le sens des prédictions : la perspective temporelle se réduit de deux ans en moyenne entre « frustrés » et « non-frustrés », la différence pouvant atteindre près de quatre ans pour ceux des frustrés qui se retrouvent au chômage. Ces divers travaux peuvent être mis en rapport avec ceux du paragraphe précédent concernant les situations de non-contrôle cognitif, puisqu'il s'agit ici de contextes où les sujets perdent tout ou partie du contrôle qu'ils avaient ou pensaient avoir sur la situation. L'idée générale qui ressort de ces résultats est que plus la situation est insécure, frustrante, précaire, plus elle rompt avec un statut bien maîtrisé jusque-là, et plus la perspective temporelle se contracte au profit d'une centration sur le présent dans les cas limites.

Il ne fait pas de doute que l'idée d'une projection dans le futur est la base même de la notion de projet. À leur tour, les quelques travaux évoqués ici sur la perspective temporelle indiquent nettement que les situations de crise, de rupture ou de précarité sont justement celles où les anticipations sont les plus difficiles. Il y a donc tout lieu de craindre que des projets élaborés dans ces conditions, soit présentent des caractéristiques issues de la temporalité spécifique à ces situations (perspectives à court terme, centration sur le présent), soit présentent des temporalités qui ne sont pas celles des sujets mais qui sont exhibées pour la circonstance et surtout pour satisfaire à l'injonction. À nouveau, il semble donc bien plus urgent d'aider le sujet à sortir de la situation critique où il se trouve que de l'inciter à se projeter dans un futur qui ne fait manifestement pas partie, pour l'instant, de son horizon cognitif. Bien entendu, de ces mêmes recherches est fréquemment tirée la conclusion inverse : c'est justement parce que les individus, du fait de la situation où ils se trouvent, éprouvent d'importantes difficultés à se projeter dans le futur qu'il faut d'autant plus les aider à le faire. Cette position tire sans doute sa séduction de son volontarisme ; elle pourrait aussi tirer son inefficacité de son ignorance de certains processus élémentaires de la vie psychique, comme, par exemple, la construction de la temporalité.

Quoi qu'il en soit de sa pertinence ou même de sa faisabilité, la pédagogie du projet est pourtant mise en œuvre auprès de vastes publics des dispositifs d'insertion. Une autre façon d'aborder la question qui nous occupe consiste à examiner quelques recherches évaluatives centrées sur le devenir de personnes ayant bénéficié de telles pédagogies.

4.5. MAIS À QUOI SERT DONC L'AIDE AU PROJET ?

Nous examinerons ici deux de ces recherches (Castra & Valls, 1997). La première concerne un public plutôt jeune accueilli dans un « Service recherche emploi » de l'agglomération bordelaise. Ce service est un dispositif d'aide à l'insertion où toute personne en recherche d'emploi peut bénéficier de prestations cohérentes avec cet objectif : rédaction de *curriculum vitae* et de lettres de motivation, accès automatique au fichier d'offres de l'ANPE, tri des annonces dans la presse générale et spécialisée, locale ou non, aide aux démarches administratives, etc.

Cette panoplie de services est mise en œuvre, pour tout ou partie, après que le demandeur a pu, lors de plusieurs rendez-vous successifs avec un conseiller, élaborer et affermir son projet d'insertion professionnelle. Par ailleurs, un permanent du service est exclusivement chargé des relations avec les entreprises : il est en mesure de procurer aux demandeurs qui le souhaitent un rendez-vous avec un employeur, avec ou sans enjeu de recrutement (dans le second cas, il s'agit d'entretiens de « conseil » visant à mieux connaître le monde de l'entreprise).

Pour tenir compte du fait que les demandeurs d'emploi peuvent utiliser tout ou partie de ces services, nous avons construit un indicateur d'engagement vers l'emploi, qui tente de rendre compte du caractère plus ou moins « coûteux » des démarches entreprises : cet indicateur est minimum pour la simple consultation des annonces, maximum quand il inclut un rendez-vous avec un ou plusieurs employeurs. Il est normalement distribué dans la population des 90 sujets dont près de la moitié ont accédé à un emploi (quel qu'il soit) et dont nous avons noté la situation à la sortie du dispositif. Un indicateur d' « employabilité », au sens de Gazier (1990), a également été construit pour chaque sujet, cumulant cinq indices : le sexe (au désavantage des femmes), l'âge (au désavantage des moins de 25 ans et des plus de 45 ans), l'expérience professionnelle (qui renforce l'employabilité), la durée du chômage (qui l'affaiblit) et le niveau scolaire et de diplôme (positivement corrélés avec l'employabilité).

Les analyses simples et multivariées de ces données établissent :

— qu'il n'y a pas de corrélation entre employabilité et engagement vers l'emploi... En d'autres termes, ceux qui font les démarches les plus actives vers l'entreprise ne sont pas nécessairement les plus « employables », au sens originel du terme (c'est-à-dire au sens de probabilité statistique de trouver un emploi) ;
— que les sujets qui ont un score élevé d'employablité accèdent plutôt à des emplois « aidés » (type Contrats emploi solidarité ou Contrat initiative emploi), comme si cette population s'orientait (ou était orientée, c'est bien la question...) vers le traitement social du chômage ;
— qu'à un score d'engagement élevé correspond plutôt l'accès à des emplois de droit commun, du secteur marchand, en contrat long.

Nous savons que les demandeurs d'emploi font très rarement le projet d'accéder à des emplois aidés, mais posent dans l'immense majorité des cas une demande d'emploi « normal » et stable (surtout dans un service comme celui-ci, explicitement centré sur l'insertion professionnelle). Ces résultats questionnent donc moins les stratégies des chercheurs d'emploi que les réponses apportées par ce type de structure : c'est elle qui dispose des emplois aidés (CES, CIE) qu'elle obtient des communes, services publics, associations, et qu'elle propose, paradoxalement, aux plus employables (l'enquête montre en fait qu'il s'agit surtout d'une logique interne : ne pas « décevoir » le partenaire extérieur, pour obtenir d'autres contrats plus tard). À l'inverse, le demandeur qui s'engage dans des démarches directes vers l'entreprise a le plus de chances d'accéder à un emploi de droit commun, qu'il trouve en fait lui-même le plus souvent (à l'occasion du ou des entretiens qu'il obtient via la structure). Les résultats observés peuvent donc signifier deux choses :

— ce sont surtout les conduites effectives en direction de l'entreprise qui sont prédictives de l'accès à l'emploi ;
— l'issue du parcours est manifestement une coconstruction, issue autant sinon plus des logiques propres à la structure que des demandes et projets initiaux des sujets. Plus grave même, il semble bien que plus le sujet utilise les offres de cette structure, plus il accède à des emplois aidés, ce qui n'était pas exactement son projet initial... On peut s'interroger sur le poids de ce projet dans ce type de contexte, où des logiques et contraintes autres sont visiblement à l'œuvre.

La deuxième recherche concerne 150 bénéficiaires de bilans de compétences, tous demandeurs d'emploi avant le bilan, et qui ont pu être retrouvés de deux à cinq mois après leur sortie. Avec le bilan, nous sommes au cœur de la stratégie de projet, dont il est l'outil par excellence[1] : le bilan de compétences est « une démarche personnelle... d'identification des potentialités personnelles et professionnelles susceptibles d'être investies dans l'élaboration et la réalisation de projets d'insertion sociale et professionnelle » (Aubret, 1990). Pour chaque bénéficiaire, nous avons à nouveau construit deux indicateurs d'employabilité et d'engagement. Le premier est identique à celui de la recherche précédente, le second a dû être redéfini pour tenir compte des particularités des procédures de bilan. L'indicateur d'engagement est minimum pour les personnes qui s'en tiennent à des recherches documentaires sur les formations, maximum pour ceux qui cumulent recherches sur les forma-

1. Il s'agit, bien sûr, des bilans longs tels que réalisés dans le Centre interinstitutionnel de bilans de compétences (CIBC) et non des entretiens individualisés à but de diagnostic, visant les chômeurs de longue durée et nommés également bilans par l'ANPE.

tions, les métiers et les enquêtes sur le terrain (c'est-à-dire les entretiens auprès d'employeur, rencontrés en entreprise, sur les profils de postes, les aptitudes requises, les modalités d'accès...). Là encore, le demandeur d'emploi peut initier lui-même ce type de démarche et/ou y être invité par l'opérateur de bilan, celui-ci ayant une très large autonomie dans le choix de ses modes d'intervention.

Les résultats de cette recherche sont globalement comparables aux précédents : on note à nouveau l'absence de corrélation entre employabilité et engagement vers l'entreprise, ces deux variables semblant décidément bien étrangères l'une à l'autre... Tout se passe comme si les plus employables pensaient ne pas avoir besoin d'une démarche active vers l'entreprise, ou, inversement, comme si les moins employables savaient que ces démarches sont indispensables. Toutefois, la corrélation entre employabilité et engagement vers l'entreprise n'est pas non plus négative : elle est simplement nulle. Pourtant, ce score d'engagement est à nouveau bien prédictif d'une sortie en emploi alors que le score d'employabilité est non prédictif des modes de sortie du bilan (emploi, formation ou chômage). Ces résultats sont aptes à alimenter la réflexion sur les pratiques de bilans de compétences, lesquelles incluent ou stimulent à des degrés divers une exploration active de l'environnement professionnel. Rappelons à nouveau que l'opérateur est largement libre de ses méthodes, et que le « client » dispose aussi d'une large part d'autonomie dans la conduite de son propre bilan. De plus, l'insertion professionnelle n'est pas un objectif explicite du bilan de compétences, même si nous n'avons interrogé ici que des demandeurs d'emploi... Si tant est, malgré tout, que cet objectif fasse partie d'une démarche globale d'orientation-insertion, alors la stratégie d'engagement vers l'emploi et l'entreprise paraît particulièrement appropriée, et en tout cas la plus prédictive d'une insertion normale.

Ces recherches semblent indiquer que l'insertion professionnelle des sujets dépend moins de leur projet que des conduites concrètes mises en œuvre – lesquelles sont ou non induites, favorisées ou stimulées par les dispositifs d'insertion où il évolue. En fait, pour que le projet fonctionne comme un prédicteur de l'insertion, encore faut-il que les variables actives lors de l'insertion aient quelque chose à voir avec le projet : ce qui reste à établir. Les recherches actuelles sur la socialisation organisationnelle peuvent y aider.

4.6. ET SI LA QUESTION N'ÉTAIT PAS LÀ ?

Almudever, Croity-Belz et Hajjar (1999) observent que les recherches actuelles sur la socialisation organisationnelle posent que les individus sont acteurs à part entière de leur socialisation professionnelle. La thèse de la proactivité des sujets rompt, en effet, avec des conceptions jusque-là dominantes :

— celles qui sont centrées sur les phases successives de la socialisation, et reposent en fait sur l'hypothèse que ces étapes dépendent de l'adaptation voire de l'ajustement du sujet à son nouveau poste ;
— celles centrées sur l'impact des dispositifs plus ou moins formels mis en place par les organisations pour faciliter l'insertion des nouveaux membres. Dans ce modèle d'acculturation, c'est à nouveau l'image d'un sujet passif – au mieux réactif – qui prévaut.

L'approche proactive, à l'inverse, insiste sur l'activité propre du sujet lors de cette phase de transition : le travail d'élaboration de sens qu'il réalise, ses stratégies de gestion de soi, ou de construction d'un réseau de relations interpersonnelles dans l'organisation.

On admettra que cette conception du sujet proactif est particulièrement en harmonie avec celle d'un individu mobilisé autour de projets et d'anticipations diverses, développant des conduites congruentes avec ces projets. Pour aller plus loin, si on observe que les variables habituellement étudiées pour tenter de rendre compte de la socialisation organisationnelle sont soit des variables sujet (expériences antérieures, sentiment d'efficacité, implication...), soit des variables interactives (par exemple le rapport entre ce que le sujet attendait et l'environnement de travail tel qu'il le découvre), alors on peut s'attendre à ce que les variables individuelles aient une incidence nette sur la dynamique de l'insertion organisationnelle puisqu'elles sont les mieux à même de rendre compte de l'activité autonome du sujet.

Or, ce n'est pas vraiment ce qui ressort de la littérature. La recherche internationale WOSY (Work Socialization of Youth, *Revue internationale de psychologie sociale,* 5, 1, 1992) note, à l'issue de sa première phase, que deux ensembles de variables semblent avoir des effets visibles : l'environnement du travail (conflits et ambiguïtés de rôles, relations hiérarchiques et latérales, description de la tâche, qualité de l'apprentissage...) et les décalages positifs entre attentes et réalisations : plus les jeunes perçoivent leur environnement de manière favorable, plus le décalage entre attentes et réalisations est positif et plus ils sont satisfaits. Dans leur synthèse, Touzard et Coestier écrivent : « On peut donc conclure de ces résultats que les caractéristiques d'environnement social du travail ont sans doute un poids plus grand que les cognitions personnelles sur le travail » (p. 157), lesquelles ont une influence – le cas échéant – de type modulateur ou intermédiaire.

La recherche de Delobbe et Colfs (1999) examine le même type de question sur un public de tous âges. Les résultats sont sensiblement du même ordre :

— l'effet des variables personnelles, quand il existe, est souvent contradictoire. C'est, par exemple, le cas des expériences professionnelles antérieures : elles peuvent entraîner aussi bien déception et abandon qu'ajustement. En fait, ce sont surtout les expériences antérieures similaires qui favorisent, logiquement, une meilleure maîtrise de la tâche mais pas nécessairement la satisfaction... Il en va de même pour le sentiment d'efficacité personnelle, qui s'avère un prédicteur moyen de la maîtrise de la tâche mais beaucoup moins de la satisfaction, puisqu'il peut amener les individus à s'estimer trop compétents pour ce qu'on leur fait faire. L'adaptation à la tâche, au rôle, au groupe (évaluées par des items comme : j'ai l'impression de faire mon travail correctement ; je sais ce qu'on attend de moi ; mes collègues m'ont accepté comme un des leurs...) jouent un rôle très modeste, sauf sur l'implication affective. Au total, la prise en compte des variables personnelles aboutit à des résultats contradictoires, hétérogènes, indiquant une incidence de toute façon modeste de ces variables et, comme on pouvait s'y attendre, aucun déterminisme simple ;
— les deux variables les plus décisives sont des variables interactives : le réalisme les attentes et la congruence. La première est d'ordre fonctionnel et informatif, mesurée par des items du type : « J'avais une image très claire de ce qui m'attendait. » La seconde, plus qualitative, exprime l'idée d'une correspondance possible entre les valeurs et aptitudes du sujet et les caractéristiques de l'organisation, y compris son « climat » de travail, mesurée par des items comme « ce travail n'est pas fait pour moi ». À nouveau, c'est donc l'environnement et ce qui était attendu qui sont les meilleurs prédicteurs de l'intégration au poste et dans l'organisation.

Cela ne signifie pas, bien sûr, que les représentations, objectifs ou stratégies des sujets soient sans importance, mais que leur incidence ne peut être appréciée qu'en interaction avec l'environnement. Sur ce point, d'ailleurs, l'expression « réalisme des attentes » nous paraît poser problème. Qu'est-ce qu'une attente réaliste ? À première vue, une attente qui coïncide avec la réalité qu'elle rencontre. Mais jusqu'à quel point peut-on dire que cette « réalité » est totalement extérieure au sujet, comme une réalité purement matérielle ? S'agissant, par exemple, du climat de travail, il s'agit bien d'un construit social, donc mouvant et évolutif. Mais on peut en dire autant de l'ambiguïté des rôles, voire même de la définition de la tâche. Le terme de réalisme des attentes semble indiquer qu'une information préalable précise, circonstanciée, approfondie, serait un bon prédicteur de l'intégration sur le poste. Il y a sans doute beaucoup de vrai dans cette proposition, qui oublie néanmoins que les individus et les groupes sont engagés dans des tractations permanentes et construisent leur réalité. Quoi qu'il en soit, ces résultats paraissent assez peu compatibles avec l'idée qu'un projet personnel préalable et consistant facilite cette intégration : l'hypothèse inverse est probablement tout aussi valide, qui prévoit, à l'instar de Coquelle (1997), qu'un tel projet peut au contraire générer un rapport rigide et fermé à l'environnement et compromettre ces processus de coconstruction de la réalité.

On retiendra de ces recherches une conclusion *a minima* : rien n'indique que la notion de projet soit d'une quelconque utilité pour qui souhaite faciliter l'intégration dans l'entreprise. Une information la plus précise possible sur le poste et l'organisation, ainsi que des attentes souples et ouvertes semblent des atouts bien plus pertinents. D'un point de vue interactionniste, la socialisation organisationnelle est habituellement définie comme un processus complexe d'interactions sociales au cours duquel le nouveau venu se construit une identité sociale tout en donnant un sens aux réalités organisationnelles. La notion de proactivité est cohérente avec cette définition en ce qu'elle désigne la propension à rechercher activement des opportunités d'interactions sociales. Favoriser ces processus passe donc par une bonne connaissance du fonctionnement formel autant qu'implicite de l'organisation, de ses valeurs, codes, rites, connaissances dont on voit mal comment elle pourrait être acquise avant l'expérience elle-même. Bien plus, la remarque de Delobbe et Colfs (1999) selon laquelle l'expérience antérieure du sujet peut avoir une incidence aussi bien positive que négative peut se comprendre par le fait que cette expérience est peu transposable (sauf, bien sûr, en ce qui concerne les aspects purement techniques ou procéduraux de la tâche elle-même), chaque organisation ayant ses spécificités. Le rôle possible de l'agent d'insertion est donc moins de travailler en amont de l'entrée dans l'entreprise qu'en aval, pour favoriser l'analyse de cette expérience et son appropriation. Les recherches sur la socialisation organisationnelle, à l'évidence, renforcent la légitimité du point de vue selon lequel les professionnels de l'insertion doivent inscrire parmi leurs objectifs prioritaires l'action sur les contextes organisationnels et l'interaction sujet-organisation.

5. QUE RESTE-T-IL DE NOS PROJETS ? VUE D'ENSEMBLE

5.1. BILAN PROVISOIRE

L'objectif initial de ce chapitre était d'examiner sous plusieurs angles la question des relations entre cognitions et conduites. Or, qu'on se tourne vers les attitudes, les représentations sociales ou le projet, on observe que le lien entre ces systèmes cognitifs et les conduites concrètes d'un individu en contexte sont pour le moins problématiques. D'une part, parce que ce lien peut être faible ou inexistant, d'autre part, parce que la relation causale peut fréquemment s'avérer inverse de celle habituellement prévue. Ce constat soulève un double problème – théorique et pratique.

Sur le plan théorique, la faiblesse du lien entre cognitions et conduites signifie le plus souvent que les sujets, quand ils agissent en contexte, accèdent à des informations et traitent des données qui ne sont pas celles qui président à la formation des intentions ou projets. Ce qui indiquerait que l'action ne peut jamais être totalement raisonnée ou planifiée, puisqu'elle génère par elle-même de nouvelles sources de variation qui l'affectent en retour. Toutefois, il est concevable que cette distance – entre l'intention et la conduite par exemple – soit d'autant plus réduite que la construction de l'intention prend en compte les contraintes propres à la conduite : ce qui n'est bien sûr possible que si les conditions concrètes d'émission et de déroulement de cette conduite sont, soit contrôlables par le sujet, soit précisément connues par avance. On observera pourtant que ce point de vue est lui-même particulièrement optimiste, puisqu'il postule que l'information sur laquelle s'appuie l'intention ou le projet – qui est plutôt d'ordre rationnel, objectif, logique, est la même que celle procédant de l'expérience directe : or, l'information issue de l'action est aussi d'une autre nature, de l'ordre du plausible, de l'acceptable ou de l'efficace autant que de l'ordre du « vrai ». C'est par ailleurs une information en partie contingente, dont la validité est limitée aux pratiques concernées : elle ne peut donc être ni transposée ni totalement anticipée, sauf expérience antérieure identique. Au total, la logique rationnelle qui préside le plus souvent aux diverses anticipations de l'action se heurte nécessairement aux logiques pragmatiques de l'action elle-même, la susdite « dictature du projet » signifiant justement que l'écart entre ces deux logiques est méconnu ou nié. Notons qu'un autre problème théorique, qui fait l'objet du chapitre suivant, émerge aussi de ce constat : l'action étant le plus souvent une interaction avec autrui, elle est nécessairement modulée par des régulations issues des groupes, des organisations, des normes ambiantes. Ce qui invite à substituer à l'approche individualiste du projet une approche interactive ou relationnelle du sujet en contexte.

La faiblesse du lien entre cognitions et conduites pose par ailleurs un problème pratique bien connu. Sachant que l'intervention psychosociale a le plus souvent pour objectif l'apparition de conduites nouvelles ou le changement de conduites anciennes, le fréquent déphasage cognitions-conduites pose donc la question de l'efficacité d'une intervention centrée sur ces cognitions (représentations, informations, projets...). Comment faire sa place à une pédagogie du faire, à côté d'une pédagogie du croire ou du vouloir, tel est le volet pragmatique de la question. Nous l'avons déjà abordé en commentant la recherche appliquée de Nathalie Bayle (2000) et la question de l'insertion des handicapés dans les entreprises. Cette même question est posée par Lanfranchi et Touzard (2000) à propos de la motivation à se protéger contre le sida, et plus précisément quant à la fréquence d'usage des préservatifs pendant les cinq mois d'observation. Là encore, on se réfère au modèle de l'action raisonnée tout en incluant deux variables extérieures à ce modèle : l'habitude d'usage des préservatifs au cours des mois précédents, et le fait de vivre en couple ou non. L'adjonction de ces deux variables s'avère en fait une sage précaution, puisqu'elles sont les plus lourdes dans la prédiction du comportement... Curieusement, les auteurs semblent là encore sous-estimer ce résultat, bien qu'il soit nettement identifié : « L'influence directe de ces deux facteurs sur les conduites d'usage des préservatifs n'était pas prévue par le modèle initial... Cependant, à ces deux exceptions près, les facteurs de notre modèle n'ont d'influence sur les conduites que par leur contribution à la formation d'une intention de protection » (p. 125). Curieuse conclusion que celle qui consiste à traiter comme des exceptions les variables

les plus explicatives : les coefficients β[1] entre l'habitude d'usage des préservatifs et le comportement (.37), entre le fait d'être ou non en couple et ce même comportement (.25) sont nettement plus élevés que ceux liés à l'intention d'utiliser des préservatifs (.18) ou d'avoir des stratégies alternatives (.15). Si le but est bien de rendre compte du comportement de protection, alors il faut en conclure que les intentions préalables ne sont pas les facteurs les plus prédictifs. Toutefois, et contrairement aux résultats de Bayle (2000), les intentions sont ici bien corrélées aux comportements. Même si la situation concrète d'interaction avec le partenaire (et en particulier la capacité du sujet à négocier l'usage des préservatifs) peut limiter le poids des intentions, ce sujet conserve donc une part d'autonomie que les contraintes organisationnelles ne laissaient pas, ou si peu, aux « décideurs » de Nathalie Bayle. Dans leurs différences et leurs similitudes, ces deux recherches mettent donc l'accent sur la difficulté, pour l'intervenant, à générer des pratiques nouvelles ou à modifier des conduites anciennement cristallisées. Ce n'est sans doute pas une coïncidence si Lanfranchi et Touzard (2000), comme Joule et Beauvois (1998) préconisent, pour favoriser l'apparition de conduites de prévention du sida, d'engager les sujets dans des discussions et interactions de groupe, vieille pratique lewinienne s'il en est ; mais a-t-on, finalement, trouvé mieux depuis... Il ne semblait pas faire de doute, pour Lewin, que l'intention (pour lui, la motivation) ne suffit pas à générer des comportements, sauf à la « geler » par la décision collective, par exemple, où les normes de groupe peuvent être déconstruites et recristallisées à un autre niveau. Encore une fois, une méthodologie d'engagement peut donc s'avérer une réponse appropriée à la question pragmatique que se pose l'intervenant. Ce constat est d'autant plus notable que les deux recherches appliquées de Bayle et Lanfranchi évoquées ici ne comptaient pas la théorie de l'engagement parmi leurs bases conceptuelles. Inversement, il se confirme donc que l'intention peut-être prédictive – même si la force de ce lien est assez décevante – des conduites concrètes dans un contexte aussi problématique que la prévention du sida. Il est temps de tenter une intégration de ces résultats dans un modèle global.

1. Qui représentent, dans la méthode des modèles structuraux, le poids et le sens de l'influence entre deux variables.

5.2. LIBERTÉS ET CONTRAINTES, L'ACTEUR ET L'AGENT

Par acteur et agent, nous voulons signifier ici les deux grandes conceptions de l'individu dans les sciences humaines et sociales. Dans le contexte des organisations, l'acteur est, par exemple, cet individu « autonome et libre, capable de réagir non seulement contre la standardisation taylorienne mais aussi contre la manipulation psychologique » (Curie & Dupuy, 1994, citant Crozier, p. 64). Ce sujet est aussi celui des premières théories de l'attribution comme des théories de l'action raisonnée et planifiée. C'est aussi celui de la sociologie de l'action, où l'acteur, par exemple chez Dubet, organise son action en se référant à plusieurs logiques se combinant entre elles. Ce dernier exemple montre d'ailleurs que ces conceptions du sujet ne sont pas fatalement rationalistes, celui de Dubet essayant de construire son identité en composant avec ses valeurs, ses intérêts personnels et ses rôles sociaux, même si c'est parfois au prix d'un balancement épuisant entre plusieurs logiques contradictoires. En positif, l'idée d'acteur se définit donc par une capacité du sujet à investir, décider, trancher, arbitrer, ce qui ne peut se concevoir sans poser simultanément que ce sujet poursuit des objectifs et élabore des stratégies. D'où l'expression de « fin stratège », popularisée par Beauvois pour évoquer ce sujet-là, en référence, semble-t-il, à la fois aux théories de l'attribution et au modèle de Crozier. En négatif, le modèle de l'acteur réfute l'idée d'un individu soumis aux déterminismes tant contextuels que personnels, ceux-là mêmes sur lesquels insistaient Marx et Freud.

Nous utilisons le terme d'agent en référence au concept d'état agentique de Milgram (1974). Lequel concerne, au-delà du problème de l'obéissance, la question beaucoup plus générale de la détermination des conduites par la situation : « La plupart des gens sont à la recherche d'une explication totalement personnalisée de l'obéissance, sans tenir aucun compte des pressions exercées sur l'individu par les conditions spécifiques de la situation, lesquelles... sont d'une importance capitale dans la détermination de la soumission ou de la rébellion » (p. 13). Cette remarque de Milgram est issue de sa préface à la deuxième édition française, où l'auteur réagit à l'accueil de son ouvrage dans la grande presse : observons qu'il propose la même analyse pour la soumission que pour la rébellion, alors que nous aimons plutôt penser le rebelle comme ce héros qui veut d'abord rester en accord avec sa conscience. L'agent de Milgram est donc cet individu qui, pour des raisons diverses (en particulier de légitimité de l'injonction qu'il reçoit), se comporte conformément à ce qu'on attend de lui dans cette situation, sans que cette conduite corresponde à sa « nature profonde » (ce niveau d'analyse n'est pas personnel mais positionnel), et alors même que ses valeurs personnelles l'inciteraient plus à se démettre qu'à se soumettre. Le terme d'agent est donc proche du sens courant d'un individu qui exécute, transmet, applique, sans que ses objectifs personnels soient nécessairement concernés : la situation professionnelle de l'agent de la force publique, ou des contributions directes, me permet de prévoir tout à fait correctement le comportement de ces personnes dans le cours habituel d'exercice de leur rôle. L'agent est en général un émissaire ou un exécutant d'un pouvoir, et cette variable positionnelle suffit à prévoir l'essentiel de sa conduite.

Ainsi définie, et du moins à première vue, la notion d'agent s'oppose à celle d'acteur ; là où l'un décide et arbitre, l'autre obéit et exécute. Comme toujours, cette opposition binaire masque des réalités plus complexes : en particulier, y compris chez Milgram, les comportements de soumission peuvent s'analyser à partir du modèle rationnel de l'acteur, puisque la soumission totale à une autorité légitime consiste à lui faire endosser toute la responsabilité de la situation. Joli casse-tête pour les juristes, à la recherche d'une définition du « devoir de rébellion » destinée à empêcher l'acteur de se cacher derrière l'agent... puisque, bien sûr, seul l'acteur est responsable, y compris pénalement.

Au-delà de ces subtilités, la dichotomie acteur-agent oppose donc, d'un côté le sujet qui se comporte en fonction de ses objectifs, valeurs, intentions..., fussent-ils peu conscients ou contradictoires ; de l'autre, un individu dont il faut chercher d'abord dans la situation les variables explicatives de la conduite. C'est en tout cas dans ce sens, large, que nous utilisons ces définitions. Il en découle que l'identité d'acteur ou d'agent n'est pas inscrite dans les personnes puisque l'état agentique est nettement lié au poids des situations ; inversement, Milgram (1974, p. 10) fait remarquer qu'aucune de ses 18 situations expérimentales n'a été exempte de rébellions contre l'expérimentateur : « Donc, bien que la détermination de la conduite soit fortement influencée par la situation, il existe un autre aspect de la question : l'individu qui refuse de se soumettre. » Pour rendre compte des conduites concrètes, il faut donc construire un modèle à l'interface des propriétés individuelles et des caractéristiques des situations. Une des bases possibles d'une telle modélisation consiste à considérer : 1 / que les individus disposent de plus ou moins de ressources pour parvenir à s'autodéterminer ; 2 / que les situations sont par elles-mêmes plus ou moins contraignantes pour les sujets.

1 / Les individus disposent de plus ou moins de ressources à investir dans leurs actions quotidiennes. On peut entendre par ressources les moyens habituellement nécessaires à la réussite d'un objectif, à environnement constant. Il peut s'agir, bien sûr, tout à fait trivialement, des ressources matérielles (disposer de suffisamment de moyens pour passer ses vacances d'hiver sous le soleil des tropiques), mais aussi, ou surtout, de ressources plus symboliques comme celles que semble recouvrir le concept d'employabilité (Gazier, 1990) : un individu de sexe masculin, âgé entre 25 et 45 ans, fortement diplômé, sans passé de chômage et ayant déjà une expérience professionnelle a les ressources maximales pour trouver un emploi dans le contexte économique moyen des années 1980. Mais encore s'agit-il là de ressources aisément observables et repérables. Il en est probablement de plus subtilement actives, relevant, par exemple, de ce que Bourdieu nomme le capital social et culturel (culture, connaissances générales, mais aussi compréhension et maîtrise des codes sociaux propres à un groupe ou un contexte donnés) ; c'est dans un sens proche que Benoit-Guibot (1990) parle de qualification sociale, à distinguer de la qualification scolaire ou professionnelle, comme d'une capacité à exhiber des normes, des valeurs, des conduites dans la recherche d'emploi, les aspirations à la consommation, l'éthique du travail... Ces apprentissages, qui ne relèvent pas uniquement de l'héritage scolaire ou professionnel, participeraient à la sélection de candidats sensiblement égaux du point de vue de la formation. Il semble que Touraine avait déjà employé ce concept de qualification sociale dans un sens plus restreint (Dubar, 1996) comme une capacité à se positionner dans le système social d'entreprise, à le comprendre et à le maîtriser, et donc de participer activement à la réalisation des objectifs de l'organisation. Dans le même ordre d'idée, Ferrieux (1993) regroupe sous le vocable d'employabilité psychologique des dimensions comme l'estime de soi, l'implication dans le travail, l'importance accordée aux conditions internes et externes du travail... et observe que ces représentations préalables ont un impact sur la qualité de la situation professionnelle obtenue lors de l'entrée dans la vie active.

Parmi les ressources mobilisées par les individus dans la poursuite de leurs objectifs, il faut bien sûr inclure la richesse, la variété et la structuration du réseau social auquel ils participent. Degenne et Forse (1994) recensent un certain nombre de travaux qui tentent d'évaluer l'importance du réseau social pour la recherche d'emploi : quand on cherche à savoir par quelle voie un emploi a été obtenu, on observe que l'utilisation de ce « capital social » rend compte de plus de la moitié des recherches positives, que ce pourcentage varie avec l'âge (il est plus faible chez les plus jeunes) et que ce ne sont pas les mêmes types de réseaux (plus ou moins courts) et de liens (plus ou moins forts) qui sont utilisés dans les diverses catégories professionnelles. Dans tous les cas, une ressource de toute première importance, sans doute sous-estimée par l'insistance habituelle sur les moyens formels (annonces, cabinets, agences...) et les candidatures directes. Une ressource dont manquent tout particulièrement, selon l'analyse sociologique en termes de désaffiliation et de rupture du lien social, les « exclus » de notre société.

Ajoutons enfin que l'analyse des ressources serait incomplète si elle n'admettait pas la possibilité de ressources négatives, c'est-à-dire de stigmates. Si le handicap peut plutôt se définir comme un manque ou une absence, le stigmate est plutôt la présence d'un attribut disqualifiant, indésirable dans la situation. En ce sens, l'absence de formation est un manque de ressources, l'identité de Rmiste, ou de sortant de prison sont des ressources négatives ou des stigmates. Bien que l'enquête empirique soit rare et difficile sur ce point, il est probable que certains stigmates parviennent à contrebalancer efficacement des ressources par ailleurs positives, ce qui est d'ailleurs une définition de la discrimination.

2 / Les situations de la vie quotidienne comportent, à des degrés divers, des contraintes variées. Parmi les contraintes fortes, il en est qui sont d'ordre technique, formel, réglementaire (par exemple, la circulation autoroutière génère un comportement largement uniforme des automobilistes). D'autres sont plus implicites, liées notamment aux interactions et au contrôle social : ce sont les ménagères de Lewin prisonnières des normes et habitudes alimentaires du groupe d'appartenance. D'autres contraintes, enfin, pourraient être qualifiées de passives : la lenteur des décisions dans la bureaucratie est liée à la complexité de l'organisation, à l'émiettement des tâches et des responsabilités, à la multiplication des échelons décisionnels. Cette lenteur peut alors s'analyser comme un effet de composition, puisqu'aucun des acteurs de l'organisation ne souhaite décider lentement...

Les contraintes sont donc d'ordre formel, statutaire, technique, normatif, organisationnel, et plus généralement liées aux interactions et coopérations nécessaires entre les individus et les groupes. Inversement, on admettra que bien d'autres situations sont par nature peu contraignantes : la sphère des loisirs et du temps libre, de la vie privée, voire même certains rôles professionnels dont la mise en œuvre opératoire peut être largement laissée, dans ses modalités, à l'appréciation de l'individu.

Au total, on admettra que tout individu peut-être positionné sur un axe, en fonction du niveau de ressources dont il dispose. De même, l'axe des situations permet de les ordonner selon le niveau de contrainte qu'elles comportent. Le croisement de ces deux axes définit quatre modalités idéaltypiques d'interaction individu-situation, dont on peut faire l'hypothèse que s'y pose différemment la question des relations entre les cognitions et les conduites.

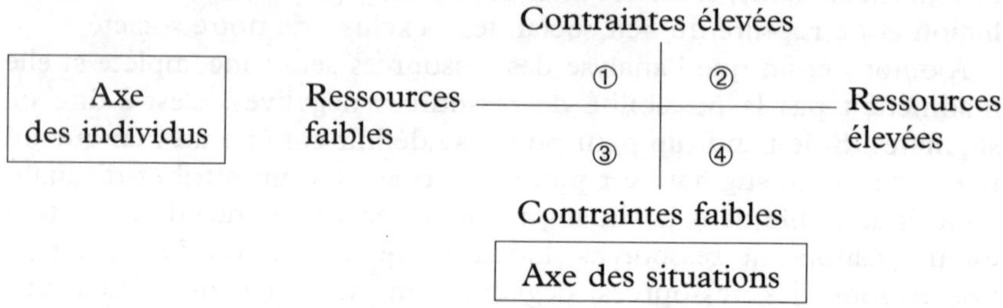

Le quadrant ① concerne des individus de faibles ressources placés dans des situations fortement contraignantes : tout à fait typiquement, il concerne donc la question centrale de cet ouvrage, à savoir l'insertion des publics les plus précaires dans les organisations de travail et sous statut « non protégé ». La question du projet individuel est donc la moins pertinente dans ce quadrant, puisque ce projet a toutes les chances d'être peu informé, ou décalé, ou utopique, et d'être peu adossé sur des ressources suffisantes à sa mise en œuvre. De plus, l'éloignement de ces personnes du marché du travail et de ses normes, tout comme la faiblesse du lien social constituent des handicaps supplémentaires sur le plan des ressources normatives et relationnelles. Enfin, une organisation de travail a sa propre rationalité, qui n'est pas celle du projet individuel. Nous sommes probablement ici dans un cas de figure où la relation entre les attitudes, représentations, projets, d'une part, et les conduites concrètes, d'autre part, a toute chance d'être faible ou nulle. Il y a sans doute un contresens majeur à faire dépendre l'insertion de ces sujets dans ces contextes de la qualité de leurs anticipations, ce qu'on fait pourtant quasi systématiquement dans le champ de l'insertion. Souhaiter que l'individu devienne plus acteur de son insertion suppose, au contraire, de lui procurer des expériences en situation, susceptibles d'améliorer ses ressources (tant professionnelles que relationnelles), et de développer des méthodologies aptes à améliorer son contrôle sur la situation, voire à modifier la situation elle-même. De telles méthodologies supposent donc à la fois une posture de médiation entre le sujet et l'organisation – médiation dont le but ultime est de devenir inutile, sous peine de réaliser une contre-finalité – et une intervention sur la situation elle-même, à savoir le contexte organisationnel.

Le quadrant ② confronte des individus à fortes ressources à un contexte fortement contraignant. On pense ici aux chefs d'entreprise de Bayle (2000), dont on peut en effet penser qu'ils sont une cible privilégiée pour qui veut favoriser l'intégration des handicapés dans les entreprises. Rappelons que ce pari est en partie déçu, puisque cette recherche n'observe aucun lien entre les intentions de ces « décideurs » et leurs comportements effectifs d'inclusion. Toutefois, les attitudes et valeurs des chefs d'entreprise sont mieux prédictives des comportements dans les entreprises faiblement bureaucratisées, du fait probablement de la concentration des mécanismes de décision. Plus généralement, le quadrant ② illustre un cas de figure source de bien des illusions : on prête sans doute aux responsables de grandes entreprises, administrations, ministères... beaucoup plus de pouvoir sur la situation qu'ils n'en ont en réalité. Pour revenir à la question de l'insertion, on verra que les professionnels ont tout intérêt à multiplier les contacts et relations avec les niveaux intermédiaires – voire basiques – de décision dans l'organisation, les interventions auprès du chef d'entreprise n'étant pas nécessairement les plus efficientes, même si elles constituent un passage obligé.

D'autant que les « décideurs » ne sont pas les seuls à posséder des ressources élevées dans l'organisation, c'est même exactement pour cette raison qu'ils sont moins décideurs qu'on ne le pense. L'analyse stratégique nous a appris que certaines ressources particulièrement pertinentes dans leur contexte conféraient à leur détenteur une influence décisionnelle importante : c'est le cas, notamment, de certaines spécialisations fonctionnelles difficilement remplaçables ou contournables (le pouvoir de l'expert), ou encore de certaines positions clés permettant à leurs occupants de contrôler les relations entre l'organisation et son environnement ou d'être dépositaires d'informations particulièrement pertinentes (Petit, 1979, p. 142-143). Les relations entre cognitions et conduites sont probablement instables ou fragiles dans ce quadrant ②, parce que traduire une intention en décision est rarement l'attribut d'une personne mais beaucoup plus souvent une relation de négociation, et que la fonction première des règles organisationnelles est justement de rendre les comportements prévisibles.

Le quadrant ③, comme le suivant, concerne des situations faiblement contraignantes. Quand les sujets sont de faibles ressources, ces situations évoquent, par exemple, l'occupation du temps libre pour des jeunes de banlieue ou de quartiers défavorisés. Certes, la programmation d'activités autour du sport, de sorties est possible, et le projet est prédictif, du moins s'il ne suppose pas des ressources particulières. Mais on a amplement décrit le « présentisme » de ces population (voir, par exemple, Cusson, 1981) qui rend rapidement caduque tout projet autre qu'à court terme. De même, si l'activité sportive est peu contraignante quand elle est pratiquée à titre strictement ludique ou occupationnel, elle le devient dans un contexte de compétition organisée et est alors beaucoup plus imprévisible. Par contre, cette situation permet d'évoquer une « ressource » non abordée jusqu'ici : l'appartenance au groupe, à la « bande » constitue une marque identitaire qui, même si elle fonctionne le plus souvent comme un stigmate, peut aussi constituer un potentiel important que bien des éducateurs ou animateurs essaient depuis longtemps de canaliser vers des objectifs valorisants comme le sport, la culture, la musique, ou même l'action humanitaire. Les identités collectives – dont on sait qu'elles favorisent, notamment en cas de menace perçue, la cohérence entre représentations et conduites concrètes – semblent actuellement bien visible chez les supporters de quelques clubs vedettes du monde du football (Coulon & Duret, 1997). En dehors de ces quelques cas, finalement rares même s'ils sont spectaculaires, le quadrant ③ est traditionnellement celui de l'éphémère, du provisoire, du temps présent.

Dans le quadrant ④ règne le projet. Disposer de ressources élevées dans un univers peu contraignant autorise une bonne prédictivité des représentations, anticipations, et des cognitions plus généralement. C'est, par exemple, la fonction essentielle des tours-opérateurs que de se porter garants de la réalisation effective de nos projets de vacances ; le choix du lieu et du mode d'habitat, pour qui dispose de ressources élevées, est un autre exemple de ce type de situation, qui explique d'ailleurs pour partie les phénomènes de ségrégation spatiale. Toutefois, il serait sans doute bien illusoire de croire que la sphère privée procure uniformément des niveaux d'autonomie élevés. La recherche déjà citée de Lanfranchi et Touzard (2000) montre bien que les intentions en matière de protection contre le sida sont assez faiblement prédictives du comportement réel, du fait notamment de la « négociation » obligée avec le partenaire. Inversement, on peut sans doute trouver dans la sphère professionnelle des exemples appartenant à ce quadrant : pourvoir un poste de travail de profil banal ou courant (contrainte faible) en période de chômage élevé (ressources fortes) place le recruteur dans une situation de forte autonomie, ce qui est une explication possible de la tendance systématique à la surqualification à l'embauche pendant ces périodes, ou encore de la discrimination dont pâtissent certaines catégories de candidats.

Les identités d'acteur et d'agent constituent les pôles idéaltypiques d'un continuum et non les figures centrales de deux groupes distincts, quel que soit notre goût pour les catégorisations binaires. Milgram observe que même l'état le plus agentique comporte un taux non négligeable de rébellion. Il est intéressant de noter que pour cet auteur, l'explication de ce phénomène reste au fond ambiguë : à contexte identique, il faut bien admettre qu'il y a donc des agents plus acteurs que d'autres, même si cette approche différentielle n'est pas celle qui est travaillée ici. Par contre, ce chercheur aura amplement montré comment l'intervention sur un élément de la situation (par exemple, des fissures au sein de l'autorité, sous forme de désaccords entre le professeur et son assistant) est apte à autoriser un recouvrement rapide et massif de son autonomie par l'agent, qui sort aussitôt de son rôle dans ce cas. En fait, potentiellement, les sujets de Milgram sont autant des agents totalement soumis que des acteurs totalement rebelles ; il est même sans doute parfaitement possible d'envisager des situations où la probabilité de rébellion du sujet est nulle (comme, semble-t-il, dans certaines sectes ou groupes fortement régulés autour d'une orthodoxie), tout comme il en existe où la quasi-totalité des sujets refusent de se soumettre.

Les publics précaires, eu égard à un objectif d'insertion professionnelle « normale », sont dans une situation potentiellement agentique : ressources faibles, important déséquilibre de la relation entre l'offre et la demande d'emploi, contraintes fortes des situations de travail elles-mêmes. Exiger d'eux des conduites d'acteur est une aberration qui risque dans bien des cas de réitérer l'échec et donc renforcer l'état agentique. Inversement, on est en droit de se demander pourquoi les professionnels de l'insertion, dans leur immense majorité, semblent avoir renoncé à intervenir sur le fonctionnement même de l'entreprise, à commencer par ses modes de recrutement : cela ressemble bien, à s'y méprendre, à une conduite de soumission. Il est vrai que les politiques sociales n'ont jamais, jusqu'à aujourd'hui, posé cet objectif comme un levier majeur de l'insertion, au nom sans doute d'une soumission aux « contraintes économiques », posées comme naturelles et intangibles, en tout cas hors de portée des acteurs.

Les situations agentiques n'ont pas particulièrement vocation à être rationalisées, puisque la contrainte est souvent transparente, visible, voire brutale comme les ordres de l'expérimentateur chez Milgram. Pourtant, quand ce dernier interviewe ses sujets quelques mois plus tard, ils déclarent se féliciter d'avoir participé à ses expériences, qui devraient d'ailleurs être plus nombreuses : il y a bien là une forme de justification *a posteriori* à propos d'une expérience pourtant désagréable, voire dramatique pour beaucoup. Sans doute parce que ces sujets pouvaient à tout moment désobéir et quitter les lieux : aucune mesure de rétorsion n'était possible et ils étaient déjà « payés » ; pour infernale qu'elle soit, la situation imaginée par Milgram repose donc, paradoxalement, au moins sur l'acceptation du sujet... Bref, l'état le plus agentique laisse une place, fût-elle minime, à l'acteur. Mais induire chez celui qui est surtout un agent le sentiment qu'il est d'abord un acteur comporte immanquablement le risque d'une rationalisation en forme de culpabilisation. Et que fait-on d'autre quand, dans un stage de remobilisation, on propose à des chômeurs de longue durée de « s'interroger sur leur propre désir de retravailler » (Chopart, 1993, p. 44) ? Mais on sait que la plupart des intéressés, parce qu'ils sont aussi des acteurs, n'entrent pas dans ce jeu.

Notre culture glorifie l'autonomie, la responsabilité, l'internalité, l'acteur. Assez bizarrement, cet idéal semble porté aussi bien par un certain humanisme existentialiste que par le libéralisme le plus sauvage, et c'est bien là que réside l'ambiguïté fondamentale de ce discours. La distinction acteur-agent, non comme attribution interne aux personnes mais comme prototypes d'une interaction individu-situation, n'en est que plus indispensable, puisque le caractère invasif des discours sur l'Acteur et le Sujet pourraient bien fonctionner comme une occultation permanente de situations trivialement agentiques... Qui plus est, si l'on a quelque bonne raison de penser que le libéralisme sauvage est pour quelque chose dans ces phénomènes massifs d'exclusion professionnelle, alors on sera surpris d'observer que le discours qui l'accompagne sert aussi à traiter cette exclusion, et on fera *ipso facto* l'hypothèse que ce traitement n'en est pas un...

Confondre l'acteur et l'agent, l'individualisme positif et négatif, c'est renoncer à agir sur les contraintes qui pèsent sur les individus ou, dit autrement, c'est surestimer gravement leur liberté d'action. C'est sans doute là que réside l'aspect incantatoire et magique des discours sur le projet : mais la magie, n'est-ce pas, justement, la toute-puissance du projet...

Au point de départ de ce chapitre, une constatation : le paysage de l'insertion professionnelle en France, du moins pour les publics sans qualification en voie d'exclusion, se caractérise par des méthodologies d'action quasi exclusive sur les cognitions : informations, représentation, projets (alors même que depuis longtemps les écoles professionnelles, les universités, les grandes écoles insistent sur les stages en situation professionnelle comme levier essentiel de l'insertion). À l'occasion d'un détour théorique du côté des recherches sur les relations entre attitudes et comportements, représentations et pratiques, projets et insertion, on observe que cette option « mentaliste » ne résiste pas à l'analyse, pour ce public et avec cet objectif. L'histoire des idées dira peut-être un jour pourquoi cette option si contestable a pourtant statut d'évidence ; elle correspond sans doute à un « habitus » largement dominant dans les professions socio-éducatives. Il s'agit pourtant, de notre point de vue, d'un réductionnisme qui n'est pas sans conséquences coûteuses.

Lors de notre périple, nous avons rencontré ou effleuré à plusieurs reprises une autre question en forme de paradoxe, voisine et distincte de la précédente : pourquoi l'intervention est-elle si massivement centrée sur l'individu, alors même qu'il est souvent pris dans des systèmes d'action où s'origine en fait sa conduite ? C'est de ce second réductionnisme dont nous allons maintenant traiter.

3

De l'individu au système d'action

On peut considérer, avec de Rosnay (1975), que l'approche systémique est plus un point de vue et une méthodologie qu'une théorie. Elle consiste à définir l'objet d'étude (ou d'intervention) comme une totalité dynamique constituée d'un ensemble d'éléments en interdépendance. Contrairement à l'approche dite analytique, qui tente d'isoler les éléments pour les étudier dans le détail et comprendre à partir de là les caractéristiques de l'ensemble, le point de vue systémique considère que les propriétés de cet ensemble ne sont pas réductibles à celles de ses éléments. En particulier, la compréhension de l'état du système passe par l'analyse des interactions contemporaines entre ses composantes : ce sont ces relations qui sont « définissantes », et le système est à lui seul sa meilleure explication. Une telle approche serait particulièrement pertinente pour l'analyse des ensembles complexes, où les lois d'additivité des propriétés élémentaires ne jouent plus du fait de la grande diversité des éléments et de leurs interactions.

1. LE FAIT SOCIAL COMME SYSTÈME D'ACTION COLLECTIVE

1.1. GÉNÉRALITÉS

L'idée selon laquelle un fait social est un tout structuré (au sens de cohérent, intelligible) irréductible à la somme des parties qui le composent est ancienne. L'influence de la théorie des systèmes a sans doute permis une mise en forme de ce point de vue, comme en témoigne, par exemple, la définition classique de l'action sociale chez Rocher (1968, p. 68 et s.). L'action sociale présente toutes les caractéristiques et les éléments constitutifs d'un système :

— des unités ou parties ou éléments, et en premier lieu les acteurs individuels, c'est-à-dire les personnes en tant que productrices d'actes sociaux et en tant qu'elles sont en interaction avec d'autres à partir de la position qu'elles occupent dans la collectivité ;
— des facteurs d'organisation et de régulation des activités du système, ceux grâce auxquels les éléments sont liés les uns aux autres, s'agencent pour former l'ensemble. On conviendra qu'ils sont de deux ordres : des structures formelles d'une part (une Agence pour l'emploi, ou une Mission locale sont sensées organiser les relations entre offre et demande d'emploi) et des éléments symboliques d'autre part : les normes et valeurs des acteurs, et, par exemple, les attitudes et stéréotypes que les groupes sociaux véhiculent les uns à l'endroit (ou à l'encontre) des autres ;
— une interdépendance entre les éléments du système. Ce point a souvent été présenté comme essentiel : le comportement d'un élément ne peut se comprendre que par rapport au comportement des autres. Il en découle que l'action sur les éléments pris isolément ne modifie pas (ou peu, ou provisoirement) les propriétés de l'ensemble. En ce sens, agir simultanément sur l'offre et la demande d'emploi (par exemple, former les demandeurs d'emploi et abaisser le coût du travail pour favoriser l'offre) est tout autre chose qu'agir sur la rencontre entre l'offre et la demande, et, par exemple, sur les pratiques de recrutement ;
— enfin, il résulte de l'interdépendance et des facteurs de régulation une sorte d'équilibre du système. Cette analogie avec les systèmes

autorégulés peut paraître un peu déplacée si on l'applique au fonctionnement social. Sauf à préciser, d'une part qu'il s'agit de quasi-équilibres (que les lewiniens, on va le voir, reconnaîtront dans l'inertie des groupes et la résistance au changement), et d'autre part que ce terme d'équilibre n'a rien de normatif : il s'agit de l'équilibre « quel qu'il soit », harmonieux, simplement souhaitable ou franchement négatif ou désagréable. Un système d'action peut trouver son point d'équilibre dans la non-réalisation de ses objectifs, comme lors des blocages bureaucratiques d'une organisation, les embouteillages aux heures de pointe ou la non-insertion de son public par le dispositif du RMI.

Dans le contexte des sciences humaines, et en particulier en psychologie, l'approche systémique insistera donc, tout à fait logiquement, sur l'interaction entre les individus comme réalisant des effets particuliers non prévisibles à partir des identités ou caractéristiques individuelles. Toutefois, l'option systémique ne peut pas se réduire, loin s'en faut, à poser comme variable explicative exclusive les relations entre les personnes, puisque celles-ci prennent place dans un environnement qui est autre chose qu'un simple contexte. Kurt Lewin, d'une part, certains représentants de l'école interactionniste, d'autre part, peuvent être considérés comme des représentants typiques de cette approche.

1.2. DE LEWIN À SHERIF

En 1931, Kurt Lewin (1972) publiait un article consacré au « conflit dans les modes de pensée aristotélicien et galiléen dans la psychologie contemporaine », qui était en fait un plaidoyer pour l'application aux sciences humaines de la théorie de la relativité. Selon ce point de vue, les vecteurs qui déterminent la dynamique d'un phénomène ne peuvent être définis qu'en fonction de la totalité concrète, qui comprend à la fois l'objet et la situation. Ces vecteurs ne dérivent pas des objets isolés mais des interactions de variables dans la situation totale concrète. L'objet d'étude ne peut être appréhendé qu'au travers des relations qu'il entretient avec les autres objets de son environnement ; l'analyse doit s'appliquer à saisir des relations plutôt que des objets, à postuler des liaisons indépendamment des termes reliés. Pour comprendre un équilibre social, on doit considérer le champ social total comme lieu de l'interdépendance généralisée entre individus, groupes, sous-groupes et leur « assise écologique ».

Ainsi l'apport de Lewin n'est-il pas d'abord un complément pour une approche psychologique centrée sur la personne, qu'il viendrait tout au plus complexifier en la contextualisant. C'est plutôt une véritable innovation théorique et méthodologique passant par la définition du fait psychosocial comme système d'action (ou système de tension dans la terminologie lewinienne). Par exemple, le groupe n'est pas un simple contexte ou environnement, facilitateur ou inhibiteur d'un changement dont l'individu resterait l'épicentre. Même si les pratiques postlewiniennes de la « dynamique des groupes » en sont rapidement venues à considérer celui-ci comme un isolat, oubliant les identités et insertions de ses membres, réduisant leurs interactions à de purs rapports intersubjectifs. Cette évolution semble bien peu fidèle aux conceptions de Lewin qui, dès 1946, participait aux « Conférences de Macy » avec l'anthropologue Bateson, le neurophysiologiste McCulloch, le mathématicien Wiener, le sociologue Lazarfield et quelques autres, groupe considéré aujourd'hui comme le fondateur des « théories de la complexité » (voir le n° 47 de *Sciences humaines,* 1995).

Plus proche de notre propos, considérons le point de vue de Lewin sur le rôle de la motivation dans l'explication des conduites humaines. Lewin avait compris que la motivation seule ne suffit pas pour conduire au changement. Une conduite prenant place dans un collectif résulte d'un champ de forces opposées qui s'équilibrent autour d'un point représenté précisément par cette conduite : le *statu quo* n'est donc pas synonyme d'immobilité puisqu'il est le résultat d'une dynamique. Mais cet équilibre quasi stationnaire, en se pérennisant, prend valeur d'une norme de groupe, ou encore d'une habitude sociale : celles-ci constituent alors des forces additionnelles, reposant pour l'essentiel sur le désir des membres du groupe de ne pas s'écarter des normes. Dès lors, augmenter la pression normative sur l'individu peut à la fois faire apparaître des motivations dans le sens désiré, sans pour autant induire de changements au niveau des conduites puisque ces motivations nouvelles, du moins lorsqu'elles s'écartent des normes admises, exposent le sujet à la pression groupale voire au risque d'exclusion. La solution résidait donc, pour Lewin, dans la prise de décision collective, seule à même de déplacer la norme groupale vers un nouveau point d'équilibre jugé plus souhaitable... par l'intervenant bien sûr (lequel est un élément, et non des moindres, du système d'action : l'idée de neutralité de l'animateur est étrangère aux conceptions lewiniennes, où il dit, au contraire, qui il est et dans quel but il intervient).

La « résistance » que les individus ou groupes opposent aux tentatives d'influence dont ils sont l'objet, leur capacité à ne pas mettre en œuvre des conseils ou des recommandations pourtant qualifiées et légitimes à leurs yeux (qu'on pense par exemple à l'expérience de Lewin dans une maternité, où les conseils nutritionnels des pédiatres aux jeunes mères restaient lettre morte) ne s'expliquent donc pas par quelque incapacité ou handicap propre au sujet, ni par une motivation autre ou opposée, mais par le fait que leur conduite actuelle – celle que, justement, on souhaite modifier – résulte d'un point d'équilibre dans le système d'action où ils évoluent. Elle est donc « normale », c'est-à-dire intelligible, dans ce contexte ; quant au principe de cette intelligibilité, il faut le chercher dans les interactions, réelles et symboliques, entre les éléments de ce système d'action plus que dans les caractéristiques internes des individus. Si les travaux les plus connus de Lewin semblent accréditer l'idée que ce système d'action est, de fait, réduit au champ groupal, au point parfois d'oublier les contraintes de l'organisation dont il fait partie, cette réduction ne fait pas partie de son système théorique : les habitudes alimentaires, par exemple, sont référées au rôle de « portier » de la ménagère dans la société américaine, aux habitudes culturelles qui suffisent à rendre compte de l'aversion pour certains aliments, au « canal » suivi par ces aliments avant d'arriver sur la table : la préoccupation de replacer les groupes dans leur assise écologique est donc bien présente, même si, en pratique, l'intervention définira le groupe des ménagères comme cible privilégiée.

De même, si le sujet lewinien semble fréquemment prisonnier des normes groupales, on ne peut pourtant pas en conclure que la présence physique de ce groupe est nécessaire pour que cette pression normative s'exerce. Au contraire, à propos de ses travaux dans une maternité, Lewin remarque (*in* Lévy, 1965, p. 511) que « la plupart des mères ne se connaissaient pas ; elles sont retournées dans leurs fermes qui étaient très éloignées les unes des autres. La plupart n'eurent pas de contacts entre elles pendant les quatre semaines qui suivirent (...) l'efficacité de la décision de groupe ne semblait pas être limitée aux groupes bien constitués ». Au-delà des normes circulant dans les groupes naturels (dits ici bien constitués), c'est donc plus généralement des « habitudes sociales » dans un contexte donné qu'il s'agit. On peut penser que l'utilisation de ce terme vague (p. 515) est justement destinée à porter l'analyse au-delà des normes de groupes *stricto sensu*, jusqu'aux références culturelles des individus, dont l'auteur montre d'ailleurs qu'elles sont fort variables selon les catégories sociales (p. 501).

En fait, le sujet de Lewin semble d'abord prisonnier de ses engagements, comme l'ont bien vu Beauvois et Joule (1981) : qu'il s'agisse de ses engagements antérieurs dans les groupes dont il fait partie ou souhaite faire partie, ou de ses engagements nouveaux scellés, « gelés » par la décision de groupe sous la conduite de l'expert lewinien. La logique de l'intervention de ce dernier semble donc consister à déstabiliser des engagements anciens en y substituant de nouvelles implications par la prise de décision en groupe... ou par la promesse d'un contrôle ultérieur, promesse effectivement tenue pour évaluer les effets de l'intervention.

En résumé, si ni l'intention ni la motivation ne suffisent pour engendrer l'action, c'est que celle-ci dépend d'une décision facilitée ou entravée par d'autres éléments constituant le champ dynamique de la personne. Parmi eux, l'expérience antérieure du sujet (les actions déjà menées, ratées ou réussies), ses relations avec autrui (qui peuvent rendre sa décision plus ou moins conflictuelle), les normes, valeurs, idéologies partagées avec d'autres et qui peuvent être un frein ou un moteur pour l'action envisagée.

Participent aussi à la dynamique du champ, les relations et représentations intergroupes. C'est Sherif (1969) qui fut l'un des tout premiers à concevoir un long programme de recherches sur cette question. Non le Sherif de l'effet autocynétique, qui invoquait à tort des normes de groupe, puisque de groupe « il n'y en avait point », comme le fait justement remarquer de Visscher (1991, p. 102), dans cette situation fortement artificielle de laboratoire, mais le Sherif de la « caverne des voleurs », dont les sujets étaient d'abord membres de collectifs en compétition, au point d'ailleurs de n'être plus que cela. Celui qui émet une proposition que ne renierait pas un théoricien de « l'erreur fondamentale d'attribution » : « Surtout dans des sociétés telles que les États-Unis où l'héritage culturel et intellectuel accentue l'importance des individus... bien souvent nous ne voyons pas que de nombreux contacts entre les individus sont des cas de relations intergroupes... nous ne savons alors que penser des échecs dans la communication, la mauvaise compréhension, l'obstination de certains individus et d'autres événements qui sembleraient incongrus dans les habituelles stratégies d'échange entre les membres d'un même groupe » (1969, p. 16). L'auteur analyse une situation, issue d'une confrontation conflictuelle provoquée entre deux groupes d'adolescents. Si l'hypothèse centrale de ces expériences (des projets incompatibles entre deux groupes induisent préjugés, stéréotypes méprisants, et finalement passage à l'acte) ne nous concerne pas ici directement, deux remarques de Sherif sont plus pertinentes pour notre propos, et d'ailleurs toujours d'une évidente actualité :

— un simple contact, établi entre deux groupes rivaux mais dans le cadre d'activités agréables et récréatives pour tous, ne peut aider à l'apaisement du conflit. Comment mieux démontrer que la distance sociale entre groupes et les comportements hostiles qui l'accompagnent ne sont pas réduits par les seuls contacts ou rencontres entre ces groupes, même si le sens commun semble admettre comme une évidence que « mieux se connaître » est une condition première d'affaiblissement des préjugés[1]. On sait que la démarche de Sherif consistera à démontrer que ce n'est pas la coprésence, ou coaction, qui réduit la distance entre groupes, mais une réelle interdépendance par rapport à des buts communs qu'aucun des groupes ne peut atteindre séparément ;

— l'appel aux valeurs morales (en l'occurrence, le sermon du pasteur sur l'amour fraternel, le pardon aux ennemis et la coopération), bien que reçu avec une « ferveur enthousiaste » par les enfants, qui prenaient même une part active à l'office, n'a aucune incidence sur les passages à l'acte et les violences intergroupes qui reprennent de plus belle à la sortie de la messe... Les membres du groupe n'agissent donc pas conformément à leurs valeurs ou croyances, même quand elles leur sont communes, sans doute parce que ces valeurs ne les engagent pas dans ce type de situation. Sur ce point, on pourrait longuement méditer ces paroles fortes de Sherif (1969, p. 56) : « Des groupes peuvent arriver à un consensus verbal sur des abstractions sans que cela implique une quelconque interaction coopérative entre eux. Des partis en conflit irréductible peuvent atteindre un consensus, par exemple, sur la noblesse de la maternité, la supériorité de la vertu par rapport au péché et de la paix par rapport à la guerre. Un tel consensus ne représente pas un but surpa-ordonné, à moins d'impliquer les participants par l'utilisation mutuelle des efforts et des ressources vers un plan d'action concerté. »

Un individu est un élément de ce système d'interdépendance qu'est le groupe ; quant à ce dernier, on ne peut analyser ses comportements ou productions qu'en incluant dans l'analyse la présence d'autres

1. Cette « hypothèse du contact », issue de ce même sens commun, sort manifestement bien affaiblie des recherches dont elle fait toujours l'objet. Pour une revue, voir Corneille, 1995.

groupes et le type de relation entretenu avec eux. Lewin et Sherif nous décrivent des individus pris dans des systèmes d'action qui sont en fait la meilleure variable explicative de leurs conduites, même si cet ancrage collectif n'apparaît pas à l'observateur, culturellement focalisé sur l'individu autonome : « l'erreur fondamentale » n'est pas loin, nous y reviendrons bientôt.

Observons également que ces deux fondateurs de la psychologie sociale moderne, conformément au souci de résolution des conflits sociaux qui caractérise cette discipline à cette époque, tentent autant de modifier des comportements individuels ou collectifs que de les expliquer (ce qui d'ailleurs va de pair pour Lewin, puisque rien n'est plus pratique qu'une bonne théorie). Or, pour l'un comme pour l'autre, le lieu exclusif de l'intervention est la relation, l'interaction entre les individus ou les groupes, que Lewin estime à la fois la plus efficace et de loin la plus économique : « L'on s'attendrait peut-être à ce que des individus isolés soient plus malléables que des groupes composés d'individus pensant de la même façon. Toutefois, les expériences sur des problèmes de formation au commandement (...) de production, de criminalité, d'alcoolisme, de préjugés, indiquent toutes qu'il est plus facile de changer des individus constitués en groupes que de changer chacun d'eux pris séparément » (*in* Lévy, 1965, p. 516). Quelques lignes plus haut, l'auteur notait que l'aversion pour la consommation des abats de bœuf relèverait d'un traitement psychanalytique, et qu'il ne disposait que de quarante-cinq minutes...

Autant un système d'action se caractérise d'abord par l'interdépendance entre les membres, autant une stratégie de changement doit poser cette interdépendance comme cible première de l'intervention. Mises à part quelques timides applications du côté du travail social de groupe (de Robertis, 1981), on peut considérer que ce point de vue est pratiquement resté lettre morte, du moins en France, dans le champ de l'intervention sociale[1]. Destin d'autant plus curieux que Lewin est pour beaucoup dans la naissance de la profession de « social worker »...

Si Lewin et Sherif ne théorisent pas leur modèle en termes de système d'action, ce sera, par contre, le cas de deux figures de l'interactionnisme symbolique, Becker et Goffman. La plupart de leurs travaux concernant la déviance, ou plutôt les activités non conventionnelles – le terme de déviance étant lui-même problématique, ces travaux concernent en fait d'assez près les mécanismes de l'exclusion.

1. Il a, par contre, connu plus de succès dans le champ de la thérapie, notamment autour de l'École dite de « Palo Alto ». Voir Marc & Picard, 1984, 1989.

Dans la traduction française de son ouvrage principal, Becker (1985) consacre un chapitre nouveau à la définition théorique de la déviance et aux controverses que soulève l'approche interactionniste.

1.3. L'APPROCHE INTERACTIONNISTE DE LA DÉVIANCE

Selon ce point de vue, la définition de la déviance en termes d'action collective exige de considérer toutes les personnes impliquées dans un épisode de déviance présumée et leurs interactions. Toutes les parties en présence sont des objets qu'il convient d'étudier. La déviance est donc définie dans et par l'interaction d'un grand nombre d'acteurs : le déviant présumé, les réactions du groupe, les institutions législatives et judiciaires, les « entrepreneurs de morale » qui tentent de promouvoir, parfois avec succès, de nouveaux étiquetages. Bien entendu, il n'est nul besoin de postuler que ces multiples acteurs « coopèrent » explicitement et en face-à-face : plus simplement, on admet qu'ils ajustent leur conduite à ce qu'ils pensent être la conduite, passée, présente ou à venir des autres. De même, les acteurs n'ont pas nécessairement une conscience claire de ce qui résultera de cette coopération : non seulement parce qu'aucun ne peut, à lui seul, procéder à cette « assignation à des catégories », mais encore parce que le résultat final peut être inattendu ou désagréable pour certains. Par exemple, la carrière du malade mental de Goffman (1968) passe par la « coopération » d'un plaignant, d'un proche parent et de divers intermédiaires médicaux ou non, mais tous ne visent pas nécessairement le même objectif et aucun ne souhaite un internement qui peut durer des dizaines d'années.

Si l'approche interactionniste peut être taxée, de l'aveu même de Becker (1985), de subversive, c'est essentiellement du fait du doute qu'elle introduit à propos des mécanismes d'étiquetage, et pas seulement parce qu'elle s'intéresse « autant aux accusateurs qu'aux accusés ». De fait, la plupart des acteurs, sinon tous, doutent très souvent de ce qui est déviant et de ce qui ne l'est pas, puisque la déviance n'est pas une caractéristique de l'acte lui-même ; dans beaucoup de cas, les déviants présumés eux-mêmes font ce qu'ils font pour des raisons tout à fait identiques à celles qui motivent des activités plus ordinaires... Au fond, la seule propriété commune à tous les actes déviants est d'être étiquetés comme tels : l'analyse s'épuiserait (et s'épuise le plus souvent) dans la recherche de facteurs, psychologiques ou sociologiques, qui feraient de la déviance une catégorie homogène. Becker ajoute d'ail-

rité des cas, bien avant l'accession au stade final. Le fait d'avoir satisfait aux conditions requises pour accéder à un stade n'implique nullement qu'on accèdera au stade suivant. L'ensemble des carrières (par exemple, celle des fumeurs de marijuana, pour Becker) peut être représenté par une pyramide plus ou moins aplatie, mais de toute façon avec infiniment plus de sujets à la base qu'au sommet. Les sorties sont d'autant plus nombreuses qu'on est encore proche de la base, c'est-à-dire que la probabilité de devenir un « vrai » toxicomane est très faible en début de carrière. Inversement, la carrière est d'autant plus irréversible qu'elle se poursuit. Becker remarque qu'on en apprendrait sans doute plus sur la déviance en étudiant plus précisément ces sorties « prématurées », qui sont la règle et non l'exception, au lieu de se focaliser sur le stade final en postulant que la population qui y accède est prototypique de la population de départ, ce qui est généralement faux. On verra que cette remarque prend tout son sens par rapport à la dialectique insertion/exclusion professionnelles.

4 / Enfin, des points 2 et 3 ci-dessus, il découle qu'une cause pertinente à une étape de la carrière peut ne plus avoir aucune pertinence pour la suite. De ce point de vue, il est donc abusif de faire d'une éventuelle cause originelle (par exemple, le handicap, ou l'absence de qualification) l'explication suffisante de la carrière du handicapé ou du chômeur de longue durée. On peut en effet questionner ce déterminisme sommaire, et se demander en quoi un passé parfois bien ancien rend compte du présent. On peut, par contre, avoir une lecture inversée de cette pseudo-explication, à la manière de Goffman dans *Asiles* (1968) : sous le terme d'illusion rétrospective, il explique comment, le patient étant admis à l'hôpital psychiatrique, parents et personnels auront besoin de toute une argumentation pour justifier les épreuves qui vont lui être imposées. Par exemple, les médecins eux-mêmes ont besoin d'être certains qu'ils font effectivement leur métier. Il y aura donc une reconstitution de la biographie de la personne qui, par la recherche de « preuves » anciennes ou par réinterprétation du présent à la « lumière » de ce passé, situe la genèse de la maladie dans l'histoire de la personne et confirme qu'elle devait bien être internée. Goffman ajoute que le patient, s'il veut donner un sens à son séjour à l'hôpital, admettra généralement cette reconstruction psychiatrique de son passé.

Les causes anciennes peuvent donc être convoquées aussi pour justifier le présent. Les interactionnistes soutiennent une telle hypothèse dans des secteurs, comme la déviance ou la maladie mentale, où le postulat de la détermination par l'histoire est sans doute des plus solidement ancré : mais leur position a une portée beaucoup plus générale, rien ne condamne *a priori* le point de vue interactionniste à être cantonné à l'approche de la déviance. Essayons de rassembler quelques-uns de ses apports possibles à la question de l'insertion professionnelle.

2. INSERTION ET EXCLUSION PROFESSIONNELLES COMME SYSTÈMES D'ACTION COLLECTIVE

Toute approche en termes de système d'action procède nécessairement à une délimitation arbitraire de son objet, puisque tout système est, en droit, un sous-ensemble d'un système plus vaste. C'est souvent dans un souci de simplification et d'efficacité que cette réduction arbitraire s'opère, et d'abord en désignant les éléments les plus importants de cet ensemble. En l'occurrence, on admettra que les acteurs principaux de ce système sont les bénéficiaires des dispositifs d'insertion, les professionnels de l'insertion et les employeurs. C'est donc dans les interactions entre ces trois instances que résident les propriétés de cet ensemble particulier.

2.1. IL N'Y A PAS DE CAUSE ULTIME MAIS UNE CARRIÈRE

Il n'y a pas grand intérêt à invoquer rituellement quelque grande cause générale aux problèmes actuels de l'insertion professionnelle des publics précaires. Certes, on a amplement souligné combien l'école, dans notre pays, était assez largement réfractaire à la pédagogie de l'alternance, laquelle semble pourtant faciliter la socialisation professionnelle : mais ce phénomène est fort ancien, alors que les difficultés d'insertion sont, elles, beaucoup plus récentes. De même, une proportion importante d'adolescents quitte l'école sans qualification, ce qui complique, à l'évidence, leur insertion sur le marché du travail : mais cette proportion a diminué de prés de moitié depuis le début des années 1980, sans que ces progrès incontestables aient eu une incidence visible sur le phénomène. Ce dernier point est d'ailleurs particulièrement illustratif de ces pseudo-explications : on ne peut pas poser le manque de qualification comme cause majeure de la non-insertion professionnelle, puisque les emplois sans qualification particulière représentent encore au moins 25 % du total en 2000 (Ferréol, 1992, p. 408) selon une projection raisonnable. Laquelle est probablement une sous-estimation, puisque l'emploi non qualifié a augmenté en moyenne deux fois plus vite que l'ensemble des emplois[1] depuis 1994, pour représenter 3,4 millions de postes en mars 2000, hors agriculture, services domestiques, apprentissage, stages et contrats aidés. Liée, semble-t-il, à la baisse du coût du travail sur ces emplois, cette réalité permet d'apprécier à leur juste valeur les discours redondants sur la modernisation des entreprises et la disparition de l'emploi non qualifié.

On n'examinera pas davantage les discours non moins redondants sur la « crise » économique, sauf à constater avec quelle facilité ils se transforment en leur contraire en peu de temps. D'une manière générale, cette invocation incantatoire de quelque grande cause hors de portée semble plutôt traduire les sentiments d'impuissance ou de non-contrôle des acteurs vis-à-vis de la situation qu'ils vivent.

Pas plus qu'il n'y a de grande cause, les exclus de l'emploi ne constituent pas non plus une population homogène sur le plan de leur profil, de leur histoire, de leurs caractéristiques psychologiques. Pour paraphraser Becker, leur seule caractéristique commune est d'être privés d'emploi ; cette dernière proposition représente d'abord une posture méthodologique qui a le double avantage de désigner une priorité d'intervention tout en évitant la recherche épuisante de caractéristiques autres, qui aboutit pour le mieux à des typologies sans cesse remaniées et sans grand intérêt pour l'action. Bien sûr, la désaffiliation ou la rupture du lien social qu'évoquent les sociologues semble être l'une de ces caractéristiques autres, sans doute autant effet que cause. Dans une perspective d'intervention, l'accès à cette variable est pour le moins problématique : au mieux peut-on en conclure qu'une méthodologie d'insertion qui crée ou recrée du lien social n'en est que plus pertinente, et en tout cas cohérente avec ce que l'on sait de l'état actuel du problème.

S'il n'y a pas de cause ultime à la non-insertion professionnelle, on peut par contre remarquer que ce processus tend à se constituer en carrière. Quelques chiffres récents confirment la possibilité d'une telle lecture :

— si l'on observe ce que les statisticiens nomment les FPE (formes particulières d'emploi : contrats courts, intérim, apprentissage, tra-

1. DARES, *Premières synthèses*, n° 51.1, décembre 2000.

vail saisonnier, stages), on note que ces FPE, en début de vie active, peuvent correspondre à une modalité d'insertion, en offrant la possibilité de passer du marché secondaire (celui des emplois instables) au marché primaire (celui des emplois stables) pour près du quart des 15-29 ans ; par contre, cette proportion est beaucoup plus faible pour les plus de 30 ans (1). Ce qui signifie que chez les plus jeunes, ces emplois précaires ne préfigurent pas nécessairement une carrière de précarité, mais que cette probabilité augmente par la suite ;

— on observe en effet une tendance lourde selon laquelle les emplois précaires débouchent quatre fois plus souvent sur d'autres emplois précaires (61 % des cas) que vers l'emploi stable (15 %)[1]. Plus généralement, des études réalisées par le Centre d'études de l'emploi montrent que les chômeurs qui retrouvent un emploi ont fortement tendance à retrouver le statut qu'ils occupaient avant la période de chômage[2], contrat court ou stable, temps partiel ou temps complet. Les auteurs concluent que l'emploi précaire fonctionne comme un véritable piège à précarité, et posent comme hypothèse l'effet de stigmatisation induit par la précarité ;

— quant au chômage de longue durée – une étape avancée de la carrière – il a en effet tendance à se constituer en noyau dur particulièrement résistant : en janvier 1999, près de 70 % des personnes qui étaient au chômage un an plus tôt le sont encore à cette date. Toutefois, le chômage de longue durée a baissé de 25 % entre novembre 1999 et novembre 2000, et donc beaucoup plus vite que l'ensemble du chômage (– 15 %)[3], ce qui tend à montrer que le processus n'est pas irréversible. Il reste qu'un chômeur de moins d'un an d'ancienneté a toujours deux fois plus de chances de retrouver un emploi qu'un chômeur de plus de trois ans d'ancienneté, et que l'amélioration relative de la situation des chômeurs de longue durée n'est pas un effet d'une moindre sélectivité des embauches mais résulte de programmes spécifiques – en particulier au niveau européen – mis en place à leur intention[4].

Dans leur globalité, les études de plus en plus fréquentes de suivis de cohortes indiquent donc une nette tendance à la reproduction et consolidation des statuts face à l'emploi (quels qu'ils soient), cette tendance

1. « Regards Île-de-France », INSEE, Île-de-France, mars 2001.
2. Lettre du CEE, mai 1999.
3. DARES, *Premières synthèses*, n° 51.1, décembre 2000.
4. *Liaisons sociales*, 25 janvier 2001, p. 5.

étant la plus faible chez les personnes les plus jeunes et la plus marquée chez les chômeurs de longue durée les plus âgés. Inversement, cette tendance « naturelle » qui semble liée à diverses formes de stigmatisation des publics en cause n'est pas pour autant hors de portée des agents d'insertion puisque des mesures spécifiques parviennent à produire en partie des résultats qui vont dans le sens des effets attendus. Ce qui laisse penser que l'hypothèse de la stigmatisation est peut-être insuffisante pour rendre compte des trajectoires de certains exclus de l'emploi : si des programmes spécifiques parviennent à contrarier l'installation durable dans le chômage, c'est peut-être aussi parce que l'institution ANPE propose à ces personnes des réponses auxquelles elles n'avaient pas accès jusque-là. En d'autres termes, la stigmatisation et la discrimination à l'embauche sont bien des réalités, on y reviendra ; la volonté des intermédiaires du marché du travail de contrarier ces phénomènes par des stratégies ciblées est une autre chose, qui semble bien fluctuer au gré des politiques et des mesures.

2.2. RELATIONS ENTRE ACTEURS : LE RENONCEMENT COMME POINT D'ÉQUIBLIBRE

Il faut insérer l'insertion, disait Noël (1991). Ceux qui connaissent tant soit peu ce secteur professionnel savent que cette remarque est toujours d'actualité. En substance, elle signifie que les interactions fonctionnelles entre les dispositifs d'insertion et le monde économique, le monde de l'entreprise plus particulièrement, sont pour le moins peu développées. Si on analysait le poste de travail des agents d'insertion, en moyenne bien sûr, il apparaîtrait très probablement que le temps passé en relations directes avec l'entreprise est sans commune mesure avec celui passé à accueillir, conseiller, diagnostiquer les bénéficiaires[1]. Encore faudrait-il faire la part des interactions réellement orientées vers l'insertion professionnelle dans l'ensemble de ces relations avec les entreprises :

— certes, les dispositifs de formation incluent toujours, à des titres divers, mais *a fortiori* s'il s'agit de formations qualifiantes, des « périodes en entreprise ». Ils ont donc le plus souvent construit un

1. À vrai dire, nous ne connaissons pas de recherche sur ce point. Elle serait très instructive.

réseau de relations avec les entreprises locales, encore que le bénéficiaire soit très fréquemment incité à trouver lui-même son lieu de stage. Quoi qu'il en soit, et mis à part les formations en alternance, on ne peut pas prétendre que la « stagiarisation » soit une stratégie pertinente en vue de l'insertion professionnelle. La place de ce type de stagiaire dans une organisation de travail représente une position périphérique, non investie, voire dévalorisée. De plus, les « effets d'aubaine » constitués par l'utilisation de cette main-d'œuvre à bon marché, voire gratuite, induisent des logiques globalement contradictoires avec l'objectif d'insertion durable. C'est en partie ce phénomène qui a conduit à l'abandon des Travaux d'utilité collective et des Stages d'initiation à la vie professionnelle, en 1990 et 1992 respectivement ;

— de plus, quelle est la logique qui sous-tend le recours à l'entreprise de la part des dispositifs d'insertion ? Wuhl (1997) note que le modèle de la coopération, qui recherche de nouvelles formes d'articulation entre processus d'insertion et développement « qualifiant » des entreprises en recherche de main-d'œuvre, reste largement minoritaire. Ce modèle opère un renversement par rapport à la logique habituelle d'adaptation de la personne aux structures économiques existantes : il part des problèmes que connaît l'entreprise, – définition des qualifications requises, problèmes de gestion des personnels sans qualification – pour greffer des opérations d'insertion en liaison avec des besoins de main-d'œuvre ainsi mis en évidence. Toutefois, cette stratégie suppose la construction d'une médiation entre la sphère de l'insertion et le milieu de l'entreprise qui repose sur une bonne compétence en matière d'analyse du travail et de l'organisation. Par contraste, le recours le plus fréquent à l'entreprise consiste à l'utiliser comme lieu d'accueil pour améliorer – pense-t-on – l'employabilité des personnes. Ce qui sous-entend non seulement que l'entreprise n'a pas de besoins actuels, mais aussi que les profils des éventuels emplois sont donnés, connus, alors même qu'il est sans doute plus raisonnable de penser qu'ils sont en reconstruction permanente. C'est bien le paradoxe majeur d'une telle position : à première vue, travailler à l'employabilité des personnes semble aller au-devant des besoins des entreprises. Mais ce n'est pas de stagiaires dont les entreprises ont besoin, et la stratégie de stagiarisation a pour caractéristique première de renvoyer à plus tard l'accès à l'emploi, sans amorcer pour autant l'examen des problèmes majeurs que rencontrent les entreprises pour le recrutement et la gestion des personnels de première qualification : *turn-over* élevé, absentéisme, faiblesse de l'engagement et de l'implication au travail. Puisqu'on a de bonnes raisons de penser que ces phénomènes sont justement une des origines du processus d'exclusion professionnelle, il semble évident qu'une réelle stratégie d'insertion passe par la construction, avec et dans l'entreprise, de réponses nouvelles à ces questions. Inversement, une stratégie de pure adaptation aux besoins (supposés et futurs) des entreprises laisse intact l'un des processus majeurs de l'exclusion professionnelle.

Tout se passe en fait comme si l'insertion professionnelle n'était pas l'objectif des dispositifs. Ce que souligne sans détours l'ancien rapporteur de la commission nationale d'évaluation du RMI (Sauvage, 1997) : compte tenu de la faiblesse de l'intervention des professionnels de l'emploi dans ce dispositif, et de l'absence de nouveaux professionnels qualifiés pour une prise en charge réelle de l'objectif d'insertion, « très rapidement un gauchissement est intervenu, et, chacun reprenant ses vieux réflexes, l'insertion s'est trouvée réduite à une action sociale *new-look*... On a tué la notion d'insertion. Avant de condamner trop vite ce concept, on n'aura donc garde d'oublier qu'il n'a jamais été vraiment mis en œuvre sérieusement » (*in* Damon, 1998, p. 44).

S'il paraît difficile de penser une stratégie d'insertion qui n'inclue pas des rapports étroits avec les partenaires économiques, alors il faut bien en conclure que les dispositifs actuels sont gravement déficitaires sur ce point. Par contre, ils semblent avoir pleinement atteint leur objectif de repérage des publics connaissant des difficultés majeures d'insertion. Dès les premières années du RMI, tous les observateurs ont noté combien ce dispositif avait permis de rencontrer des personnes ou des familles jusque-là peu ou pas connues des services sociaux. De même, la pertinence de structures telles que les PAIO ou Missions locales pour les jeunes en transition ou insertion professionnelles difficiles ne s'est pas démentie depuis leur création. Ce n'est donc pas le « recrutement » de leur public-cible qui fait défaut aux dispositifs d'insertion, mais leur fonction de médiation, de trait d'union entre ces publics et le monde de l'entreprise ou de l'activité économique, plus généralement. Il n'est pas exclu que ce qu'il faut bien appeler un échec soit en partie lié à une professionnalité peu pertinente des agents d'insertion : issus pour la plupart du secteur du travail social, de l'animation, de la formation, leur identité première comme leur habitus professionnel ne concernent pas particulièrement les relations professionnelles, les organisations de travail, le recrutement, la gestion des ressources humaines. Sauvage

(1997) note à ce propos une forte incohérence des politiques publiques : alors qu'une entreprise qui lance un nouveau produit embauche et forme de nouvelles équipes de professionnels, rien de tel ne s'est passé lorsque la loi créant le RMI a été votée, « comme si par magie allaient jaillir dans le pays des milliers de professionnels pour la mettre en œuvre » (*in* Damon, 1998, p. 44). On reviendra sur ce point important dans le chapitre suivant.

2.3. INTERACTIONS SYMBOLIQUES : DES REPRÉSENTATIONS INVALIDANTES ?

Nous avons déjà évoqué au premier chapitre le poids des représentations quasi psychiatriques des exclus, du moins s'agissant de chômeurs « adultes », qui conduit à focaliser l'attention et l'intervention sur les « déficits » des personnes, selon un modèle thérapeutique. Ce point de vue est nettement affirmé chez un sociologue comme Mauger (2001) : « La réorganisation du traitement social du non-emploi autour d'une perspective de réadaptation bouleverse la figure du sans-emploi : il n'est plus un inactif, situé aux marges de l'emploi, mais un inadapté, voire un handicapé social. Le manque de qualification, les difficultés d'insertion... sont identifiés à des incapacités, des inaptitudes... associant le sans-emploi à un "anormal" dont l'accès ou le retour à l'emploi nécessitent un travail plus ou moins long de réadaptation sociale et professionnelle. Les sans-emploi sont alors perçus comme la cause de leur chômage, leur "inemployabilité" comme la cause de leur non-emploi » (p. 11).

Si ce point de vue est quelque peu fondé, on peut penser que les conseillers opérateurs de bilans de compétences orienteront plus leur attention et leurs investigations sur le pôle de la biographie et de la personnalité que sur le pôle de l'environnement professionnel. C'est l'hypothèse que fait Dagot (1999), qui présente un cas fictif de chômeur à un échantillon de professionnels du bilan ($n = 110$). Par pré-enquête et examen préalable de la littérature, on observe que les préconisations de ces professionnels oscillent entre le pôle « connaissance de l'environnement socioéconomique » (enquête sur le terrain auprès de professionnels ; recherche documentaire sur les métiers et les professions...) et le pôle « connaissance de soi » (travail sur l'histoire de vie, investigation de la personnalité). L'auteur construit un indicateur, validé par un groupe de juges permettant de situer la position de chaque conseiller de bilan entre ces deux pôles. Par construction, il s'agit en fait d'une note entre 220 et 385, le score étant d'autant plus élevé qu'on accorde de l'importance au travail sur la personnalité. L'utilisation d'un tel outil confirme bien que les préoccupations des conseillers concernent très majoritairement le pôle « connaissance de soi », les deux tiers d'entre eux se situant sur ce pôle pour un score moyen de l'ensemble du groupe de 340. Ce résultat est d'autant plus remarquable que le cas fictif soumis aux sujets est celui d'un chômeur de six mois d'ancienneté, âgé de 34 ans, qualifié (BEP ou DUT) et qui a connu une vie professionnelle faite d' « expériences dans l'ensemble largement positives ». Autrement dit, tout était fait dans ces protocoles pour éviter d'induire l'image de l'échec récurrent et précoce et les attributions internes qu'amorce souvent cette image. Malgré ces précautions, c'est à nouveau un modèle thérapeutique qui domine. Il est sans doute insuffisant d'invoquer l'origine disciplinaire des conseillers de bilans (c'est-à-dire la psychologie pour la plupart d'entre eux), puisqu'on sait que cette attitude prévaut bien au-delà de ce groupe professionnel. Toutefois, il est incontestable que les psychologues sont pour quelque chose dans cette dérive, en préconisant une formation des conseillers de bilan essentiellement articulée autour des compétences cliniques (Castra, 1996*b*). On notera, par contre, que ces conseillers partagent cette option « thérapeutique » avec les agents d'insertion et les travailleurs sociaux dont nous avons rapidement évoqué les représentations étiologiques au premier chapitre. Ces représentations invalidantes, en forme de handicapologie, semblent donc faire l'objet d'un consensus assez large dans la sphère de l'insertion, voire au-delà. La question reste posée de savoir si ce consensus n'est pas lui-même excluant, non en ce qu'il initie l'exclusion professionnelle mais en ce qu'il la naturalise par attribution interne.

Nous avons déjà évoqué le fait que l'image du jeune en difficulté d'insertion semblait plus proche de l'enfant immature que du malade. Pour autant, cette représentation a toutes les chances d'être aussi invalidante que la précédente puisqu'elle semble orienter l'activité des conseillers des Missions locales vers des formes d'intervention massivement centrées sur l'écoute, l'éducation, les apprentissages ou réapprentissages sociaux posés comme fondamentaux : élaborer des projets réalistes (et non « être prêt à faire n'importe quoi », ce qui est irresponsable) ; apprendre à gérer son temps, à être sérieux, présentable... ; être assidu ; et, bien sûr, devenir responsable et autonome (Jellab, 1997, p. 195-196). Il s'agit donc pour une part de combler des lacunes éducatives dans le cadre d'une mission d'éducation permanente qui viendrait pallier le « laxisme parental » (p. 194). Travail de longue haleine, possiblement contradictoire avec l'objectif d'insertion professionnelle puisqu'il passe aussi par l'apprentissage de contraintes internes à la Mission locale, au risque parfois consommé d'une acculturation durable.

Toutefois, la littérature spécialisée fait le constat récurrent que les publics-cibles des dispositifs, loin de rester passifs dans ce contexte d'imposition de normes, développent en fait de nombreuses stratégies d'évitement ou de résistance. Jellab (*op. cit.,* p. 197) observe que les plus jeunes des clients des missions locales fonctionnent fréquemment sur une logique de la confrontation ou du retrait et expriment explicitement réticence et scepticisme quant à l'efficacité des apprentissages et démarches conseillés et au respect des préceptes moraux évoqués ci-dessus. D'autres, plus âgés, s'en tiennent à une utilisation purement instrumentale de la Mission locale, un lieu parmi d'autres qui peut « dépanner », sachant que le trajet d'insertion se joue en dehors de cette institution. Dans le même ordre d'idée, Messu (1991) propose une typologie des usagers des services sociaux construite après un suivi de plusieurs années de familles vivant exclusivement de prestations sociales (il s'agit donc ici d'une population véritablement assistée plus qu'aidée ou accompagnée). Les sujets rejettent massivement l'étiquette de « cas social » explicitement attribuée par les services d'assistance. Au-delà de ce refus se dessine une trilogie renvoyant à des positionnements, tant fonctionnels que moraux, bien distincts : à côté des « ayants droit » ou assistés professionnels, globalement satisfaits des services sociaux avec lesquels ils ont des échanges intenses, les assistés « honteux » ou « scrupuleux », au-delà de leurs différences, critiquent le caractère pernicieux de l'assistance, vivent un conflit de valeurs (concernant en particulier le travail) et entretiennent un rapport hésitant, ambivalent ou négatif avec les travailleurs sociaux. Ces divers travaux, qui ont en commun de dégager des typologies des stratégies d'utilisation des services sociaux, rompent avec les approches sociopolitiques qui réduisent l'assisté au rang d'être passif, victime, objet ou jouet des institutions sociales. Ils attestent en particulier de capacités de résistance, de refus ou d'adaptation secondaire généralement insoupçonnés ou minimisés. Ils indiquent de plus que ces résistances ne concernent pas tellement l'aide ou le soutien en tant que tels, mais les valeurs et représentations péjoratives, disqualifiantes, que les sujets associent à tort ou à raison aux logiques d'assistance.

On sait que la réponse la plus fréquente des agents d'insertion aux difficultés des personnes est une réponse en termes de formation. Il n'est donc pas inutile de connaître le sens, la signification que les formateurs attribuent à la formation, la représentation qu'ils en ont. C'est l'objet de l'étude de Monteil et Mailhot (1988) auprès de 168 formateurs issus de 30 organismes de formation différents. La recherche combine la technique des associations de mots au concept inducteur de « formation » et des échelles d'attitudes. Diverses analyses factorielles se proposent de dégager le champ et la structure de la représentation.

Le premier résultat de ces analyses indique que la formation est d'abord opposée au chômage, cette opposition structurant fortement le champ. Mais une lecture plus approfondie montre que la formation est associée à l'échange, la communication, la relation, le chômage étant donc défini, par opposition, en termes de privation socio-affective. Le constat de cette opposition ne permet pas, bien sûr, d'accéder directement à la signification globale : en particulier, on ne sait pas si la formation est considérée comme une lutte ou une prévention contre le chômage, ou comme un recours plus « curatif » contre l'isolement et la rupture des échanges et communications résultant de la situation de chômage. Quoi qu'il en soit, le rapprochement est évident avec ce que nous avons dit de la tendance des formateurs à se centrer sur le groupe et les relations interpersonnelles... D'autant qu'une seconde opposition structure les données : d'un côté l'école, la connaissance, le savoir, de l'autre l'entreprise, le travail, le savoir-faire. La connaissance aurait donc un statut abstrait, opposé à la dimension procédurale des compétences. Ce qui revient à dénier un rôle formateur à l'école, aussi bien qu'un rôle de transmission des savoirs à l'entreprise. Enfin, les valeurs relationnelles (échange, communication) sont opposées aux valeurs de savoir et de savoir-faire (apprentissage, étude, compétence), renvoyant à la distinction basique entre les processus centrés sur le groupe et ceux centrés sur la tâche.

D'une manière générale, le bloc des items socioprofessionnels (entreprise, emploi, profession, travail) est doté d'un statut singulier dans l'univers de représentation des formateurs. Il est à part, opposé à l'école qui fonctionne comme le tout premier univers de référence. Il est remarquable que cette structure de base persiste quelle que soit l'origine des formateurs (scientifique *vs* littéraire et sciences humaines) ou leur secteur d'intervention (technologique et industriel *vs* socioéducatif, sanitaire et social), exceptées quelques différences secondaires. L'étude des attitudes, abordées à l'aide d'outils du type différenciateur sémantique, montre que les concepts : étude, éducation, entreprise, travail, chômage se projettent en direction des pôles difficile et contraignant. Inversement, les concepts échange, communication, connaissance sont associés à la facilité et à la souplesse. Ce type d'organisation situe les valeurs de communication du côté de la liberté et les valeurs d'apprentissage du côté de la contrainte.

Il est frappant de constater comment, pour les formateurs, la formation est plus opposée au chômage qu'associée à l'emploi et au travail, et comment le chômage est plus privation socio-affective qu'absence de travail. Le chômage est associé à la rupture du lien social, conformément aux analyses sociologiques dominantes qui semblent ici particulièrement intégrées. Pour autant, le travail n'en est pas l'antidote puisque c'est à la formation que sont associées la communication et la relation... On est tenté de dire que la formation aurait elle aussi une fonction thérapeutique (et plus exactement sociothérapeutique) de réparation des drames et des outrages socio-affectifs liés à la situation de chômage, réparation que le travail par lui-même ne semble pas en mesure d'assurer. Au point que l'on peut se demander si, dans cette représentation, cette privation socio-affective n'est pas plus la cause que l'effet du chômage. Une telle étude ne permet pas bien sûr de raisonner sur des liaisons causales. Mais elle permet de mieux comprendre comment, à côté des finalités explicites de la formation (l'insertion ou réinsertion professionnelle), fonctionnent de fait des modèles implicites qui en sont bien éloignés, voire qui s'y opposent : pour le moins, l'articulation formation-emploi est loin d'être spontanée chez les professionnels de l'insertion... On comprend d'autant mieux la contre-finalité dans laquelle se sont engagées les politiques d'insertion depuis 1980, avec leur insistance incantatoire sur la formation ou la reformation comme préalable obligé à tout itinéraire d'insertion. Enfin, on comprend d'autant mieux que si l'on a facilement retenu du rapport Schwartz (1981) son insistance sur la formation, on a par contre oublié qu'il s'agissait de la formation en alternance... laquelle, manifestement, n'a pas grande place dans cette représentation puisqu'elle prétend associer deux mondes étrangers et opposés.

2.4. DES ENTREPRENEURS DE MORALE ?

Il faudrait logiquement laisser aux sociologues, historiens et autres économistes le soin d'instruire ce paragraphe. Au moins peut-on constater ici que le flou même de la notion d'insertion, des pratiques mises en œuvre, des résultats attendus et des professionnalités requises permettent de comprendre les luttes incessantes pour la promotion de nouvelles mesures et politiques, sinon de distinguer plusieurs « âges » de l'insertion, comme le fait Mauger (2001). De ce point de vue, l'insistance sur le « tout formation » dès les années 1980 est cohérente avec les idéaux du monde socioéducatif en termes de remédiation de l'échec et de l'exclusion scolaires par « encore plus » d'école. Sans oublier, bien sûr, que cette politique a rapidement abouti à un immense marché de la formation qui pèse sur les choix locaux et qui aurait plutôt tendance, comme tout marché, à fidéliser et étendre sa clientèle. « Dans le contexte de l'époque, où domine le discours optimiste sur les nouvelles technologies et les révolutions dont elles sont porteuses, l'objectif est essentiellement celui de l'accès à l'emploi par l'acquisition de qualification... le sentiment est qu'on vit une époque de transition et qu'il faut préparer l'avenir en qualifiant la main-d'œuvre » (Autes, 1999, p. 126-127).

Pourtant, un modèle alternatif concurrence le précédent. Pratiquement contemporain du premier, mais renforcé et institutionnalisé par la loi sur le RMI, il s'agit de l' « insertion par l'économique ». Ici, la mise au travail, et donc la logique économique, prévalent sur la logique éducative antérieure. Pour Mauger (*op. cit.,* p. 7), cette logique économique conduit d'abord à distinguer les chômeurs selon leur employabilité (et non plus selon l'adéquation entre leurs compétences acquises et les compétences requises) et à réserver aux inemployables diverses formes de contrats aidés ou protégés, y compris au sein d' « entreprises alternatives » comme les entreprises d'insertion et les associations intermédiaires. L'option de l'insertion par l'économique est en fait ancienne, initiée par des travailleurs sociaux qui ont créé des unités de production à vocation économique mais adaptées aux caractéristiques de leur public. Ces pionniers ont été rejoints par des syndicalistes concernés par des licenciements collectifs, des associations d'aide aux chômeurs, des cadres licenciés, pour constituer cette nouvelle catégorie professionnelle des « entrepreneurs sociaux » (Autes, *op. cit.,* p. 170). Le modèle d'intervention est centré sur la mise en situation de travail, certes protégé ou dérogatoire par rapport au secteur marchand, mais pourtant conçu comme un « sas », une modalité de passage à (ou de retour vers) l'emploi normal (occurrence rare, en fait : pour une évaluation, voir Damon, 1998, p. 46-50). On notera, pour notre part, qu'il s'agit bien d'une stratégie alternative à la précédente, qui mise sur l'obtention de conduites nouvelles et l'accession directe à un statut de salarié – fût-il d'exception et d'ailleurs provisoire. Les vives critiques et mises en causes adressées aux divers programmes et dispositifs d'insertion ont relativement épargné l'insertion par l'économique, sans doute du fait de son faible poids dans les budgets plus que du fait de son efficacité : « Le passage par une entreprise d'insertion serait un handicap pour l'intégration en secteur ordinaire. On a ici le contre-effet de mesures uniquement réservées à des publics dits "en difficulté". Ainsi, en accordant des aides limitées dans le temps aux structures d'insertion uniquement en fonction des publics accueillis, on dénature leur projet initial. Alors que les acteurs voulaient sortir de l'action sociale en investissant le champ économique, leurs entreprises sont ramenées à des interventions sociales à l'intérieur des politiques de l'emploi » (Autes, 1999, p. 179). Destin paradoxal, en effet, pour ceux qui voulaient rompre avec l'assistance sociale classique. Mais tous les entrepreneurs de morale ne connaissent pas nécessairement le succès de leur entreprise, du moins dans son inspiration originelle...

La courte histoire des bilans de compétence peut aussi s'analyser comme une « entreprise » qui connaîtra ses succès et ses avatars. Cette histoire est loin d'être finie, encore moins écrite. C'est dans le champ de la formation que le besoin d'intervenir sur l'ajustement entre les diverses composantes de l'identité individuelle et les situations de travail ou de transition professionnelle, apparaît dans un premier temps. Le bilan est l'héritier des expériences du système de Formation professionnelle continue, et en particulier de son ambition humaniste de reconnaissance et de validation des acquis au service de la promotion sociale. Le début des années 1980 accélère le processus, en couplant des prestations d'orientation professionnelle aux formation qui se mettent en place, en les ouvrant à tout salarié, en créant les Centres interinstitutionnels de bilans de compétences en 1986. La loi sur la formation continue de 1991 affirme le droit au bilan en même temps qu'elle en rappelle la déontologie. Hélas... « le modèle est beau mais il résistera mal à l'épreuve des faits » (Nallet, 1996, p. 111). Était-il donc si imprévisible qu'au moins la moitié des bénéficiaires ne soient pas demandeurs de leur bilan (Kop *et al.*, 1997), alors même que ce cas de figure est théoriquement proscrit par la loi ? Était-il évitable qu'il s'agisse, dans leur immense majorité, de demandeurs d'emploi ? Comment peut-on présenter une pratique comme un outil de gestion des ressources humaines et en même temps la protéger par le secret professionnel ? Comment, enfin, concilier l'ambition humaniste des origines et le fait que le bilan de compétences soit en passe d'être imposé, dans le cadre de l'actuel Plan d'aide au retour à l'emploi, sous l'impulsion en particulier d'une organisation d'employeurs... D'un certain point de vue, les bilans de compétences sont une entreprise qui a réussi. En acceptant, en popularisant le terme de compétence, ils promeuvent du même coup la lecture et le traitement des dysfonctionnements d'un système en autant de dysfonctionnements individuels. Ils consacrent la recherche d'une issue individuelle à des situations dont les pesanteurs collectives, économiques et sociopolitiques notamment, sont évidentes. Ce faisant, ils légitiment ce vaste mouvement de dérégulation qui, depuis les années 1975 autour des notions de projet et de compétence, est à la recherche de nouveaux instruments de gestion et de décision au service des organisations.

L'histoire dira si cette croisade réussie l'est bien au bénéfice de l'individu. Dans le cas contraire, on pourrait y voir l'effet d'une attention insuffisante des formateurs, psychologues, conseillers d'orientation (les promoteurs de la croisade) au contexte idéologique et économique dans lequel a pris place cette innovation. L'individualisation, voire la subjectivisation des processus de gestion de l'insertion et de la mobilité professionnelles ne sont pas par nature au service de l'autonomie et de la libération individuelles, puisque leurs effets sont en partie prédictibles à partir du contexte, en particulier le marché de travail et les valeurs entrepreneuriales qui participent fortement à sa régulation. Dans un tel contexte, il est logique que le bilan de compétences soit l'objet de représentations contradictoires : « Pour les uns, il est un outil de régulation au service des organisations ou des institutions, ce dont l'individu ferait les frais. Pour les autres, un espace de transgression des contraintes, dont l'organisation ou l'institution paierait la note » (Nallet, 1996, p. 110). Le fait que le bilan soit en passe d'être imposé à tout demandeur d'emploi semble indiquer que c'est la première éventualité de l'alternative qui prévaut. Il n'est pas certain que les promoteurs du bilan aient convenablement évalué ce risque.

2.5. L'INTERDÉPENDANCE ENTRE ACTEURS, UN OBJECTIF PRIORITAIRE OUBLIÉ

On a vu que les représentations intergroupes sont autant un effet qu'une cause de leurs interactions effectives. Dans un modèle systémique, on sait aussi que l'intervention séparée sur les éléments du système ne suffit pas à prédire un changement dans leur mode d'interaction. C'est pourtant la stratégie qui a prévalu pendant toutes ces années : on a amélioré le niveau de formation des jeunes, facilité une meilleure connaissance du monde économique, favorisé la construction de projets professionnels et la prise de conscience de soi et de ses centres d'intérêt. C'est sans doute ce que font de mieux tous les dispositifs d'insertion, tout en laissant leurs bénéficiaires « à la porte de l'entreprise », à la fois parce qu'ils ont peu ou pas de relations avec elle et aussi parce que les agents d'insertion considèrent habituellement que le sujet doit être autonome et qu'on n'a pas à « lui tenir la main ». Simultanément, l'intervention des politiques publiques en direction des employeurs a été consistante pendant cette période, le plus souvent par réduction des coûts de la main-d'œuvre : exonération de charges pour l'embauche d'apprentis, de jeunes sans qualification, de salariés âgés de plus de 45 ans ; prime d'incitation à la création d'emploi, à l'embauche du premier puis du second salarié, abattements pour l'emploi à temps partiel, etc. Il s'agit bien de tenter de modifier le comportement des entreprises en matière de gestion de leur personnel : augmenter le nombre global d'emplois, favoriser l'embauche de certaines catégories, prévenir les licenciements ou trouver des solutions pour les personnes licenciées. Toutefois, des observateurs notent que ces politiques ne s'appuient pas sur une connaissance fine de l'usage réel de ces mesures par les entreprises utilisatrices, qui permettrait de mieux comprendre les comportements de ces entreprises dans leur diversité. « La conception des nouvelles mesures ne se fait pas en référence à un corpus d'hypothèses explicitées sur les comportements des entreprises... Cela n'est certainement pas étranger à la situation actuellement paradoxale, où l'importance des avantages financiers offerts aux employeurs dans le cadre de cette politique s'est beaucoup accrue, alors que leur avis sur les dispositifs qui leur sont proposés reste globalement très négatif » (Dares, 1996, p. 310-311). En moyenne, pourtant, on a une assez bonne connaissance de l'effet de ces mesures : « Beaucoup des embauches réalisées par les entreprises dans le cadre des mesures d'incitation existantes auraient de toute façon eu lieu en l'absence de ces mesures... Leur effet net sur le volume global du chômage et de l'emploi apparaît donc faible » (p. 311). Même s'il y a bien des effets de substitution qui peuvent compenser en partie les désavantages de certains publics.

En matière d'insertion professionnelle des publics en difficulté, un effort consistant a donc porté sur les deux partenaires principaux, à savoir les employeurs et les bénéficiaires des dispositifs. Cette pratique repose sur un constat de bon sens, qui veut que les entreprises ont des besoins permanents de main-d'œuvre et que beaucoup de personnes ont besoin d'un emploi. Mais a-t-on véritablement essayé de travailler sur la rencontre entre ces besoins ? Ne suppose-t-on pas trop facilement qu'ils sont « automatiquement » complémentaires, et qu'une information correcte des partenaires suffit à ce que l'ajustement se produise spontanément ? On notera que ces questions désignent en fait trois niveau d'intervention bien distincts :

— le niveau du mode d'accès à l'entreprise. Au-delà des discours non directifs décidant que cette démarche relève de l'autonomie et de l'initiative propres du bénéficiaire, on peut admettre que, tant le marché du travail que le fonctionnement de l'entreprise, et en particulier ses procédures de recrutement, sont particulièrement opaques pour des personnes durablement éloignées du monde professionnel. En d'autres termes, où et comment prospecter, comment parvenir à rencontrer la ou les personnes adéquates sont des questions que les bénéficiaires des dispositifs ne sont pas nécessairement les mieux à même de régler, et qui ne se limitent pas à l'aide à la rédaction d'un *curriculum vitae* ni même aux techniques de recherche d'emploi, même si celles-ci sont bien une première réponse réellement interactive. Ces remarques incitent à identifier une première fonction de l'agent d'insertion : une fonction de mise en relation entre le bénéficiaire et l'entreprise ;
— le niveau du recrutement. Si difficile soit-elle, la rencontre entre les partenaires ne présume en rien de ce qui en ressortira, ne dit rien de la possibilité et du type d'ajustement entre les demandes. Là encore, une posture non directive de l'agent d'insertion est probablement un contresens : dans un contexte de surqualification à l'embauche et de stigmatisation de certaines catégories de publics, les pratiques « naturelles » de recrutement risquent d'être tout simplement excluantes pour une bonne partie des publics des dispositifs. Il faut donc tenter de « rééquilibrer » le recrutement, ou se donner les moyens d'éviter cette situation particulièrement discriminatoire. Ce problème majeur, qui fait l'objet des prochains paragraphes, désigne un deuxième chapitre d'activités de l'agent d'insertion : une fonction de placement ;
— enfin, on sait bien que le recrutement n'est qu'une étape, le problème principal étant la stabilisation dans l'emploi des personnes recrutées. « Comme beaucoup de gros utilisateurs des mesures d'incitation à l'embauche sont des entreprises à forte rotation de la main-d'œuvre (entrées comme sorties), on peut penser que la stabilisation des personnes dans l'entreprise est loin d'être assurée » (Dares, 1996, p. 311). On peut penser aussi que le moment le plus crucial de cette stabilisation concerne les premiers jours et semaines suivant l'entrée dans l'entreprise. Ce qui signifie que cette phase d'intégration doit faire l'objet d'une attention toute particulière de

l'agent d'insertion, et désigne un troisième volet de son activité : une fonction d'aide à l'intégration dans l'emploi. Là encore, le taux de rotation étant particulièrement élevé sur les postes de basse qualification, qu'il s'agisse de licenciement ou de départ volontaire du salarié, on peut faire l'hypothèse que ces ruptures ne reflètent pas que la liberté des acteurs de mettre fin à leur collaboration, mais aussi des dysfonctionnements, blocages ou conflits légitimant le suivi du nouveau salarié pendant cette période.

Les analyses désignent donc un lieu privilégié de l'intervention de l'agent d'insertion : la rencontre entre l'offre et la demande d'emploi, posée comme objet problématique à partir du constat que cette rencontre ne se fait pas, ou difficilement, ou qu'elle débouche sur des décisions préjudiciables pour les parties. Cette rencontre n'est pas un simple contact (comme lors d'une visite d'entreprise) mais un véritable lieu d'interdépendance puisque les partenaires ont des intérêts qui se recouvrent partiellement et qu'aucun ne peut voir satisfaire sans interaction fonctionnelle avec l'autre. Cette structure d'interdépendance inclut un amont et un aval du moment de recrutement proprement dit. On a sans doute trop souvent ou trop facilement postulé que ce lieu était hors de portée de l'agent d'insertion, ou qu'il n'avait aucune légitimité pour y être présent. On se condamne, du même coup, soit à « créer » des emplois sous contrat d'exception dans le secteur public ou associatif pour les réserver aux publics des dispositifs, ce qui ne paraît pas améliorer leurs chances d'accès ultérieur à l'emploi marchand, soit à appréhender l'entreprise comme simple lieu d'accueil de stagiaires, alors même qu'on pourrait faire l'économie de ce pseudo-statut dans beaucoup de cas. Certes, il fonctionne souvent comme période d'essai : mais, outre que tout contrat de travail « normal » prévoit une telle période, il n'est pas certain qu'elle soit toujours aussi massivement nécessaire... « Les entreprises qui embauchent des personnes dans le cadre d'une mesure se déclarent en grande majorité satisfaites du travail et du comportement de ces personnes et admettent qu'elles n'ont pas à faire d'efforts particuliers pour leur intégration » (Dares, 1996, p. 311). Un tel constat relativise les discours dominants – tant des agents d'insertion que des employeurs – sur la problématique employabilité de ces personnes...

Comme l'a bien vu Chopart (1993), les dispositifs d'insertion « n'ont de sens que s'ils agissent en même temps sur l'offre et la demande » (p. 49) et, plus précisément encore, sur leur rencontre. Le psychologue social définit cette rencontre comme une construction sociale, là où l'économiste voit un simple marché : sans doute le premier a-t-il renoncé en grande partie aux modèles rationalistes qui servent toujours de base à la plupart des théories économiques. C'est parce que ce marché est une construction sociale que l'agent d'insertion peut y inscrire son action et espérer parvenir à en infléchir le fonctionnement. « La place d'un tiers-secteur où l'on agirait aussi bien sur la socialisation de l'offre que sur la solvabilisation de la demande peut être décisive » (Chopart, *op. cit.*, p. 49) : ce lieu d'interdépendance est probablement un point essentiel du système d'action.

2.6. VUE D'ENSEMBLE. L'AGENT D'INSERTION COMME INTERMÉDIAIRE DU MARCHÉ DE L'EMPLOI

Le survol qui vient d'être effectué indique à première vue que la situation de l'insertion dans notre pays est particulièrement problématique. La plupart des acteurs de ce système – à part les intéressés eux-mêmes, nuance importante – doutent de l'employabilité des bénéficiaires des dispositifs, insistent sur les manques et handicaps qui les caractériseraient, construisent à leur endroit des représentations invalidantes, s'engagent dans des pratiques fortement individualisées évoquant la relation thérapeutique. Ces représentations et pratiques risquent de construire et de pérenniser des carrières d'exclus de l'emploi.

Il est probable que ces phénomènes soient liés à la faiblesse des liens entre les dispositifs et l'entreprise, et à l'absence de professionnels qui seraient spécialistes de ce lien. L'horizon professionnel de l'agent d'insertion serait alors limité à l'action sur la personne, du fait d'un manque de perspectives et de possibilités autres. Toutefois, cette interprétation est sans doute trop matérialiste en ce qu'elle ignore ce qui pourrait bien être des idéologies professionnelles : par exemple, les formateurs ne semblent pas associer la formation à l'emploi et au travail mais à la relation et à la communication.

En plein développement, la pratique des bilans de compétence est cohérente avec les remarques ci-dessus en ce qu'elle insiste plus sur la sphère socio-affective que sur celle des transitions professionnelles.

Enfin, on a vu qu'un autre courant était présent de longue date dans le champ de l'insertion, autour de « l'insertion par l'économique ». Il était en principe particulièrement concerné par le dispositif du RMI qui insistait autant sur l'accès à l'emploi qu'à la formation ou à l'insertion

« sociale ». Toutefois, des logiques d'intervention beaucoup plus traditionnelles, autour de l'aide à la personne, ont manifestement prévalu. Pourtant, la logique de l'insertion par l'économique, sauf à retomber elle-même dans les pratiques d'assistance contre lesquelles elle s'est construite, avait pour avantage de positionner l'agent d'insertion comme un intermédiaire du marché de l'emploi, et d'intervenir au niveau de la production de conduites concrètes.

On va désormais s'efforcer d'explorer cette interface entre l'offre et la demande d'emploi, lieu possible de construction d'une nouvelle professionnalité pour l'insertion. Aborder ce secteur exige d'accorder une place à part à la question du recrutement.

3. POINTS DE VUE SUR LE RECRUTEMENT

Il est impossible de retracer l'histoire déjà longue des polémiques et controverses sur la validité, notamment prédictive, des méthodes et techniques de recrutement. Nous souhaitons seulement examiner deux propositions pertinentes pour l'examen de cette question tel qu'il sera mené ici : il existe un vrai problème de validité prédictive du recrutement, bien ancien et toujours actuel, d'une part ; mais d'autre part, le problème est moins une question de méthodes que de construction sociale de la situation et du jugement de l'évaluateur.

3.1. VALIDITÉ PRÉDICTIVE DU RECRUTEMENT

On connaît la critique sévère de Maurice de Montmollin (1972) sur la sélection du personnel. Le travail est un système de rapports d'un opérateur avec son environnement, dans une situation donnée. On peut modifier ce « système homme-machine », soit en modifiant directement le travail, c'est-à-dire l'échange d'information entre l'homme et la machine : c'est le fait de l'ergonomie, et aussi de la formation. Soit indirectement, en modifiant la machine : c'est le rôle de l'ingénieur. Soit en « changeant » l'opérateur : c'est alors de la formation si l'homme est transformé, de la sélection s'il est remplacé. L'auteur note que cette dernière solution est celle dont on contrôle le moins bien les effets, notamment parce qu'elle ne règle – au mieux – qu'une petite partie du problème au prix du postulat essentialiste erroné du *right man in the right place*. La conclusion est claire : « S'il est impossible de décrire le travail dans les mêmes termes psychologiques que ceux qui sont utilisés pour la description des candidats, aucune psychologie individuelle ne peut servir à établir de pronostic sur la réussite au travail. Par conséquent, la sélection psychologique traditionnelle est une imposture » (p. 31). L'auteur préconise donc d'abandonner les tests et « tout l'arsenal classique du psychotechnicien » (p. 47). Au-delà de la brièveté du propos, sans doute destinée à correspondre au format d'un pamphlet (dont on aurait tort d'oublier qu'il est produit par l'un des meilleurs spécialistes de la psychologie dite « industrielle » des années 1960), la position de l'auteur va en fait bien au-delà d'une mise en cause de la seule psychotechnique. Elle consiste en une contestation frontale du principe même de toute sélection de type psychologique : la croyance que l'examen approfondi d'une personnalité (fût-il possible et fiable) permet de prédire son succès professionnel, et que ce succès dépend de ce diagnostic. La question est donc loin de se limiter à la validité des méthodes puisqu'elle tient au fait que la réussite professionnelle est d'abord un *out-put* d'un système d'interactions, imprévisible à partir des seules aptitudes des individus. Sauf, bien sûr, quelques cas particuliers où certaines aptitudes – d'ordre physiologique notamment – sont étroitement requises par le poste de travail, et même si l'apprentissage reste encore important dans ces cas-là.

La vive critique de cet auteur est en fait contemporaine d'une profonde déception, dans les années 1970, des chercheurs et universitaires spécialistes de ce domaine. Levy-Leboyer (1990, p. 42) évoque cet espoir, apparu entre les deux guerres, de voir les tests apporter de l'objectivité et de la fiabilité dans l'évaluation. Espoir bien retombé dans les années 1970, au vu du résultat des nombreuses études de validation révélant des corrélations plus faibles qu'espéré entre les prédicteurs et les comportements professionnels, et surtout des corrélations erratiques, « les mêmes tests ne donnant pas la même qualité de prédiction du succès professionnel pour des fonctions similaires, dans des situations différentes » (p. 42). Ce constat orientera vers une définition situationnelle de la validité. Orientation sans doute beaucoup plus complexe, ne faisant pas nécessairement appel aux mêmes spécialistes. Orientation situationnelle, de plus, peu compatible avec les deux postulats fondant la sélection psychologique selon de Montmollin : « Les hommes sont ce qu'ils sont » et « The right men in the right place ». L'effet de ces déconvenues fut un fort ralentissement des recherches,

« jusqu'à l'arrêt total en France où aucun laboratoire de recherche du secteur public ne s'intéresse plus à l'évaluation des adultes dans le monde du travail » (Levy-Leboyer, 1990, p. 42). Destin paradoxal que celui de ce secteur : il est finalement assez rare que la recherche s'arrête quand elle bute sur un obstacle – ce qui aurait pu avoir pour effet de la stimuler. En fait, c'est beaucoup plus probablement d'une redéfinition de la problématique qu'il s'agit, ouvrant sur des questions traitées par d'autre champs de la psychologie[1].

Le même auteur note toutefois un renouveau de l'intérêt pour les méthodes d'évaluation. Certaines recherches pourchassent les biais méthodologiques contrariant la validité prédictive, sans pour autant parvenir à dégager de validité générale en ce qui concerne les questionnaires et les inventaires de personnalité (contrairement aux épreuves mesurant les aptitudes intellectuelles, ce qui retrouve les résultats de Mishel, 1968). D'autres s'intéressent à des situations-tests, sensées être proches des activités professionnelles dont elles seraient un échantillon. D'autres encore, à l'instar des « centres d'évaluation », cumulent les tests classiques et les tests de situation (Levy-Leboyer, 1996, p. 65-73). Demeure toutefois le sentiment général que la problématique n'a pas fondamentalement changé, même si l'observation est complexifiée par la prise en compte du contexte organisationnel – souvent simulé d'ailleurs comme dans les jeux de rôles[2]. L'empilement de techniques supposées complémentaires, l'approche multiméthodes alourdissent considérablement la procédure de sélection au point qu'un tel luxe est à notre connaissance inconcevable pour ce qui concerne le recrutement de personnels sans qualification. Quant au recrutement de cadres, il est en effet tout à fait possible qu'un lourd investissement dans la sélection soit corrélé avec une meilleure prédictivité. Mais il y a très probablement dans ce phénomène une composante de prophétie créatrice, d'effet d'attente indépendant des méthodes utilisées : attentes d'autant plus fortes, on le comprend, que l'investissement a été important. On ne peut pas exclure que le recrutement d'un cadre soit d'abord un rite, d'autant plus efficace qu'il est coûteux et mobilisateur.

Bref, les psychologues ont (presque) autant de raison aujourd'hui qu'hier de douter, non pas tellement de la validité prédictive de leurs

1. En particulier, la question de la normativité dans l'évaluation des personnes qui continue à faire l'objet de recherches en psychologie sociale, comme on le verra plus loin.

2. On peut être sceptique sur le pronostic de cet auteur (1990) selon lequel ce renouveau d'intérêt pour les méthodes d'évaluation va se prolonger et s'amplifier : ce n'est pas vraiment ce qu'on observe, dix ans plus tard, pour ce qui est de la France.

méthodes de sélection mais du fait que cette éventuelle prédictivité soit liée aux méthodes elles-mêmes. D'ailleurs, vingt ans après de Montmollin, un autre psychologue produit un autre pamphlet, certes beaucoup plus court, mais globalement de la même veine (Beauvois, 1991). Ce n'est probablement pas un hasard si un ouvrage récent de psychologie du travail (Guillevic, 1991), pourtant marqué par un souci d'exhaustivité et de rigueur tout autant que d'unité de la discipline, accorde six pages seulement à « l'évaluation des hommes », d'ailleurs consacrées pour l'essentiel aux qualités métrologiques des tests. Prudence et doute semblent bien être une caractéristique actuelle de ce champ de recherche.

Mais le doute, posture scientifique, est peu compatible avec le besoin quasi magique de certitude qui caractérise les logiques de l'action. On peut considérer que, pour l'essentiel, et quoi qu'en pense et souhaite le psychologue scientifique, la situation de recrutement est d'abord marquée par ces logiques de l'action et de la décision. On peut dès lors s'insurger sur la vogue des techniques irrationnelles et la séduction qu'elles exercent auprès du public, voire des recruteurs professionnels (Bruchon-Schweitzer & Ferrieux, 1991). La dénonciation vigoureuse des astrologues, graphologues, morpho-psychologues et autres empiriques magiciens est d'ailleurs une constante dans la littérature, y compris dans les pamphlets autocritiques évoqués ci-dessus. On remarquera que le législateur pose le problème dans les mêmes termes quand il stipule[1], dans un additif au Code du travail, que les informations demandées au candidat doivent « présenter un lien direct et nécessaire avec l'emploi proposé ou avec l'évaluation des aptitudes professionnelles ». De même, les méthodes et techniques employées « doivent être pertinentes au regard de la finalité poursuivie ». Ce texte repose explicitement sur une conception du recrutement comme recueil d'informations, limité à la sphère professionnelle, à l'aide de méthodes éprouvées. Ce credo rationaliste, commun au psychologue et au législateur (pour des raisons au fond identiques de validité et de respect de la personne), revient donc à déclarer globalement obscurantistes et illicites la plupart des pratiques actuelles de recrutement. Autant elle est – sans doute – nécessaire, autant cette condamnation rituelle risque donc de rester lettre morte, puisque la pensée de l'action et de la décision repose plus sur des logiques sociales que sur le raisonnement scientifique. Les psychologues eux-même le savent

1. *JO* du 1er janvier 1993, p. 19.

bien, qui résistent à renoncer au fameux entretien, outil des moins valides et des plus utilisés.

Le recrutement est une pratique sociale d'évaluation des personnes, dans un contexte d'exercice du pouvoir et de contraintes organisationnelles. D'un certain point de vue, la question de la validité des méthodes n'est sans doute pas la plus cruciale, immergée qu'elle est dans celle beaucoup plus globale de la construction sociale du jugement, et de la situation de recrutement elle-même[1].

Qui plus est, concernant la population qui nous intéresse – celle des publics sans qualification –, la question de la fiabilité méthodologique se pose peu ou pas : nous avons pu vérifier, lors d'une recherche antérieure (Castra, 1995*c*), que le recrutement de ces salariés n'est pratiquement jamais confié à des cabinets spécialisés, mais à des cadres intermédiaires de l'entreprise (chefs d'équipe, d'atelier, agents de maîtrise) sans formation particulière au recrutement. Les tests sont rares, l'entretien est la règle, il est plutôt court (trente minutes en moyenne) sans que les opérateurs se plaignent d'ailleurs de cette brièveté. On est bien dans une pratique de « formation d'impression » antérieure à une prise de décision imminente, plus que dans une démarche de recueil et de traitement systématique d'une information en rapport étroit avec le poste à pourvoir.

Nous traiterons donc désormais de la construction sociale du jugement sur les candidats. Cette question peut être abordée à deux niveaux. D'une part, les modalités et conditions de la rencontre entre candidats et recruteurs sont un premier construit social, qui relève du mode de relation que l'entreprise entretient avec le marché de l'emploi. Ce mode de relation est multiforme, même si le contexte économique tend à favoriser certaines modalités plutôt que d'autres ; de plus, les socioéconomistes sur lesquels s'appuiera ce paragraphe soutiennent que ces modes d'accès de l'entreprise au marché de l'emploi ne sont pas sans effets, y compris sur la quantité des emplois offerts, ce qui confère tout son intérêt à ce niveau d'analyse.

Toutefois, le mode de construction sociale de la rencontre n'est que partiellement prédicteur de ce qui se passe dans la rencontre. Il s'agira ici d'une approche en termes plus familiers aux psychologues sociaux, celle de la construction du jugement social, ou du jugement des personnes. C'est le repérage des normes à l'œuvre dans la « perception »

1. On peut d'ailleurs se demander si les psychologues scientifiques le sont quand ils isolent de cette manière un élément de la pratique sociale fortement structurée et normative dont il fait partie.

d'autrui qui constitue le point nodal de ce niveau d'analyse, dont l'intérêt consiste donc aussi à éclairer certains phénomènes de discrimination à l'embauche.

3.2. LA CONSTRUCTION SOCIALE DE LA SITUATION DE RECRUTEMENT

Les « façons de recruter » (Eymard-Duvernay & Marchal, 1997) et les conceptions adoptées par les experts pour évaluer les compétences ne sont pas aléatoires, ou erratiques, mais reposent pour ces auteurs sur des « conventions de compétences ». L'objet de la recherche est donc, non les compétences des demandeurs d'emploi, mais les modalités du jugement sur ces compétences. L'enquête concerne pour l'essentiel les recruteurs professionnels, même si ses conclusions ont manifestement une portée extensible aux intermédiaires du marché de l'emploi en général.

Ces façons de recruter peuvent s'ordonner en une typologie selon deux dimensions. La première distingue une conception des compétences dite planifiée (le recruteur sélectionne ou ordonne les candidatures en fonction de catégories institutionnelles, comme les qualifications, et opère à distance des candidats), opposée aux compétences « négociées » dans les réseaux de proximité ou au cours d'entretiens de face-à-face. La deuxième dimension concerne plutôt la conception même de ces compétences : soit une conception d'ordre collectif ou sociologique (en termes de grades, statuts, ou d'appartenance à un réseau), soit une conception individualisée en termes d'aptitudes, par exemple. Le croisement de ces deux dimensions définissent quatre types de « conventions de compétences ».

1 / L'institution. La principale caractéristique de ce mode de jugement est qu'il est référé à des règles relativement contraignantes. Elles définissent aussi bien les catégories générales d'emplois que les niveaux de qualification des candidats, et surtout la relation entre les deux. La décision s'appuie sur des grilles et des indicateurs aussi « objectifs » que préétablis, même s'ils sont issus de négociations antérieures. Pour autant, dans ce modèle, le recruteur ne fait pas qu'appliquer des règles de façon mécanique, notamment parce qu'il doit souvent les interpréter à l'occasion de chaque candidature particulière. L'étude des CV, qui déclinent les compétences en termes d'âge, sexe, diplôme, expérience... est un bon exemple de cette logique. D'un certain point de vue, elle

constitue une protection contre l'arbitraire, à la fois parce que le profil des emplois renvoie à des référentiels connus des candidats, et aussi parce que ceux-ci appartiennent ou non, « incontestablement », à la catégorie requise. Avec ce modèle, on est à l'opposé de la « dérégulation » ; le jugement est porté à partir d'outils et de règles laissant peu de place à la subjectivité ; mais c'est aussi ce haut degré de formalisation qui concentre les critiques de ce point de vue, puisque la compétence est ici indépendante du poste occupé (elle est stable, transversale, ancrée dans la personne), mais aussi de la relation même d'évaluation. L'inconvénient majeur de ce modèle, outre son formalisme « déshumanisé », est le fort risque de discrimination envers tout candidat ne satisfaisant pas à l'ensemble des critères.

2 / Le marché. Autant le recruteur était un régulateur dans le modèle précédent, autant il est ici un sélectionneur. Certes, les compétences sont toujours inscrites dans les personnes ; non plus en termes de qualifications ou de diplôme mais d'aptitudes qui peuvent faire l'objet de tests, méthode appréciée ou valorisée justement parce qu'elle limite l'intervention de l'évaluateur. Dans le prototype, l'accès à la demande d'emploi se fait par petites annonces, formule la plus économique en ce qu'elle permet de mettre en concurrence, à peu de frais, un grand nombre de candidats pour en éliminer la quasi-totalité sur quelques critères simples. Dans ce modèle, la compétence est individuelle, au-delà, donc, du diplôme ou de la qualification. Il s'agit donc de discriminer au maximum des individus – d'où la prégnance de la psychologie différentielle et le paradoxe majeur de cette convention : en appliquant les mêmes critères ou outils à tout le monde, la procédure est particulièrement équitable ; mais s'il se pouvait que les aptitudes mesurées soient en fait incommensurables... on est alors dans le règne de l'arbitraire quelles que soient les qualités de l'outil. De plus, les compétences sont là encore indépendantes du poste occupé mais ne se traduisent pas non plus par des médiations institutionnelles comme les diplômes ; la personne est ici dotée d'un potentiel qui détermine définitivement sa capacité, quel que soit le contexte. Le risque de discrimination est encore plus net que dans le modèle précédent.

3 / Le réseau. Dans cette conception, aucun ensemble de règles générales n'est disponible pour classer les cas particuliers. Les relations sont locales, s'effectuent de proche en proche. Le levier de tels recrutements est la recommandation, la réputation propagée dans des milieux professionnels. Le réseau de relations, le contact personnel préexistent à la recherche d'emploi, ils sont le support essentiel des mises en relation sur le marche du travail. Le recruteur, qui fonctionne plutôt ici sur

le modèle du médiateur, ne prospecte pas l'ensemble du marché et s'en tient aux candidatures les plus immédiatement accessibles. Il n'y a pas de souci d'universalité du jugement, au profit d'une perception directe sans médiation par les qualifications. C'est dans un tel contexte que l'expérience prend toute sa place, même si elle ne peut être que locale et contingente. Les titres ou diplômes ont une importance secondaire au profit de performances susceptibles d'être démontrées ou attestées par des témoignages. Bien entendu, relations et réseaux sont plus ou moins durables ou stables ; quand ils le sont, ils génèrent aussi de la confiance, ce qui fait du recrutement en réseau une façon économique de gérer l'incertitude.

4 / L'interaction. Comme dans le cas précédent, la compétence n'existe pas indépendamment du contexte relationnel où on peut l'identifier. Mais elle n'est pas non plus « distribuée » dans un réseau préexistant mais émergente dans l'interaction elle-même ; la compétence est émergente en ce sens qu'elle est à la fois imprévisible et fait l'objet (ou résulte) d'ajustements réciproques, de coordinations, d'intercompréhension conformément aux modèles interactionnistes. La situation de recrutement est plus une rencontre, une interlocution qu'un recueil d'information ou un lieu d'évaluation d'acquis, d'expériences. Bien entendu, la subjectivité et l'intuition du recruteur sont le levier principal qui permet de repérer les possibilités d'un ajustement mutuel. L'entretien de recrutement illustre bien cette situation de négociation des compétences. Les impressions recueillies par l'évaluateur jouent un rôle fondamental dans leur appréciation, sachant que ce face-à-face est aussi un « jeu » où le candidat cherchera à se mettre en valeur. Outre le risque de trompe-l'œil que peut générer une telle situation, sa limite tient aussi à la ponctualité de la situation d'entretien qu'il faut bien tenir pour un échantillon de situations sociales plus générales, après et ailleurs. De plus, une telle situation est structurée par des codes et rites d'interaction, et le degré de maîtrise ou d'allégeance à cette normativité est une origine possible de discrimination.

Une hypothèse majeure de l'ouvrage, de type microéconomique, consiste à dire que le chômage résulte pour une part des processus de sélection de la main-d'œuvre par les employeurs ou leurs représentants. En particulier, en contexte de chômage de masse et de multiplication des candidatures, le diplôme assure une fonction de premier tri, alors même que son importance est par ailleurs mise en cause ou niée. Simultanément, l'incertitude quant au profil futur des emplois et le fait que le travail soit moins planifié amènent les recruteurs à insister sur la réactivité des salariés, le potentiel, l'implication, autant de qualités dont l'appréciation est entachée d'une forte incertitude (ce qui explique pour partie le succès de pratiques irrationnelles, « divinatoires »). Ces éléments entraînent un durcissement du processus de sélection à l'embauche, qui renforce à son tour le chômage – de longue durée notamment. « Les transformations du marché du travail ne tiennent donc pas tant aux transformations dans les modes de recrutement... qu'à un alignement des formes de jugement des organisations sur celles du marché » (p. 225). Or, les diverses conventions de compétences ont un effet différencié sur l'emploi. Certaines sont plus susceptibles que d'autres d'alimenter ou pérenniser le chômage, notamment celle fonctionnant sur le modèle du marché « parce qu'elles véhiculent l'idée que leurs (in)compétences sont définitivement inscrites dans les personnes : elles tiennent à leur âge, leur sexe, leur race mais aussi leur (absence de) diplôme, leur (in)expérience ou quelque trait de caractère. Lorsque la demande d'emploi est forte, la masse de candidatures que doivent traiter les recruteurs favorise l'adoption de ces jugements simplistes qui ne reposent sur aucune forme de délibération » (p. 224).

À l'inverse, les auteurs plaident pour un recrutement qu'ils nomment « équilibré », empruntant aux diverses logiques, amendant les unes par les autres, évitant les excès nécessairement liés aux formes « pures » de jugement. Un bon recrutement est celui qui maintient une tension permanente entre les diverses formes de jugement. L'accès au marché par petites annonces peut être tempéré ou complété par la mobilisation de réseaux ; la prise en compte de critères généraux, par l'entretien avec les candidats pour évaluer leur expérience et construire de la confiance. Une telle démarche « entraîne nécessairement un coût pour toutes les parties impliquées dans le recrutement » (p. 225), ce qui revient en effet à considérer le recrutement comme un investissement et, inversement, à éviter les dérives liées à la logique pure du marché, économique certes mais discriminatoire.

On retiendra enfin de cet ouvrage deux remarques d'une pertinence toute particulière pour notre propos :

— la première concerne le rôle essentiel que jouent les réseaux de relation sur le marché du travail. Cette importance, ancienne et actuelle, comporte bien sûr son propre risque de déséquilibre puisque les candidats qui en sont dépourvus ont des chances bien plus réduites de trouver un emploi, quelles que soient leurs caractéristiques par ailleurs. Cette remarque débouche sur une recommandation à l'intention des agents d'insertion : constituer des liens de long terme avec un réseau d'entreprises susceptibles de recruter des chômeurs « plutôt que de s'attacher exclusivement à réformer le comportement de ces derniers. Les fonds publics devraient... être davantage réservés aux actions qui contribuent à des intermédiations réelles sur le marché du travail » (p. 228). Ce qui rejoint très directement une fonction de l'agent d'insertion déjà identifiée dans un paragraphe précédent : celle de mise en relation avec l'entreprise ;

— la deuxième remarque est en fait une réponse aux tenants d'un raisonnement macroéconomique, pour lesquels l'offre d'emploi n'est en rien dépendante des modalités du recrutement mais d'autres variables elles-mêmes macroéconomiques comme le taux de croissance. De ce point de vue, juger autrement qu'on ne le fait les compétences des personnes peut aboutir, au mieux, à des effets de substitution au profit de certaines catégories antérieurement discriminées. Ce raisonnement n'est bien sûr pas celui des auteurs, qui constatent, par exemple, que de nombreux employeurs sont démunis quand ils abordent le recrutement, ce qui traduit une coupure entre les entreprises et le marché : du fait d'un certain fonctionnement de ce marché, il n'est au fond pas si facile de recruter, et cette difficulté n'a pas grand-chose à voir avec la scientificité des méthodes. En d'autres termes, les modalités d'appariement entre l'offre et la demande induisent aussi des effets quantitatifs sur le volume de l'offre. En particulier, l'offre d'emploi est peu flexible dans les régimes planifiées, contrairement à ceux qui relèvent plus du réseau. « Nous avons vu des cas où les relations de proximité conduisaient à modifier le nombre d'emplois créés pour saisir des opportunités imprévues » (p. 223). L'appréciation du nombre d'emplois à pourvoir ne relève pas d'un processus rationnel implacable parce que macroéconomique : l'agent d'insertion n'est donc pas condamné à « gérer la pénurie », le volume de l'offre est bien aussi un construit social dans lequel il peut intervenir, notamment en favorisant au maximum les relations entre les entreprises et le marché.

Cette approche présente l'avantage de replacer le recrutement au cœur d'un système d'action qui est son contexte naturel, et donc d'élargir la perspective par rapport à des postures technicistes qui voient d'abord dans le recrutement un problème de méthodes à valider ou d'adversaires charlatans à combattre. On y apprend que les entreprises ont des difficultés à recruter, qui ne tiennent pas au volume de la demande mais à la façon d'y accéder. On y observe que les outils préférés des psychologues (CV et tests) sont particulièrement représentatifs du modèle du marché – le plus discriminatoire – et spontanément compris des économistes néolibéraux, ce qui ne peut que poser question à des professionnels soucieux d'éthique et de déontologie. On y observe aussi que l'économie n'est pas cette matière asociale qui marche toute seule, mais que les logiques et comportements des acteurs ont une incidence non négligeable sur l' « équilibre » entre l'offre et la demande d'emploi, qui est d'ailleurs un déséquilibre actuellement. On en retient, enfin, que la meilleure place de l'agent d'insertion est sans doute celle d'un intermédiaire du marché de l'emploi, place qu'il n'occupe pas s'il se contente de « réformer » le comportement des chômeurs, de leur apprendre à rédiger des CV, à téléphoner, à se présenter, à construire des projets... ce qui consiste surtout à occuper le marché du « conseil aux chômeurs », mais ce qui est tout autre chose qu'une réelle position d'intermédiation.

On restera pourtant assez sceptique quant à la possibilité d'un jugement « équilibré » qui ne soit pas discriminatoire pour certaines catégories de population. En particulier, poser par principe que négocier les compétences (dans les relations de réseau, de proche en proche, dans l'entretien et l'interaction) « évite les exclusions durables » (p. 50) peut paraître nettement optimiste. N'y a-t-il pas dans cette position une sorte de théorie implicite de l'exclusion, exclusion « par défaut » de lien et de rencontre ? Et si les groupes sociaux – et notamment les réseaux naturels – vivaient aussi des processus centrifuges ? Il n'y a pas d'interaction sociale qui ne soit normée, et toute norme est indistinctement facteur de cohésion et d'exclusion. Certes, les auteurs admettent que « le face-à-face peut *a contrario* stigmatiser des candidats sur la base de leur couleur de peau, de leur apparence physique ou de leur façon de parler » (p. 50), mais on garde l'impression que ce risque est finalement mineur par rapport aux avantages conséquents du modèle de la négociation des compétences.

La question du rôle de certaines normes sociales dans les processus d'exclusion fait l'objet des paragraphes suivants. Pour l'instant, examinons les chances d'une certaine catégorie de demandeurs d'emploi selon des diverses « façons de recruter ». Soit le cas (fictif et moyen) de M. X..., 46 ans, au chômage et au RMI depuis deux ans. Il n'a pas de diplôme ni de qualification particulière. Il est d'origine immigrée, ou rurale, ou tout simplement d'une banlieue populaire. Il a eu diverses expériences de travail, espacées de courtes périodes de chômage : manutentionnaire puis aide-magasinier dans une PME, employé dans une entreprise de nettoyage et dans une grande surface.

de comparaison. De même, elle aura tendance à revenir sur des cas apparemment réglés, pour la même raison.

On peut retirer de ces remarques une proposition simple : ce n'est pas le recrutement en lui-même qui pose problème (il y a bien des entreprises qui ont besoin des compétences de M. X...) mais la comparaison entre les candidats, c'est-à-dire la situation de concurrence, pour laquelle ce candidat pâtira de stigmates divers. Si on souhaite que des publics particulièrement stigmatisés accèdent à l'entreprise sous statut de droit commun, il faut donc imaginer des formes de recrutement qui contournent les situations de concurrence. En d'autres termes, il faut mettre en pratique le fait que recruter n'est pas nécessairement choisir (ce n'est d'ailleurs pas le sens originel du terme) mais consiste d'abord à observer que la nature de l'offre et de la demande sont bien compatibles. Dissocier le recrutement de la mise en concurrence des candidats est une proposition susceptible d'aider à définir le poste de travail des agents d'insertion, objet du dernier chapitre.

Cette proposition de formes de recrutement non concurrentiel est pour une part basée sur des doutes quant aux chances de certains publics stigmatisés de passer la barrière de l'entretien d'embauche. Il est temps de s'intéresser de plus près à certaines normes à l'œuvre dans cette situation.

3.3. NORMATIVITÉS DANS LE RECRUTEMENT ET L'ÉVALUATION DES PERSONNES

Levy-Leboyer (1990) remarque que l'entretien d'embauche est une situation sociale spécifique où l'on peut analyser le déroulement du processus interpersonnel et les facteurs déterminant l'évaluation. « Une telle analyse met en évidence le jeu des stéréotypes, des préjugés, les procédures d'attribution qui contribuent à l'évaluation » (p. 47). L'utilité d'une telle analyse serait d'améliorer la qualité des évaluations grâce à la formation de ceux qui en sont chargés. On peut toutefois faire deux remarques sur ce point : d'une part, on l'a dit, les cadres intermédiaires habituellement chargés du recrutement des bas niveaux de qualification dans les entreprises ne reçoivent en général aucune formation pour cela, puisque ce n'est pas leur spécialité ni la composante principale de leur poste de travail. D'autre part, analyser les processus interpersonnels dans l'entretien à partir des concepts de préjugé ou stéréotype a pour limite d'amener à une formulation en termes de biais, de distorsion, et donc en termes d'erreur (par exemple, le danger des stéréotypes est lié à la surgénéralisation à laquelle ils peuvent donner lieu, conduisant à attribuer à cet individu particulier, et à tort, des caractéristiques qui sont censées être celles de sa catégorie d'appartenance). On peut craindre que cette analyse soit trop restrictive puisque la situation d'entretien est aussi structurée par des attentes, c'est-à-dire des normes. Une norme n'est pas un biais ou une erreur du point de vue des opérateurs, qui n'ont pas l'impression de se tromper en préférant les candidats qui tiennent un discours interne, par exemple, mais qui pensent, au contraire, identifier une caractéristique hautement positive et utile.

Le fondement même de l'existence d'une norme sociale, c'est qu'elle repose toujours sur une attribution de valeur (Dubois, 1994). Elle définit un ensemble de comportements, de discours ou de jugements comme bons ou désirables et amène à ce qu'ils soient positivement sanctionnés, socialement récompensés. La positivité de ces événements ne doit rien à leur éventuelle valeur de vérité : cet auteur remarque que la proposition selon laquelle un bac scientifique est meilleur qu'un bac littéraire n'est en soi ni vraie ni fausse mais tout simplement normative, c'est-à-dire qu'elle désigne des utilités sociales (p. 29).

On peut donc considérer l'entretien de recrutement comme une situation sociale structurée par des attentes normatives. Sachant qu'une norme sociale est toujours l'expression d'un groupe, d'une collectivité, nous n'avons pas de raison particulière de postuler que recruteurs et recrutés partagent les mêmes, au moins dans le cas d'embauche de personnes sans qualification par des cadres d'entreprise, compte tenu de la probable distance sociale qui les sépare. Ce qui légitime le fait de s'intéresser essentiellement aux attentes normatives du recruteur, puisque c'est lui qui organise cette situation d'évaluation et qui prendra une décision finale. De ce point de vue, définir l'entretien de recrutement comme une « rencontre » peut s'avérer trompeur s'agissant d'une situation non pas symétrique mais complémentaire et inséparable d'un contexte d'exercice du pouvoir.

Enfin, il est probable que l'entretien d'embauche tienne son caractère incontournable, voire sa popularité, du fait qu'il est perçu comme un échantillon de situations sociales plus naturelles, susceptible donc d'autoriser des pronostics sur le comportement du candidat en contexte professionnel. On peut donc s'attendre à ce qu'une large gamme de normes sociales structurent cette situation, de celles traduisant des contraintes économiques ou organisationnelles à d'autres plus en rapport avec des valeurs sociales générales. Il s'agit donc d'un lieu plurinormatif, ce que l'on tentera d'illustrer, dans un premier temps. Pourtant, ces dernières années, en France, l'une de ces normes a particulièrement retenu l'attention, bien qu'il puisse y avoir controverse sur sa nature – ou sa dénomination exacte : il s'agit de la norme d'internalité, et/ou d'allégeance, objet des paragraphes suivants.

3.3.1. *Une situation plurinormative*

On admettra tout d'abord qu'une observation directe de cette « situation sociale miniature » qu'est l'entretien d'embauche n'est pas nécessairement un passage obligé pour formuler des hypothèses sur la normativité qui la traverse, et ce d'autant plus que les normes les plus efficaces sont probablement les moins visibles et les plus inconscientes. Au point que des recherches purement économétriques (Fougère, 1996) peuvent déboucher sur des conclusions qualifiées de « robustes » par cet auteur. Les suivis de trajectoires de chômeurs de longue durée établissent nettement l'impact de la trajectoire professionnelle antérieure sur le processus de sortie du chômage : les employeurs utilisent manifestement l'histoire antérieure des candidats comme instrument de sélection lors de l'embauche. D'où le constat d'un degré élevé de récurrence : plus la durée totale antérieure de chômage est important, moins le recrutement est probable ; cette récurrence concerne aussi le type d'emploi obtenu, dont la catégorie (CDI, CDD, emploi aidé) est majoritairement la même que celle d'avant le chômage. L'auteur conclut à une probable « sur-stigmatisation » des chômeurs passés par des emplois précaires.

Toutefois, ce phénomène joue probablement en amont de l'entretien de recrutement – auquel, on le sait, les chômeurs de longue durée accèdent difficilement. Il indique pourtant que des normes particulièrement efficaces (celles-ci reposent sans doute sur une croyance du type « qui a bu boira ») peuvent agir au niveau du tri des CV et des candidatures, ou participer à structurer des attentes lors de l'entretien lui-même.

Un constat du même ordre est fait par Eymard-Duvernay et Marchal (2000). Devant un afflux de candidatures consécutives à une annonce, le recruteur professionnel s'engage dans une procédure de « tri automatique » comme le ferait un logiciel. Les critères d'exclusion portent essentiellement sur le « haut du CV », cette zone où les données sont sous une forme codée permettant un classement rapide. Les critères sociodémographiques y occupent une place de choix, en premier lieu l'âge et le sexe. La mention du lieu d'habitation permet d'éliminer les candidats provinciaux que l'on suppose peu disposés à déménager (il s'agit d'un cabinet de recrutement parisien). Les auteurs notent que ces pratiques sont discriminatoires en ce que les critères utilisés sont peu ou pas articulés à l'emploi, ce qui a pour effet de déconnecter la sélection du contexte d'entreprise en se focalisant sur des caractéristiques personnelles. Bien qu'il s'agisse là de pratiques condamnables au regard du droit, elles n'en indiquent pas moins que l'immense majorité des candidatures sont éliminées sur la base de quelques stéréotypes ou théories implicites.

Mais l'observation directe de la situation de recrutement reste probablement la voie la plus riche pour une compréhension qualitative des phénomènes qui s'y déroulent. Nous avons procédé à une telle observation (Castra, 1995*c*) en essayant de maintenir un degré acceptable de validité écologique à cette recherche :

— les entretiens étaient présentés comme étant destinés à mieux comprendre et maîtriser les procédures de recrutement et d'intégration des jeunes de bas niveau de qualification dans les entreprises, ce qui était bien le cas ;
— ils se déroulaient dans les locaux d'une association que les recruteurs connaissaient comme étant exclusivement centrée sur l'insertion professionnelle de ces publics ;
— les recruteurs étaient des cadres intermédiaires qui exerçaient assez régulièrement ce rôle dans leur entreprise : cette pratique était assez courante pour eux, compte tenu en particulier du *turn-over* élevé sur les postes de bas niveau ; de plus, il leur était explicitement demandé de procéder « comme ils le faisaient habituellement » ;
— les candidats étaient des jeunes effectivement en recherche d'emploi ;
— le profil du poste à pourvoir (magasinier préparateur de commandes dans une PME, peu de contacts sauf téléphoniques avec la clientèle), la durée de l'entretien (de trente à quarante-cinq minutes) sont statistiquement « moyens » pour cette population et familiers pour les partenaires.

Il s'agissait bien pourtant d'une simulation d'entretien d'embauche, mais d'une sorte de jeu de rôles très proche du réel quotidien des partenaires. Les recruteurs étaient constitués en jurys de deux personnes qui recevaient successivement deux ou trois candidats et devaient ensuite les classer (ou en choisir un) en argumentant leur choix lors d'une discussion finale animée par l'expérimentateur (lequel était, par contre, absent lors des entretiens avec les candidats, qui étaient intégralement enregistrés, tout comme la discussion finale). Il était postulé que cette procédure était susceptible de maximiser quelque peu les phénomènes attendus : demander une argumentation a pour effet de multiplier et d'approfondir les explications, surtout en cas de controverse entre les membres du jury. De plus, un mécanisme classique de polarisation et d'extrémisation des jugements lors de la discussion de groupe (Moscovici & Doise, 1992) conduit généralement à une plus grande netteté dans l'affirmation des normes partagées, et donc à une sorte de « grossissement » pour l'observateur.

La recherche était pour une part organisée autour du concept de norme d'internalité : on abordera donc plus loin les observations cohérentes avec cette théorie. Mais elle prévoyait aussi que d'autres attentes normatives structuraient cette situation, repérables en particulier dans l'analyse de contenu des entretiens et de la discussion finale. Globalement, les observations peuvent s'organiser en deux chapitres distincts : l'existence nette d'une norme de consistance, d'une part ; l'existence de prescriptions implicites concernant certains rituels et conventions de communication, d'autre part.

Des recherches expérimentales sur la norme de consistance (Channouf & Mangard, 1997) confirment que l'expression de cette consistance (c'est-à-dire la cohérence, l'harmonie, ou du moins la non-contradiction entre les attitudes et entre attitudes et comportements) fait bien l'objet d'une valorisation sociale (elle avantage celui qui l'exhibe), ce dont les sujets ont d'ailleurs une conscience plus ou moins aiguë puisqu'ils manifestent d'autant plus de consistance qu'ils sont sous consigne d'autovalorisation. Il y a bien une désirabilité sociale de la consistance, sans doute fondée sur la prévisibilité des comportements qu'elle est sensée autoriser, et une dévalorisation de celui qui change sans cesse d'avis, qui se contredit, qui ne se comporte pas en cohérence avec ses opinions.

Dans la situation de recrutement, cette norme se manifeste par ce présupposé d'essentialisme et de stabilité que de Montmollin (1972) reconnaissait dans la formule « Les gens sont ce qu'ils sont » : dans un premier temps, la question n'est donc pas tellement de savoir ce qu'ils sont, mais de vérifier qu'ils sont bien quelque chose (de cohérent, stable, donc prévisible). Nous avons pu observer comment les recruteurs étaient attentifs au repérage de cette cohérence, qu'ils testent aussi bien dans la diachronie (c'est le rôle des « questions-piège » que d'amener le candidat à se contredire, à émettre des réponses discordantes) que dans la synchronie, en essayant d'apprécier l'accord entre ce que dit le candidat et ce qu'il montre de lui au niveau physique ou postural : l'éventuelle discordance entre les communications verbale et non verbale est rapidement repérée et dévalorisée. Ce constat signifie que le candidat doit non seulement construire un récit de lui-même, de ses expériences, de son passé, suffisamment lisse et homogène (encore que quelques aspérités soient tolérées, voire valorisées dans certaines limites), mais aussi manifester une cohérence visible entre son discours et sa gestualité, sa présentation physique, le ton et le débit de la voix... Sur le premier point, l'obstacle majeur est bien sûr une maîtrise trop approximative de la langue, des mots et des significations qui leur sont attachées ; sur le second, on sait depuis longtemps (Hall, 1984) combien les codes de la communication non verbale sont culturellement marqués. Prises ensemble, ces considérations permettent de prévoir que des candidats d'origine étrangère, ou plus généralement des candidats dont les « habitus » sont socialement distants de celui du recruteur, auront plus de difficulté à maîtriser, s'ils y parviennent, les codes normatifs présents dans cette situation. De plus, on voit mal comment des parcours professionnels présentant des successions de contrats courts ou saisonniers, de stages plus ou moins qualifiants et de périodes de chômage pourraient faire l'objet d'une présentation consistante. Nous avons pu observer comment le candidat cherche à rester elliptique sur ce point, pendant que ses interlocuteurs demandent des précisions ou mettent délibérément en doute ses propos. Le plus souvent, le candidat manifeste, concernant ses projets et son futur, une consistance beaucoup plus difficile à exhiber pour son passé, mais cette attitude est parfois perçue comme une stratégie d'évitement de quelqu'un qui « sait se vendre ».

À côté de la norme de consistance, des rituels ou conventions de communication et d'interaction sont également à l'œuvre dans cette situation. Il semble que se manifeste notamment une prescription implicite de type moral ou éthique : être sincère, honnête, impliqué dans l'entretien. Nous avons recueilli plusieurs énoncés qui indiquent combien cette règle peut être d'un maniement délicat : celui qui « fait des confidences » sur sa famille, ses relations, s'il est effectivement perçu comme impliqué et sincère, risque aussi de pâtir d'une image de fragilité. S'il est bon de se reconnaître quelques travers, mieux vaut le faire avec prudence : tel candidat qui s'avoue « un peu timide » est certes honnête mais « n'a pas la carrure et sera dépassé ». S'il est bien vu de « ne pas trop rester sur sa réserve », de tout mettre en œuvre pour « faire passer son message », il y a pourtant une limite invisible au-delà de laquelle le propos peut apparaître déplacé ou signe d'une faiblesse personnelle. L'exigence d'implication sincère doit donc être satisfaite, paradoxalement, avec distance et retenue : une règle de l'authenticité discrète, en quelque sorte.

Il en est d'autres qui concernent cette fois la conversation elle-même, indépendamment de son contenu. Nous avons été frappé par le fait que ces entretiens n'apparaissent que très secondairement comme une prise d'informations sur le candidat : les recruteurs mobilisent en moyenne près de 45 % du temps de parole. Si beaucoup insistent sur le fait que ces entretiens sont brefs, ils sont pourtant jugés suffisants pour ce type de poste. La brièveté de la rencontre contraste avec l'importance qui lui est attribuée : lors de la décision finale, près d'un argument sur deux réfèrent explicitement au comportement du candidat lors de l'entretien, sensé informer en particulier sur les relations hiérarchiques futures. Les règles à respecter concernent cette fois l'échange conversationnel : qualité de l'écoute, parfois vérifiée lors de « questions-contrôle » ; distribution équilibrée du temps de parole ; sauf exception, interdiction de couper la parole de l'autre (cette règle n'étant d'ailleurs pas vraiment symétrique, au profit du recruteur) ou d'utiliser un ton cassant. La transgression de ces règles implicites, que la plupart des candidats maîtrisaient manifestement moins bien que leurs interlocuteurs, assombrit le pronostic. En particulier, la règle de l'équilibre du temps de parole fut quelque peu déroutante pour certains, qui croyaient devoir donner en un minimum de temps un maximum d'informations sur leur passé, leur expérience professionnelle, leur projet.

La situation d'entretien semble donc bien être, pour les recruteurs, un échantillon d'une situation naturelle où le candidat manifeste ce qu'il est et sera, ailleurs et plus tard. Dans ce contexte, il semble que ce soit l'individu « moyen » sur les dimensions essentielles qui bénéficie du meilleurs pronostic : consistant sans être rigide, honnête sans naïveté, impliqué sans excès dans l'entretien, parlant suffisamment sans bavardage inutile... Le manque comme l'excès sont disqualifiants : encore une fois, le respect de ce principe suppose une bonne maîtrise des normes en vigueur dans la situation. D'autant que les sujets, s'ils s'attendent à être questionnés sur leur formation ou leur expérience professionnelle, sont souvent surpris que des questions au moins aussi nombreuses concernent leur famille, leurs relations, leurs loisirs et autres violons d'Ingres, dont le but semble être la construction progressive d'une impression globale du candidat. Progressive mais pourtant prompte : comme tout bon diagnostic, celui-ci est d'autant plus sûr qu'il est rapide. On peut bien entendu y voir l'activation de stéréotypes ; on comprend aussi que le doute ou l'incertitude en soient l'antithèse : un candidat qu'on n'a pas pu « cerner » au bout de quarante-cinq minutes d'entretien pâtira généralement de ce diagnostic difficile. C'est pourquoi l'essentiel n'est sans doute pas que les inférences soient hâtives ou abusives (ce qui semble une évidence, dans bien des cas, pour l'observateur) mais tout simplement qu'elles puissent être faites : tel individu qui avait déclaré aimer la musique sera diagnostiqué « poète, fantasque, imprévisible, il vaut mieux qu'il s'embauche à la FNAC ». Tel autre qui déclare avoir renoncé à être routier international pour un projet plus réaliste à sa portée se verra pénalisé par cet aveu, celui de quelqu'un « toujours sur le départ, peu fiable, qui veut être indépendant et faire ce qui lui plaît ». Dans ces exemples, tout se passe comme si un élément d'information à première vue anodin permettait en fait d'activer un stéréotype pour construire enfin un diagnostic jusque-là incertain. On retrouve bien sûr dans ces inférences attributives les processus classiquement étudiés dans le cadre de la « psychologie quotidienne » (Beauvois, 1984 ; Leyens, 1983) : la force démonstrative du cas ou de l'exemple particulier (« il me fait penser à un magasinier que j'ai recruté il y a deux ans et qui est parti au bout d'une semaine »), le raisonnement par analogie (« Dommage qu'il se soit couché trop tard, il dormait pendant l'entretien... Comment va-t-il se lever le matin ? »), ou encore la propension aux catégorisations binaires (motivé ou pas, mûr ou trop jeune, veut s'en sortir ou non...).

Ces situations d'entretien nous sont apparues d'abord comme un lieu de diagnostic global sur la personne, très à distance du volet professionnel et des caractéristiques du poste à pourvoir. D'où sans doute l'importance des questions non professionnelles (jugées plus signifiantes car plus personnelles) et la fréquence de pratiques quasi divinatoires : le *feeling,* le « ressenti qu'on ne peut pas expliquer », pourtant pourvoyeur de certitude : « Moi je fonctionne beaucoup au *feeling,* et chaque fois que je suis allée contre, ça a raté. » Notons toutefois qu'aucune référence explicite à des pratiques habituellement qualifiées d'irrationnelles, comme l'astrologie, n'est apparue dans ce petit échantillon de 12 recruteurs. Mais quelle est, aux yeux des recruteurs eux-mêmes, la valeur prédictive d'une telle « connaissance » du candidat ? Que dit-elle de son adaptation future au poste de travail et dans l'entreprise ? Cette question a été directement posée aux recruteurs en fin d'expérience. Elle semble avoir pour effet immédiat de fragiliser le système de certitudes préalable. Tous déclarent que la validité prédictive de ces entretiens est faible ou nulle :

— c'est dans la situation de travail que les gens « se révèlent vraiment » : en ce sens, l'entretien ne permet pas de savoir si « l'entreprise va y trouver son compte », puisque la réussite du nouveau dépend aussi des autres, de la hiérarchie, de la définition du poste ;

— cette incertitude est également rapportée à la situation même d'entretien : on admet que le candidat « a une forte pression pour paraître normal », alors que dans le même temps le recruteur « émet un jugement de valeur sur des *a priori* ». Or ce jugement est plus une impression qu'un pronostic, lequel est toujours risqué et s'apparente à une « loterie ». L'un des recruteurs formule clairement ce paradoxe : « Je suis sûr de mon choix, pas du tout des résultats de mon choix. » Ainsi, la question de la validité prédictive génère une distance critique et un ensemble d'analyses que ne renieraient sans doute pas les spécialistes du recrutement : qu'il s'agisse des divers biais dans la perception d'autrui, de la relativité de la situation d'entretien ou de l'importance des éléments contextuels dans l'analyse des conduites au travail. Comme si une autre forme de connaissance était mobilisée : à un discours essentiellement normatif et évaluatif s'oppose maintenant une connaissance plus réflexive, descriptive, analytique, où l'incertitude règne, du fait notamment de l'adjonction massive de variables externes dans l'explication des conduites. Bien entendu, aucun recruteur ne s'est montré insensible, et encore moins ignorant face aux contradictions et discordances introduites par ce changement de registre, qui a le plus souvent été vécu comme invalidant leurs pratiques habituelles d'embauche. La plupart plaident alors pour des pratiques multiméthodes (entretiens répétés, visite de l'entreprise, tests et mise à l'essai...) pour concéder aussitôt qu'un tel investissement est disproportionné à ce niveau de recrutement (et conclure parfois qu'il vaudrait mieux « tirer au sort »). Ces cadres intermédiaires confirment et valident une réalité qui est sans doute au cœur des problèmes de recrutement des bas niveaux de qualification : l'investissement dans le recrutement (en temps, en moyens, en compétences spécialisées) est à peu près inversement proportionnel au nombre de personnes concernées et au niveau hiérarchique du poste à pourvoir.

À leur manière et dans leur langage, nos recruteurs admettent que la faible prédictivité de l'entretien d'embauche est liée à une prise en compte insuffisante des contextes (l'entreprise, la situation de travail ou d'entretien). Ce qui revient, en un sens, à dire que cette pratique s'inscrit d'abord dans une personnologie. Les travaux sur la norme d'internalité dans le recrutement sont globalement articulés autour de cette hypothèse.

3.3.2. *Une pesante norme d'internalité*

Le concept de norme d'internalité (pour une revue : Dubois, 1994) est apparu dans le contexte des recherches sur le Locus of Control. Jellison et Green (1981) observent que les réponses internes font l'objet d'une désirabilité sociale générale : non seulement leurs sujets préfèrent des sujets fictifs produisant de telles réponses, mais ils les sélectionnent pour eux-mêmes très majoritairement lorsqu'ils sont sous consigne d'autoprésentation positive. À ce stade, toutefois, le concept naissant de norme d'internalité ne concerne que les renforcements, c'est-à-dire ce qui arrive aux gens. Beauvois (1984) élargit ce point de vue en montrant que la désirabilité des explications internes concerne en fait tous les événements psychologiques, qu'il s'agisse des renforcements ou des conduites : la norme d'internalité peut être définie comme la valorisation sociale des explications qui accentuent le poids de l'acteur comme facteur causal. Très concrètement, elle signifie qu'un sujet se valorisera plus sûrement aux yeux d'autrui s'il explique sa réussite professionnelle par son travail acharné plutôt que par la chance ou la mansuétude de ses supérieurs, ce pour les renforcements. De même, concernant l'explication des conduites, il argumentera son choix de vacances dans ce pays lointain par la passion qui l'a toujours animé pour sa culture et non par le prix défiant toute concurrence que lui a proposé l'agence de voyages.

Les promoteurs français du concept soutiennent qu'une telle norme trouve sa rationalité dans les pratiques sociales d'évaluation des personnes : il semble clair, en effet, que la fonction même d'évaluation nécessite de privilégier les explications internes des événements psychologiques. Il serait impossible d'attribuer une excellente note à un élève, de recruter un candidat parmi des dizaines, sans postuler que les performances de ces individus sont bien liées à ce qu'ils sont et font. C'est pourquoi l'hypothèse a très tôt été faite d'une saillance particulière de cette norme dans toutes les situations d'évaluation d'autrui. Des données convergentes valident globalement cette prédiction : qu'il s'agisse du travail social, des dispositifs de formation permanente, des performances scolaires expliquées par les enfants ou par les enseignants, les résultats des recherches attestent d'une valorisation des explications internes par les évaluateurs. On le mesure habituellement à la qualité des diagnostic et pronostic relatifs à des profils consistants internes, ainsi d'ailleurs qu'à la conscience de cette positivité chez les évalués, du moins pour les plus « clairvoyants » d'entre eux. On trouvera un panorama chronologique récent de ces recherches dans Dubois (1998).

Avant d'examiner plus particulièrement les travaux utilisant ce concept dans le champ du recrutement, on s'arrêtera brièvement sur deux remarques préliminaires. La première concerne la surface de pertinence de ce concept : s'il est bien vrai que la valorisation des explications internes est d'abord liée aux pratiques sociales d'évaluation, et donc à certaines formes d'exercice du pouvoir, alors cette norme n'aurait pas grande pertinence dans des secteurs peu ou pas concernés par les performances des sujets ou la compétition entre eux, comme les relations familiales ou de voisinage : c'est en effet ce que semble établir l'une de nos recherches (Cueillens & Castra, 1998). Il s'agit donc d'une norme en quelque sorte « réservée » à la sphère de la réussite, de la promotion scolaire, sociale, professionnelle, ou en tout cas particulièrement saillante dans ces domaines. On peut donc s'attendre à ce qu'elle soit tout particulièrement pertinente dans le contexte du recrutement.

La deuxième remarque concerne un résultat largement commun à la plupart des recherches sur la norme d'internalité. Sachant qu'elles utilisent souvent la méthode des dossiers fictifs (c'est-à-dire des dossiers « plausibles » d'élèves à orienter, de candidats à recruter, de cas sociaux à traiter...) soumis à des évaluateurs-décideurs, il est possible de faire varier la proportion des explications internes dans le discours de ce sujet fictif, et notamment de construire des profils mixtes où les réponses internes et externes s'équilibrent. Les expériences montrent que ces profils indéterminés sont souvent les plus mal évalués, plus dépréciés même que les profils externes : ce qui confirmerait qu'une norme basique en matière d'évaluation d'autrui est bien la norme de consistance (les gens sont ce qu'ils sont), l'internalité étant une forme particulièrement prisée de cette consistance.

La première recherche adossée au concept de norme d'internalité dans le champ du recrutement est à notre connaissance celle de Beauvois, Bourjade et Pansu (1991). En premier lieu, elle confirme les résultats constamment retrouvés ailleurs : en l'occurrence, la préférence systématique, chez des agents d'entreprises mis en position de recrutement, pour des dossiers consistants internes. Il semblerait que le phénomène soit assez général puisqu'insensible à la « culture » de l'entreprise (de type taylorien, paternaliste ou plus pénétrée des méthodes modernes de management), mais ce résultat est moins assuré. Par contre, les auteurs constatent que la préférence pour l'internalité varie avec la position hiérarchique : elle est plus marquée chez les cadres, qui valorisent d'ailleurs plus sa modalité personnologique (je suis travailleur) que téléologique (je veux réussir). Enfin, on observe un résultat nouveau par rapport aux recherches antérieures : un dossier consistant externe n'est pas nécessairement dévalorisé – même s'il n'est pas préféré. « Cela donne à envisager la possibilité d'une sorte de consistance externe qui serait peut-être acceptable » (p. 27). Mais pourquoi dans le cadre de l'entreprise et non de l'école, de la formation ou du travail social ? Les auteurs observent que l'entreprise n'a pas fonction de transmission normative, contrairement à ces autres secteurs. Cette réponse devrait sans doute être complétée ou approfondie. Ce profil consistant externe n'est-il pas prototypique de celui que Dubar (1991) nomme l'exécutant stable, figure classique de l'entreprise traditionnelle, qui non seulement admet mais légitime voire revendique sa dépendance au « Chef » ? On n'attendait pas particulièrement de l'ouvrier traditionnel qu'il soit autonome et indépendant... Que des dossiers de candidats externes restent acceptables traduit sans doute le fait que cette figure classique conserve une certaine prégnance – sinon une certaine réalité, au-delà des discours managériaux. « Je ferai bien mon travail si je suis bien commandé », telle pourrait être la maxime de l'exécutant stable, et cette proposition n'est pas particulièrement interne.

Il reste que cette première recherche témoigne bien d'une saillance de la norme d'internalité dans la situation de recrutement. On remarquera qu'il s'agit ici, non de recruteurs professionnels mais d'agents d'entreprises. Pour ce qui est des cabinets de recrutement, Luminet (1996) observe que les consultants, à leur tour, privilégient massivement les candidats internes, en partie, d'ailleurs, contrairement à ce qu'ils disent : cette variable est en fait beaucoup plus importante au niveau opératif, lors de l'évaluation des dossiers, qu'au niveau déclaratif antérieur (où le consultant dit accorder la priorité aux variables professionnelles : formation, expérience, dynamisme relationnel...). En moyenne, en effet, la majorité des consultants ne semblent pas conscients des critères qu'ils activent réellement au moment de la décision. La mise en concurrence de critères en rapport avec le poste à pourvoir (les critères liés à la sphère professionnelle) avec d'autres sans rapport (les styles attributifs) semble provoquer un fort effet de brouillage, les premiers étant déclarés les plus importants mais les seconds s'avérant les plus opérants. Ce constat, qui recoupe d'ailleurs des résultats analogues observés chez les enseignants, atteste qu'il s'agit bien d'une véritable norme, par différence avec des règles, codes ou critères établis.

Desrumaux-Zagrodnicki et Rainis (2000) travaillent aussi avec des consultants en recrutement. Également basée sur la technique des dossiers fictifs, leur recherche reprend la distinction entre les formes personnologique et téléologique de l'internalité (trait ou intention) et croise ce critère avec le niveau d'aptitude (apte ou peu apte) figuré par la note obtenue à un test de logique (le D 48) dont on admettra la pertinence s'agissant du recrutement d'un cadre financier dans une PME. Un résultat retiendra d'abord l'attention : l'interne-intention est toujours préféré, même s'il est peu apte ; par contre, si l'internalité apparaît uniquement sous forme de traits, elle ne favorise pas les candidats par rapport aux externes : le degré d'aptitude devient alors la variable déterminante. Il peut paraître surprenant, sinon préoccupant, que l'aptitude passe au second plan après l'internalité (sous sa modalité intention), dont on ne voit pas bien le rapport avec le poste de travail du cadre financier... Pourtant, très probablement ces consultants (dont le quart sont des psychologues dans cette recherche) valorisent-ils les tests, et notamment l'un des plus éprouvés. Ces deux auteurs notent à leur tour que les recruteurs font preuve de peu de perspicacité quant aux critères qu'ils mobilisent réellement dans leurs décisions, ce qui devient une remarque bien récurrente...

Mais un autre résultat de cette recherche mérite une attention particulière. Ce n'est plus ici la modalité interne-trait qui est la plus valorisée mais la modalité intention, contrairement donc à la recherche précitée de Beauvois *et al.* (1991). Une hypothèse quant à cette discordance consiste à dire que les cadres, d'une part, les consultants en recrutement, d'autre part, ont des pratiques d'évaluation qui ne seraient pas régies par les mêmes logiques sociales. En particulier, le recruteur professionnel serait plus préoccupé de l'adéquation du profil du candidat avec le poste à pourvoir, et accorderait donc beaucoup d'importance aux intentions perçues comme des prédicteurs comportementaux (contrairement aux traits, plus descriptifs). Par contre, les cadres seraient plus focalisés sur la personnalité du candidat et sont donc d'abord soucieux d'émettre un jugement global à son endroit. Mais pourquoi en est-il ainsi ? Quelles sont donc ces « logiques sociales » si distinctes ? On peut avancer une explication, cohérente avec certaines remarques des auteurs (p. 207) : les recruteurs n'ont pas la perspective de « vivre avec » le candidat, mais souhaitent, par contre, que le recrutement réussisse (notamment pour fidéliser le client, c'est-à-dire l'entreprise). Les intentions et projets leur apparaissent, à tort ou à raison, plus prédicteurs. Par contre, les cadres savent qu'ils devront gérer un contact permanent avec ce candidat s'il est retenu : il est donc essentiel de savoir d'abord « qui il est ». Les cadres d'entreprise seraient donc, paradoxalement, moins préoccupés par l'adéquation du profil au poste que les consultants, mais plus soucieux de prévoir la qualité des interactions quotidiennes avec le nouveau venu.

Du fait qu'elle permet la mise en concurrence de plusieurs critères de décision, la méthode des dossiers fictifs est particulièrement apte à faire apparaître l'irrationalité éventuelle de cette décision. Ainsi, Laberon (1996) construit huit dossiers de candidats en faisant varier l'expérience professionnelle (forte ou faible), le niveau de formation (élevé ou bas), considérés comme critères rationnels ; varient aussi le LOC (interne/ externe) et la beauté physique (beau / laid), habituellement considérés comme critères peu rationnels puisque sans lien direct avec le poste de travail. Cette expérience repose sur une conception où la décision n'est pas un processus additif, linéaire mais s'organise plutôt en un modèle complexe, multidimensionnel, où les critères sont connectés les uns aux autres et interdépendants. Les sujets de l'expérience sont des étudiants avancés qui se spécialisent dans la gestion des ressources humaines. Les résultats attestent une fois encore de la prédominance massive du LOC comme critère de décision : le candidat interne est mieux classé sept fois sur huit, quels que soient son niveau de formation, son expérience professionnelle ou son « attractivité ». Par contre, l'apparence physique n'aurait pas d'effet indépendant mais entre dans de subtils effets d'interaction. Par exemple, lorsque le candidat est interne, alors la beauté devient favorable à la décision d'embauche quelles que soient les modalités de l'expérience et de la formation. Mais c'est l'inverse qui se produit quand le candidat est externe, où le « laid » est privilégié. Tout se passe comme si les recruteurs agissaient en fonction de véritables théories implicites qui connectent les critères entre eux de manière non aléatoire : selon ces croyances, il serait difficilement concevable qu'un individu beau soit externe, et inversement, on ne peut pas être interne et laid. Ces associations atypiques semblent générer un conflit cognitif aboutissant au déclassement du candidat. Ces observations indiquent que les critères de décision valent aussi par la place qu'ils occupent dans une constellation de variables, même si l'internalité a bien une place de choix dans ce système.

L'attirance physique est aussi une variable centrale dans une recherche récente de Desrumaux-Zagrodnicki *et al.* (2000) concernant des candidatures féminines à un poste de secrétaire ou de cadre supérieur. Les candidates sont attrayantes ou non, internes ou externes ; les sujets sont professionnels du recrutement en cabinet, en entreprise ou dans des agences d'intérim. Ils sont placés en situation de dernier choix, les candidates étant présentées comme réunissant toutes les aptitudes et les compétences requises pour le poste à pourvoir. Les résultats indiquent à nouveau un effet des deux variables principales, mais qui fluctue suivant le poste à pourvoir : si l'internalité influence positivement le choix quel que soit le poste, la beauté physique n'a d'effet massif que pour le poste de secrétaire. Par contre, et contrairement à Laberon (1996), l'interaction entre les deux variables est nulle pour le poste de cadre et faible pour l'emploi de secrétaire. Cette différence peut s'expliquer par le fait que l'un de ces deux postes – celui de secrétaire – est plus « sex typé » que l'autre (Directeur des ressources humaines) et que Laberon pour sa part ne donnait pas de précision sur les postes à pourvoir. Précisons enfin que dans cette dernière recherche, les recruteurs dénigrent publiquement l'influence de la photo lorsqu'ils sont interrogés sur leurs critères de choix.

L'internalité apparaît donc bien comme une variable majeure des décisions de recrutement, capable de supplanter des dimensions aussi directement opératoires que l'expérience professionnelle ou le diplôme. L'influence de ce facteur connaît par ailleurs des variations secondaires selon le niveau hiérarchique du poste ou l'attractivité physique. Si la technique des dossiers fictifs permet bien la mise en évidence de ces effets dans la situation expérimentale, elle ne nous dit rien, par contre, sur la façon dont les recruteurs opèrent, en pratique, pour repérer ou détecter cette compétence particulière. C'est cet aspect de la question qui faisait plus particulièrement l'objet de notre propre recherche (Castra, 1995*c*) :

— il y a dans toute « perception » d'autrui une composante descriptive et une composante évaluative. C'est cette dernière qui légitime les guillemets à « perception » ; la norme d'internalité s'avère une dimension essentielle de cette composante, reposant donc sur une attribution de valeur à certaines personnes ;
— l'entretien d'embauche repose « officiellement » sur le repérage des diplômes, compétences, expériences comme autant d'indicateurs d'adéquation au poste à pourvoir. Mais ces indicateurs sont le plus souvent des événements biographiques, des informations ; ils ont donc l'inconvénient majeur d'être relativement neutres du point de vue de la valeur des personnes. Autrement dit, ces indicateurs objectifs permettent d'attribuer de la valeur à des candidatures plus qu'à des candidats, à des productions plus qu'à des producteurs : en ce sens, ils manquent à satisfaire la « quête normative » de l'évaluateur.

On a vu que le matériau empirique de cette recherche était constitué des échanges enregistrés pendant des entretiens de recrutement : questions ou remarques adressées aux candidats, conversations et argumentations entre recruteurs lors de la décision finale. Nous avons procédé à une analyse de contenu de ce matériau en classant les éléments d'évaluation dans deux grandes catégories : une catégorie C (comme compétences) concernant les diplômes, expériences professionnelles, stages, scolarité, savoirs et savoir-faire divers ; une catégorie P (comme personne) concernant les dispositions psychologiques et de caractère, le comportement en situation d'entretien, les loisirs, centres d'intérêts, vie familiale, caractéristiques physiques. Il s'agit donc d'un ensemble d'éléments dispositionnels sans lien visible avec le poste à pourvoir.

L'hypothèse générale de cette étude était que la quête normative des évaluateurs conduirait nécessairement à une prédominance de la catégorie P, soit initialement sous forme de questions au candidat, soit sous forme d'inférences directes sur la personne. La recherche proposait deux prédictions supplémentaires : la dominance de la catégorie P devrait être encore plus marquée lors de la phase finale de discussion entre recruteurs, parce que des questions de type professionnel posées dans un premier temps (« Combien avez-vous eu d'expériences professionnelles différentes ? ») servent ensuite à alimenter des inférences sur la personne, surtout en son absence (« Il est instable »). D'autre part, il était prévu que le poids de la catégorie P ne varierait pas avec le poste à pourvoir : ce n'est pas parce qu'on recrute une vendeuse (et non un monteur de pneu) qu'on est particulièrement attentif aux qualités personnelles. La norme d'internalité n'a pas grand-chose à voir avec la rationalité de l'adéquation candidat-poste à pourvoir.

Nos résultats confirment globalement ces attentes. La catégorie C, concernant donc la sphère professionnelle, compte 26 % des unités de contenu : c'est donc la catégorie P qui en concentre près des trois quarts. Par ordre d'importance quantitative, la première sous-catégorie de P concerne les traits, dispositions psychologiques, motivations ; viennent ensuite les observations ou inférences sur le comportement pendant l'entretien, les loisirs et centres d'intérêts, les caractéristiques physiques et la situation familiale. Quand il est question de la sphère professionnelle (catégorie C), il s'agit sept fois plus souvent des expériences passées que des diplômes ou de la formation : les évaluateurs semblent en effet soucieux de reconstituer la biographie du candidat. De plus, quand ils abordent la question de la formation, c'est surtout l'éventuelle période en entreprise qui retient leur attention. Au total, pourtant, la catégorie C pèse peu dans l'ensemble des échanges : à titre d'exemple, les centres d'intérêts, loisirs et violons d'Ingres divers sont plus représentés que la scolarité et la formation réunies. Globalement, ces résultats bruts confirment donc une centration importante sur la personne au détriment des acquis scolaires ou professionnels.

Il se confirme que cette saillance de la catégorie P s'amplifie dans la phase décisionnelle finale qui suit l'entretien avec les candidats : elle ne représentait « que » 67 % des échanges pendant l'entretien, elle en mobilise 83 % dans la phase de décision. Rappelons que dans cette phase, les recruteurs doivent dire quel candidat ils retiendraient (ou quel classement ils opèrent), et surtout, pourquoi. Ils sont donc invités à justifier et argumenter leur choix, ce qui provoque des échanges particulièrement fournis dans les cas (fréquents) de désaccord. Lors de ces discussions, tout se passe comme si la sphère professionnelle et le poste de travail étaient quasiment oubliés : les discours tendent à s'organiser en un portrait psychologique du candidat, parsemé de quelques rappels sur les compétences ou expériences passées. Ce gonflement de la catégorie P touche quasi exclusivement la sous-catégorie « dispositions psychologiques », qui passe de 34 à 70 %. Des éléments d'information préalablement recueillis sur la famille, les loisirs ou les comportements en situation de travail sont utilisés *a posteriori,* non pour eux-mêmes mais pour alimenter des inférences dispositionnelles. On est frappé par la remarquable souplesse des inférences : « Aimer le travail bien fait » peut devenir être lent et obsessionnel, ou au contraire appliqué et rigoureux. Avoir eu plusieurs expériences de travail peut signifier qu'on est volontaire et accrocheur, ou au contraire instable. La plupart des candidats posaient des questions sur le poste et l'entreprise : un tel comportement est jugé soit comme le signe d'une motivation et d'un intérêt élevés, soit comme le fait de « quelqu'un de trop curieux qui posera des problèmes ». Ce dernier exemple indique que l'activité personnologique des recruteurs peut aussi concerner les futures situations de travail, mais sous l'angle des relations horizontales ou hiérarchiques. Nous reviendrons sur ce point important à propos de l'allégeance.

Notre recherche comportait également une partie non expérimentale représentée par l'analyse de comptes rendus d'entretiens d'embauche négatifs. Dans un dispositif d'insertion de la région bordelaise, le chercheur d'emploi est incité à se présenter à toute offre d'embauche, émanant d'un réseau d'entreprises, pour des postes compatibles avec son profil ou son éventuel projet. Quand l'entretien ne débouche pas sur un recrutement, le recruteur est interviewé par l'agent d'insertion sur ses impressions, diagnostic, pronostic. L'ensemble de ce matériau est consigné sur une fiche. Nous avons appliqué à ces fiches les mêmes catégories d'analyse de contenu que pour le matériel expérimental. Toutefois, une différence majeure caractérise ces données empiriques :

elles concernent de vrais entretiens d'embauche sur des postes réellement ouverts au recrutement, ce qui permet d'introduire dans l'analyse, à titre de variable indépendante, la nature du poste à pourvoir. Nous avons ainsi distingué des postes à dominante relationnelle, où l'interaction avec le client est fréquente ou permanente (vendeuse, réceptionniste, caissière), et des postes où elle est rare ou nulle (monteur de pneus, traitement de texte, préparateur de commandes).

À première vue, on pourrait s'attendre à une insistance particulière sur la personne (et donc à un gonflement de la catégorie P) pour les postes à dominante relationnelle : c'est en tout cas ce qu'indique le discours public des recruteurs. Or cette hypothèse apparaît non pertinente pour deux raisons. D'une part, elle repose sur une conception du recrutement comme appariement rationnel entre un profil de poste et les caractéristiques du candidat, ce qui n'est sans doute pas la pratique la plus courante. D'autre part, elle postule que le service et le rapport au client sont le souci majeur du recruteur : or, il est probable qu'il soit d'abord préoccupé des relations internes dans l'entreprise, quel que soit donc le poste à pourvoir. C'est bien ce que confirme l'analyse de 52 comptes rendus d'entretiens, dont 30 sur des postes à dominante relationnelle : le poids quantitatif de la catégorie P ne varie pas en fonction du type de poste, il reste stable et représente près de 80 % des arguments (ce qui est une proportion du même ordre que celle observée dans la partie expérimentale de cette recherche).

Ce rapide survol de quelques recherches récentes semble donc indiquer que la norme d'internalité structure puissamment la situation d'entretien d'embauche. Il se pourrait d'ailleurs que cette focalisation sur la personne du candidat soit particulièrement importante dans le cas des postes sans qualification. Dans notre propre recherche, le fait qu'il y ait si peu d'échanges, relativement, à propos des compétences et expériences professionnelles peut justement signifier que cette question est finalement secondaire puisque le poste ne demande aucun savoir-faire particulier sauf celui qu'on acquiert en quelques jours en situation. Le recruteur se focaliserait donc plus massivement sur la sphère personnologique. Il n'est pas sûr qu'il en serait de même pour le recrutement d'un ouvrier professionnel ou d'un technicien supérieur, où la dimension de la tâche et des activités est sans doute plus cruciale : mais nous ne connaissons pas de recherche comparative sur ce point. Si cette hypothèse a une pertinence, elle signifie donc que les attentes normatives en situation de recrutement pèsent tout particulièrement sur les publics les plus en risque d'exclusion professionnelle : c'est surtout dans leur cas qu'on jugerait plus des candidats que des candidatures. Ce qui n'est sans doute pas de nature à améliorer le pronostic.

Mais les recherches sur la norme d'internalité en recrutement ont débouché sur une controverse : de quelle internalité s'agit-il ? N'est-ce pas plutôt l'allégeance (au pouvoir, à l'autorité, aux normes ambiantes) qui est valorisée ? Cette question est à notre avis bien illustrée par le récit d'un cas issu de notre propre recherche. Une jeune fille se présente à un recrutement de caissière dans une PME. Une semaine plus tard, l'agent d'insertion apprend que cette candidature est refusée et interviewe sur ce point le cadre de l'entreprise. Celui-ci observe que la candidate a posé beaucoup de questions, a même souhaité visiter l'entreprise, ce qu'il trouve très positif : il la convoque donc pour une passation de test. Mais entre-temps, la candidate joint une secrétaire par téléphone pour obtenir des renseignements supplémentaires sur le poste, l'entreprise, l'ambiance de travail, ce qui a pour effet d'effrayer le recruteur. Lequel estime maintenant que cette candidate est « trop tenace » et déclare craindre des problèmes relationnels dans l'équipe s'il la recrute. Motivation, détermination, soit. Mais... point trop n'en faut !

3.3.3. *Internalité ou allégeance ?*

La définition de la norme d'internalité (valorisation des explications qui accentuent le poids de l'acteur comme facteur causal) mériterait peut-être quelques compléments. En particulier, de telles explications ne seraient valorisées que dans la mesure où elles ne mettent pas en péril le système social. Supposons deux explications possibles d'un même événement, la réussite à un examen. « J'ai suffisamment travaillé » est une cause interne à forte utilité sociale. « Je voulais absolument réussir, j'ai triché le jour de l'épreuve » est une explication aussi interne que la précédente, mais on peut, par contre, douter de sa désirabilité. Or, la première explication appartient au type de celles que l'on rencontre le plus habituellement dans les recherches sur la norme d'internalité ; la seconde en est tout aussi généralement absente, et ce depuis Rotter lui-même. Par exemple, l'item 11 de l'échelle ROT-IE (version française de Saleh, 1983) propose un item interne selon lequel « obtenir un succès est le résultat d'un travail assidu » ; dans l'échelle pour enfants de Dubois (1986), on est privé de télévision « parce qu'on a fait une bêtise » ou encore, les élèves chahutent en classe « parce qu'ils sont énervés ». Plus près de nous, le questionnaire d'internalité pour étudiants de Dubois et Tarquinio (1997) explique l'accès à l'année supérieure par « Vous vous donnez parfois de la peine » (interne instable) ou « Vous êtes quelqu'un de travailleur » (interne stable). Dans une revue de question certes partielle, Dagot (1999) ne trouve aucun item interne qui pourrait constituer une menace potentielle pour une quelconque figure d'autorité (parents, supérieurs, enseignants, loi...). Inversement, les items externes incluent souvent une mise en cause de l'ordre établi : on réussit quand les enseignants sont bons, on est battu parce que les parents sont de mauvaise humeur, on est promu parce qu'on est au bon endroit au bon moment. Et même quand les explications externes ne sont pas directement accusatrices, elles le sont encore potentiellement, comme le fait d'expliquer la réussite sociale par la chance. Il se pourrait donc que la valorisation de l'internalité soit en fait celle de l'allégeance et la dévaluation de l'externalité celle du « rebelle », cette confusion résultant d'un biais méthodologique dans la construction des échelles d'internalité. C'est la thèse principale de Gangloff (1997*b*), qu'il applique entre autres à l'univers de l'évaluation professionnelle (1997*a*).

L'hypothèse est donc celle d'une valorisation conditionnelle de l'internalité. On se propose, en particulier, d'examiner la question suivante : que se passe-t-il si l'interne représente un danger pour l'organisation, la hiérarchie ? Pour instruire cette question, l'auteur remplace les items internes classiques par des propositions valorisant l'arrivisme, la tricherie, le favoritisme, la réussite « par tous les moyens », voire même par des items à première vue plus acceptables, comme « votre contrat ne sera pas reconduit parce que vous n'avez sans doute pas assez léché les bottes ». On utilise les paradigmes habituels des juges (évaluation de dossiers fictifs par des décideurs) ou de l'autoprésentation (choisir ses réponses sous consigne d'autovalorisation, ou l'inverse). Les sujets sont des cadres d'entreprise, des travailleurs non cadres, des étudiants, des sujets « déviants » (petits délinquants).

Les résultats sont à la fois globalement stables et inverses de ceux habituellement observés. L'interne déviant est assez régulièrement classé en dernière position et après l'externe. Les cadres sont encore plus sévères vis-à-vis de ce sujet que les ouvriers ; inversement, les délinquants sont ceux qui adoptent le plus ces réponses potentiellement déviantes... Il semble bien, en effet, qu'une autre normativité soit en jeu. Au point même que des internes « inconsistants » (qui ne fournissent, par exemple, de réponse interne que pour des événement positifs) sont préférés à l'interne revendicateur : on peut en déduire que la netteté du portrait du « mauvais » interne est encore plus inacceptable que l'inconsistance, pourtant connue comme fortement contre-normative. L'auteur propose une interprétation globale de ces résultats : il ne suffit pas d'être interne pour être valorisé, encore faut-il présenter des gages de notre bonne volonté, de notre respect et soutien de l'ordre établi. L'interne « rebelle » est tout aussi autonome, responsable, déterminé et consistant que l'interne classique ; il peut aussi bien souscrire à l'image d'efficacité habituellement attachée à l'internalité. On peut en conclure que derrière la valeur d'autonomie et de responsabilité que représenterait la classique norme d'internalité se cache en fait le principe du respect de la stabilité hiérarchique, et plus généralement de l'ordre existant, que Gangloff nomme « norme d'allégeance ». Cette norme est définie comme la valorisation sociale des explications qui préservent l'environnement de toute mise en examen et/ou qui exhibent des manifestations de soumission ou de soutien à l'autorité.

On peut au moins retenir de la critique de Gangloff que les items internes des échelles habituelles ont été insuffisamment contrôlés pour ce qui est de la dimension du rapport à l'autorité et à l'ordre établi en général : l'interne classique est toujours « de bonne moralité ». De même, il faudra probablement distinguer plus soigneusement ce qui concerne le contenu sémantique des explications causales de leur nature interne ou externe. Le concept de norme d'internalité ne concerne que la nature de ces explications, internes *vs* externes, quels que soient leurs contenus : il apparaît donc que la proposition selon laquelle « une cible ayant émis des explications internes est toujours mieux jugée qu'une cible ayant émis des explications externes » (Dubois *et al.*, 2000, p. 347) est probablement abusive. Il y a des explications internes qui disqualifient leur auteur : s'il est normatif d'apparaître introdéterminé, il n'est pas valorisant pour autant de « vouloir réussir par tous les moyens ». Gangloff affirme clairement la possibilité de l'existence de « mauvais internes », d'une internalité indésirable ou dangereuse. Dans notre propre recherche sur le recrutement, nous avons nous-même observé cette réticence ou ce refus des employeurs face à l'interne de type revendicatif, qui existe bel et bien dans la réalité : « Pas assez malléable », « trop sûr de lui », « très au courant de ses droits » ou encore « trop individualiste » sont des arguments prélevés dans le discours des recruteurs (Castra, 1995c, p. 124). Si l'on observe de plus près ce qu'ils signifient, on peut avoir une idée des dimensions de l'allégeance : pas assez malléable (comme trop sûr de lui) renvoie sans doute à l'influence impossible du supérieur hiérarchique ; très au courant de ses droits évoque plutôt la revendication syndicale ; trop individualiste semble concerner une autre dimension, celle de la prise en compte insuffisante du groupe, des collègues, du

« nous ». Il y a dans cette série d'arguments – dont on rappelle qu'ils ont été utilisés pour refuser des candidatures – deux dimensions distinctes : celle de la soumission insuffisante à l'autorité et au pouvoir, d'une part ; celle de l'incapacité à coopérer, à faire des compromis, à être ouvert à autrui, d'autre part. Il s'agissait dans notre cas de recrutements sur des postes d'exécution : les recruteurs affirment ici que pour les occuper, il faut aussi (ou d'abord, dirait Gangloff) obéir aux supérieurs et travailler en équipe. Ce qui est, au fond, tout à fait cohérent avec l'identité d'exécutant stable de Dubar (1991) évoquée plus haut. Il faut reconnaître, avec Gangloff, que cette figure n'a pas disparu du monde de l'entreprise, et encore moins sans doute dans les faits que dans les discours. Et admettre, du même coup, que les propos sur l'autonomie et la responsabilité peuvent fort bien masquer une réalité plutôt inverse, ce qui n'est pas non plus une nouveauté si l'on s'intéresse à la fonction sociale des discours idéologiques[1]. Il nous paraît par contre impossible de suivre Gangloff quand il propose purement et simplement de substituer la notion d'allégeance à celle d'internalité : et ce tout simplement parce qu'il existe aussi une externalité allégeante. Il est donc possible que les deux normes soient indépendantes, ou orthogonales, ce qui définirait en fait quatre types d'explications :

— interne allégeante : je n'ai pas obtenu l'augmentation que je réclamais parce que je ne me suis pas assez impliqué dans mon travail. C'est la « bonne » internalité, dominante dans les échelles usuelles ;
— interne non allégeante : parce que je n'ai pas assez léché les bottes... C'est le « mauvais » interne de Gangloff ;
— externe allégeant : parce que la conjoncture économique n'est pas assez favorable à notre entreprise. Voilà une explication externe qui n'accuse personne, comme quand on invoque le destin ou la fatalité ;
— externe non allégeant : parce que mon entreprise est très mal gérée, ou que le patron recherche d'abord le profit maximum.

L'externalité n'est donc pas nécessairement associée à la mise en cause du système et du pouvoir, pas plus que l'internalité ne signifie nécessairement leur respect. Les deux normes doivent donc être distin-

1. On peut d'ailleurs se demander si la norme d'internalité concerne autre chose qu'une représentation ou un discours idéologique. Comment les organisations pourraient-elles fonctionner avec des individus introdéterminés ? C'est ce non-sens qu'avait bien vu le classique et très actuel Milgram (1974).

guées et croisées, et non confondues sur simple décision de principe. Ce qui autorise des questions bien stimulantes, et par exemple celle-ci : la norme d'internalité ne concerne-t-elle pas d'abord les niveaux supérieurs de la hiérarchie, et la norme d'allégeance les niveaux subalternes ? Ou encore, dans le cadre d'une réflexion plus sociohistorique, on pourrait se demander si les normes d'allégeance et d'internalité ne renvoient pas en fait à deux époques du discours managérial. La première référerait à l'organisation taylorienne ou paternaliste classique, elle-même intégrée dans une société fortement hiérarchisée et stable. La seconde conviendrait mieux au management moderne, notamment dans sa dimension de « direction par objectif » en ce qu'elle postule la responsabilité individuelle et l'autonomie dans l'exécution des tâches, dans un contexte social beaucoup plus incertain où les modèles traditionnels d'autorité semblent s'estomper.

Croiser internalité et allégeance nous paraît une bonne voie pour approfondir la réflexion sur la normativité dans l'évaluation professionnelle. C'est ce que fait Dagot (1999, *op. cit.*), à ceci près que sa population d'étude est constituée de 110 opérateurs de bilans de compétences et non de recruteurs ou de cadres d'entreprises. Les premiers constats de cette recherche n'en sont pas moins très intéressants :

— les allégeants (internes ou externes) bénéficient d'un pronostic significativement meilleur que les non-allégeants, alors que la différence entre les internes (allégeants ou non) et les externes est non significative. Mais ce résultat peut simplement traduire le fait que les opérateurs de bilan « savent » que les obéissants seront plus facilement recrutés ;
— le portrait des allégeants (internes ou externes) regroupe significativement plus de descripteurs positifs, celui des non-allégeants étant plus saturé d'items d'ordre psychopathologique (tendance paranoïaque, sentiment d'échec, de persécution, évitement du principe de réalité). On retrouve ici l'image du malade évoquée au premier chapitre : mais là où l'allégeant a « seulement » besoin d'être épaulé, encadré, le non-allégeant souffre manifestement d'un diagnostic plus sombre. Ce point indique que les opérateurs de bilan ne font pas que répercuter les attentes supposées des entreprises, puisqu'il ne s'agit plus ici d'un pronostic d'insertion mais d'un portrait-diagnostic du sujet ;
— pour les non-allégeants, les opérateurs interviennent légèrement plus sur le pôle « connaissance de soi » que pour les allégeants ($p = .07$), bien qu'ils soient nettement plus pessimistes sur le profit

que les non-allégeants peuvent retirer du bilan. De même, si on observe les conseils ou les orientations préconisées selon les cas (réorientation professionnelle, formation, techniques de recherche d'emploi, soutien psychologique), on observe que les non-allégeants se voient fortement conseiller un soutien psychologique, contrairement aux allégeants, très majoritairement orientés vers le pôle professionnel.

Cette recherche semble indiquer que l'allégeance est une variable plus décisive que l'internalité, qui n'intervient qu'en modulation secondaire de cet effet principal. Sur ce point, les opérateurs de bilans réagissent comme les agents d'entreprise de Gangloff. Nous ne savons pas si la forte psychopathologisation des non-allégeants est une spécificité des opérateurs de bilans, ou si cette tendance à considérer les revendicatifs comme des paranoïaques a une surface plus générale... Toutefois, les résultats de ces recherches, pour l'instant peu nombreuses, doivent être pris avec prudence. En particulier, le contenu même des items non allégeants n'est sans doute pas pour rien dans l'image négative qui en résulte : mentir, tricher, manipuler... peuvent difficilement entraîner autre chose que de la réprobation, surtout si ces conduites sont officiellement illégales. En fait, ce non-allégeant-là est aussi délinquant que revendicatif... Il n'est pas certain que des formes plus collectives ou plus légales de non-allégeance entraîneraient la même réprobation. Les travaux sur la norme d'allégeance risquent d'être confronté aux mêmes critiques que celles dont ils sont issus : la surdétermination de la réponse par le contenu des explications causales (acceptables-condamnables par exemple) plus que par leur type ou modalité (allégeantes - non allégeantes).

Il reste que l'interne classique, c'est-à-dire allégeant (qu'on ne confondra donc plus avec l'interne en général), est toujours préféré et mieux décrit, diagnostiqué et pronostiqué : ce résultat-là semble peu contestable. Au point que l'idée de formations à l'internalité pour favoriser l'insertion professionnelle, grâce notamment à une meilleure auto-présenation lors des entretiens de sélection, a été émise par plusieurs auteurs et mise en œuvre par quelques-uns.

3.3.4. *Faut-il former à l'internalité ?*

L'éventualité de formations à l'internalité pour favoriser l'embauche ou le déroulement de la carrière n'est plus tout à fait nouvelle – du moins en France – comme on le verra dans le bref rappel qui suit. Mais elle est sans doute encore moins nouvelle dans son principe : préparer des personnes à l'entretien de recrutement par des simulations et des jeux de rôle, développer des stratégies d'autoprésentation au sein des techniques de recherche d'emploi est une activité que beaucoup de psychologues (sociaux ou du travail notamment) pratiquent depuis longtemps. On a vu également que l'aide au projet est une stratégie d'intervention majeure dans tout le champ social et éducatif. Dans ces formations, les sujets apprennent à apparaître motivés, cohérents, visiblement porteurs d'objectifs, et donc introdéterminés : ce qui est au fond très proche de ce que signifie le concept d'internalité. Pourtant, la multiplication des travaux autour de ce concept, et *a fortiori* le passage du LOC à la norme d'internalité conduisent à poser de façon nouvelle cette question somme toute classique.

La pertinence de formations à l'internalité pour des personnes connaissant des difficultés d'insertion professionnelle, ou encore pour des chômeurs de longue durée, tient à deux points essentiels :

— les recruteurs, et plus généralement les intermédiaires du marché du travail valorisent les discours internes ;
— or, précisément, les publics en question se caractérisent le plus souvent par des explications externes de leurs difficultés actuelles. Rappelons d'abord qu'ils appartiennent pour l'essentiel aux catégories sociales les plus défavorisées, et que l'internalité est assez directement liée à la variable socioéconomique (Dubois, 1987). Mais plus précisément, l'événement même du chômage et des ruptures professionnelles abaisse le sentiment de contrôle chez les sujets et favorise l'apparition de discours fatalistes externes. Ce point est attesté par plusieurs recherches, notamment celle de Fournier et Pelletier (1994) qui observent que près des deux tiers des jeunes de leur échantillon de chômeurs ont tendance à croire qu'ils ont peu de pouvoir sur leur vie, sur leurs choix et décisions et se disent prêts à s'engager dans n'importe quelle filière « indépendamment d'un projet professionnel bien à eux » (p. 111). Les nombreux échecs connus auparavant, l'absence de solution appropriée qui leur serait proposée expliquent en partie qu'ils « préfèrent s'en remettre aux contingences du milieu » (p. 111). Un résultat du même ordre est observé par Desmuraux-Zagrodnicki (1998) qui compare un groupe de personnes en difficulté, rencontrées dans les centres communaux d'action sociale, les centres sociaux ou les foyers de la région lilloise, et un groupe témoin de personnes insérées dans la vie active. Les résultats indiquent que le groupe en difficultés sociales

ou économiques fournit des réponses plus externes, tant en matière d'attribution qu'en matière de LOC. De plus, ce sont précisément les explications externes qui discriminent le mieux les deux populations, contrairement aux items internes qui les distinguent peu ou pas. À partir d'un recensement de ces diverses croyances ou explications, Fournier et Pelletier (1994) construisent une typologie distinguant diverses catégories de « LOC vocationnel », dont les trois premières modalités (dites défaitistes, de dépendance et de prescription) correspondent au pôle externe de la représentation du lieu de contrôle et rassemblent de 70 à 90 % de leur population interrogée sur sa conception du travail ou ses croyances en matière de pouvoir de décision. Pour ces auteurs, ce sont bien entendu les deux autres modalités, dites d'autoresponsabilisation et proactive, qui sont au contraire les plus adaptées. On aura remarqué la connotation normative de ces appellations.

Ainsi, le seul souci de favoriser l'accès à l'emploi de personnes qui en sont privées légitime la pertinence pragmatique de formations à l'internalité. Cette idée est formulée, à notre connaissance, pour la première fois par Dubois et Trognon (1989) à la suite de l'observation selon laquelle des bénéficiaires de stages d'insertion évoluent vers plus d'internalité, cette acquisition étant en quelque sorte incidente et ne se réduisant pas à une simple reprise du discours des formateurs. On peut alors faire de cette évolution vers un discours plus interne un objectif explicite de formations spécifiques : « La question qui se pose est alors de savoir si des dispositifs de formation qui joueraient à fond la carte de la formation à l'internalité, c'est-à-dire qui apprendraient aux gens à adopter systématiquement des positions d'internalité, ne favoriseraient pas l'embauche » (p. 225). Une réponse bien moins nuancée est fournie par Fournier, Pelletier et Pelletier (1993) : « À partir des *a priori* que nourrissent les jeunes en matière d'insertion socioprofessionnelle et qui dans bien des cas les paralysent dans leur action, il est maintenant possible... de favoriser une plus grande efficacité d'intervention... Pour faciliter l'atteinte des objectifs... le développement de croyances plus internes chez les jeunes demeure une condition préalable fondamentale à la réussite d'une démarche concrète d'insertion » (p. 81). On aura remarqué que cette condition est non seulement préalable mais aussi fondamentale ; surtout, il s'agit bien de développer des croyances plus internes et non de favoriser certaines formes d'autoprésentation. La base théorique de ces auteurs est le LOC et non la norme d'internalité : cet article ne mentionne d'ailleurs nulle part une éventuelle désirabilité sociale de l'internalité, alors même que Dubois (1987) est citée... mais pour sa revue de question sur le LOC précisément.

Telle n'est pas manifestement l'option de Pansu *et al.* (1998). D'une part, l'objectif de l'intervention est très précisément délimité : la relation candidat-recruteur, et donc l'autoprésentation du candidat dans l'entretien de sélection. D'autre part, une précision aussi basique que capitale est apportée sur les limites de cet objectif : non de modifier en profondeur les croyances individuelles (et de risquer ainsi une surresponsabilisation des chômeurs), mais de « leur apprendre à utiliser, de manière stratégique, l'internalité lors d'une situation d'embauche » (p. 180). Il s'agit donc de formations à la clairvoyance normative, qui commencent d'ailleurs tout à fait logiquement par la mise en évidence du biais d'internalité dans les pratiques évaluatives. On peut toutefois douter que ces formations restent sans effet sur la façon dont les individu voient « réellement » les choses. Les auteurs rapportent l'évaluation de l'une de leurs interventions, indiquant une augmentation des réponses internes dans le groupe expérimental en consigne normative, mais aussi en consigne standard, habituellement qualifiée de neutre. De plus, l'augmentation des réponses internes est plus importante en consigne standard qu'en consigne normative. Ce résultat est quelque peu troublant ; on admettra volontiers qu'une consigne n'est jamais neutre, ne serait-ce que du fait du lieu où sont administrés les questionnaires (ici un lieu de formation, parascolaire, dont nettement normatif). Mais cette remarque ne suffit pas à expliquer pourquoi ce n'est pas d'abord en consigne normative que l'effet de la formation est le plus visible, alors même que c'est justement son but. À l'inverse, les réponses internes diminuent fortement en consigne contre-normative (plus fortement qu'elles n'augmentent en consigne standard) : ce résultat est, lui, cohérent avec l'objectif. Au total, pourtant, un certain brouillard persiste sur l'effet d'une telle formation : elle peut induire simultanément une meilleure clairvoyance normative et une amorce de modification des croyances individuelles. D'autant que l'internalité, si elle est maniée sciemment à titre stratégique par le formateur psychosociologue, est probablement perçue comme naturellement bonne et efficace par les autres formateurs. Au stagiaire de faire le tri... Quoi qu'il en soit, il est difficile de prétendre qu'un jeu de rôle est sans effet sur celui qui le tient (Nuttin, 1972).

Au total, la question des formations à l'internalité appelle selon nous trois types de remarques.

1 / Il est tout à fait essentiel de distinguer, comme le font Pansu et ses collègues, l'internalité comme (éventuel) trait de personnalité, ou

en tout cas comme croyance stable chez les sujets, et l'internalité comme caractéristique désirable d'un discours. Dans le second cas, il s'agit bien d'une identité pour autrui, cet autrui intermédiaire du marché du travail que les exclus de l'emploi rencontrent plus souvent que les autres : le fait que Fournier, Pelletier et Pelletier (1993) ne croient pas nécessaire de partir de cette distinction pourtant élémentaire nous semble poser un sérieux problème déontologique. Développer de réelles croyances internes chez les exclus de l'emploi (à supposer que cela soit possible) équivaut évidemment à surresponsabiliser et donc à culpabiliser le chômeur. Le rôle du psychologue est-il donc de hâter l'avènement de cette « conscience malheureuse » dont parle Dubet (1994) ? Après observation auprès de populations diverses (jeunes des banlieues, lycéens, étudiants), cet auteur relève une régularité troublante : plus le sujet est en position d'exclu et de dominé dans sa catégorie, plus il vit sa situation comme une mise en cause de sa personne, voire de sa personnalité. Au point que cette cohérence peut être lue comme une finalité du système : « La domination s'est dissoute dans les catégories même de l'expérience sous la forme d'une conscience malheureuse. Non seulement les individus sont les causes de leur échec, mais ils ne sont plus les maîtres de leur expérience » (p. 211). Il est vrai qu'une certaine psychologie a souvent été accusée de participer à cette privatisation des problèmes sociaux : cette citation de Dubet a au moins le mérite de rappeler que la domination, elle, n'est pas une croyance.

2 / On l'a dit et redit, l'internalité est le fait des « gens bien » et apparaît nécessairement quelque peu insolite chez une personne en échec récurrent. Nous avons déjà mentionné cette recherche (Castra, 1998) où l'exclu ne semblait tirer aucun bénéfice d'un discours interne, en tout cas auprès d'une population d'agents d'insertion, sauf quand il s'en tenait à émettre des intentions et des projets. Dans cette posture, le sujet ne dit pas qui il est mais ce qu'il veut faire : ce qui gène sans doute l'attribution interne, et donc la tendance courante à la dévaluation du perdant. Cette remarque laisse ouverte l'opportunité de formations à certaines formes d'internalité, pour peu qu'on reste attentif à la distinction entre traits et intentions. Faute de quoi le demandeur d'emploi se trouverait placé dans une situation bien paradoxale lors d'un entretien de recrutement : donnant de lui-même l'image de cet individu volontaire, autonome et efficace qui est celle de l'interne, il doit en même temps rendre compte d'une carrière faite d'obstacles non surmontés, d'expériences malheureuses ou peu valorisantes, voire d'échecs répetés. Il y a manifestement de la discordance dans un tel tableau, alors que la

norme de consistance est sans doute la première à honorer aux yeux de l'évaluateur. Lequel en conclut habituellement que cette personne « sait se vendre », expression pour le moins ambivalente qui inclut une dépréciation de cette stratégie au nom de l'authenticité : en bref, le recruteur est, ou essaie d'être, lui aussi clairvoyant.

3 / Mais la remarque essentielle est encore ailleurs. Les formations à l'internalité, comme toutes les formations et comme la plupart des méthodologies d'insertion en France, consistent à adapter la demande aux exigences plus ou moins clairement identifiées de l'offre. Simplement, il ne s'agit plus ici des exigences classiques en matière d'employabilité mais d'attentes normatives en matière d'explication des conduites ou des renforcements. Ce « formatage » de la demande, comme disent les professionnels, consiste à faire porter tout l'effort d'insertion sur le demandeur d'emploi tout en renonçant simultanément à agir, d'une façon ou d'une autre, sur l'offre. Cette dernière est réputée intangible, inaccessible à l'action de l'agent d'insertion. Le traitement du chômage est ainsi réduit au traitement des chômeurs : il risque d'en résulter une interminable course-poursuite où le perdant sera toujours le même. En ce sens, si les formations à l'internalité représentent bien un déplacement du lieu de l'intervention du côté des savoir-être (avec tous les risques déontologiques que comporte le fait d'intervenir délibérément sur les compétences sociales), elles relèvent encore de cette logique adaptative qui prévaut dans les dispositifs d'insertion et qui est pour partie à l'origine de leur échec.

4. VUE D'ENSEMBLE. UN CONSENSUS EXCLUANT ?

Définir l'insertion ou l'exclusion comme des systèmes d'action collective invite à la prise en compte des interactions notamment symboliques entre les acteurs qui produisent le phénomène. Nous avons soutenu ailleurs (Castra, 1995*a*, 1997) qu'une modalité prototypique de cette interaction consistait en un accord social autour de l'attribution aux exclus des causes de leur exclusion. Le tour d'horizon des acteurs de l'emploi, du moins de certains d'entre eux, auquel nous avons procédé dans ce chapitre rassemble des observations qui restent cohérentes avec ce modèle. Dans *Tri des chômeurs,* Benarrosh (2000) parvient à une conclusion identique. Il existe un « nécessaire consensus » entre les acteurs de l'emploi (y compris politico-administratifs pour la rédaction des textes des dispositifs) qui met toujours plus en avant le « travail sur soi » pour trouver ou retrouver un emploi, surtout lorsque l'individu n'a que lui-même à mettre en avant, ou presque.

Cette évolution participe de l'individualisation rapide de l'approche du chômage, qui passe par l'abandon progressif des régulations collectives au profit des potentiels et compétences des sujets (dont personne ne semble douter qu'ils soient bien mesurables...). Cet auteur note que nous sommes en face d'une sorte de cycle étonnant, puisque reviennent aujourd'hui, dans les mots d'une psychologie quotidienne plus ou moins académique, les analyses du XIXe siècle qui abordaient en termes moraux les états de pauvreté et de privation de travail. Elles avaient progressivement laissé la place à des approches plus objectivantes du chômage comme fait social et économique, grâce en particulier à la massification du salariat – et donc de la cotisation : la mauvaise volonté des chômeurs n'est plus en cause, la cotisation suffit à justifier l'indemnisation. Il se pourrait que l'absence actuelle de perspective sur l'avenir de l'emploi salarié soit le terreau sur lequel à germé ce renouveau de l'approche individualiste. L'impossibilité de prédire une sortie de la crise de l'emploi, en tout cas sous la forme d'une reprise du salariat, pousse à ce que l'analyse se reporte sur les responsabilités individuelles de l'état de chômeur. Si l'on ajoute à cette analyse historico-idéologique une contrainte plus individuelle selon laquelle les gens ont en général besoin de justifier leur travail à leurs propres yeux, on comprend qu'individualisation et psychologisation servent aussi à régler la contradiction permanente entre l'obligation de résultats (à laquelle souscrivent en principe les dispositifs et leurs agents) et la modestie tout aussi permanente de ces mêmes résultats. L'explication quasi psychiatrique de l'exclusion professionnelle fonctionne donc aussi comme une rationalisation ; de même que la conception thérapeutique de l'insertion, notamment par la revendication en temps et en moyens humains qu'elle légitime, permet une lecture à peu près acceptable de la faiblesse des résultats obtenus. Il y aurait une pathologisation de l'échec.

On peut, bien sûr, s'interroger sur le destin de cette évolution : jusqu'où peut bien aller cette individualisation de la problématique de l'insertion et de l'exclusion professionnelles ? Il semble bien qu'elle soit encore en progression actuellement. Une analyse des discours des agents d'insertion le montrerait sans doute : au « jeune en difficulté » du début des années 1980 ont succédé les personnes en grande, puis très grande difficulté, et maintenant des individus « cassés », sans qu'on

Le marché du « conseil aux chômeurs » est constitué de ces pratiques de formation, d'orientation, d'aide et de suivi des demandeurs d'emploi. Ces pratiques d'aide peuvent concerner aussi bien des savoirs et des contenus techniques que des savoirs-être par le biais du « travail sur soi » dont on vient de parler. Ce marché, constitué pour l'essentiel de ce que Chopart (1993) appelle la sphère de l'insertion, hérite en partie des pratiques classiques du travail social autour de l'aide à la personne et des conceptions qui les sous-tendent. C'est au sein de ce marché qu'une certaine handicapologie s'est progressivement consolidée, orientant les pratiques d'insertion vers le traitement de supposés déficits de la personne.

Le problème majeur qui nous occupe est que ces deux marchés sont pratiquement étanches, ce qui induit le risque principal que le marché de l'aide aux chômeurs enferme ceux-ci dans le statut d' « inséré permanent » dont parle Castel. En retour, on peut comprendre que cette fermeture participe, paradoxalement, à l'accentuation de cette centration sur la personne, qui fonctionne aussi comme une rationalisation des pratiques – et de leurs échecs. Certes, ce marché du conseil aux chômeurs a vu apparaître quelques innovations susceptibles de rompre quelque peu ce cercle vicieux. En particulier, la formation en alternance semble bien à l'interface des deux marchés, de même que certaines expériences « d'insertion par l'économique » : on a vu que ces réponses restent minoritaires, tant du fait d'une tradition de l'action sociale fortement centrée en France sur le *case-work* que du fait du manque de professionnalités adéquates dans le champ de l'insertion. On peut considérer également que les formations aux techniques de recherche d'emploi – et en particulier les formations à l'entretien de recrutement sous ses diverses formes – peuvent permettre une articulation entre les deux marchés, sous réserve que l'agent d'insertion développe simultanément un réseau de relations avec les entreprises et les employeurs. Ces quelques exceptions ou ouvertures mises à part, on est en droit de conclure que la plupart des pratiques dites d'insertion n'en sont pas, que les budgets dits d'insertion sont en fait de classiques budgets d'assistance, que les agents dits d'insertion sont en fait de nouveaux travailleurs sociaux. Cette conclusion ne revient nullement à dévaloriser l'assistance et ses professionnels, mais simplement à rappeler qu'on ne peut pas confondre une stratégie d'insertion avec une politique de lutte contre les effets négatifs de l'exclusion professionnelle, aussi nécessaire soit-elle. De ce point de vue, on peut considérer qu'une limite de la loi sur le Revenu minimum d'insertion fut de confier l'insertion à l'action sociale au lieu de promouvoir de nouvelles professionnalités mieux adaptées à cet objectif (Sauvage, 1997). Si le but officiel de l'insertion est bien que les gens qui relèvent de l'assistance reviennent vers l'assurance, le passage se fait peu, et au prix d'une sélection qui élimine le plus souvent ceux qui sont déjà discriminés le plus négativement.

L'optique systémique permet de prévoir que l'intervention sur l'un des éléments du système d'action (la demande d'emploi) n'est pas en mesure de modifier le fonctionnement de l'ensemble ou de déplacer le point d'équilibre. On admet habituellement que ce type d'intervention peut avoir au contraire des effets de protection, voire de renforcement du fonctionnement antérieur. La conclusion à tirer de cet ensemble de remarques tient en une proposition simple : une véritable stratégie d'insertion ne peut pas consister à sélectionner et « formater » la demande, mais à modifier l'état des relations entre l'offre et la demande. Ce principe implique quelques corollaires qui feront l'objet de développement ultérieurs.

1 / L'agent d'insertion doit nécessairement développer des relations étroites et suivies avec le bassin d'emploi local pour accéder à l'offre, la susciter, l'orienter, la modifier. Ce qui passe par la construction de contacts au long cours avec des agents d'entreprises en position de décideurs-recruteurs pour ce type de public. Ce réseau de partenaires économiques ainsi constitué, pour être non sélectif, doit refléter correctement les caractéristiques du marché local de l'emploi, aussi bien du point de vue de la taille des entreprises que du secteur d'activité. Le terme de « local » signifie qu'il s'agit d'un réseau géographiquement caractérisé (plus que médiatiquement, par exemple) puisque la mobilité géographique n'est pas une caractéristique première du public visé.

2 / Sachant que l'insertion ne se réduit pas au recrutement, l'agent d'insertion devra développer une stratégie « intrusive » vers la gestion des ressources humaines dans les entreprises pour favoriser l'intégration durable. Un tel objectif suppose qu'il s'agit là d'un besoin réel de l'entreprise qui n'a pas d'intérêt objectif à un *turn-over* élevé. Cette stratégie d'aide à l'intégration des publics sans qualification répond donc autant à un besoin de « suivi » de l'entreprise que du nouveau salarié. Par ailleurs, c'est aussi le réseau en tant que tel qui fait l'objet de ce suivi, notamment parce que la mobilité interentreprises peut être une réponse efficace dans certaines conjonctures difficiles. Ce point peut amener à opérer une distinction entre un véritable réseau et un simple « fichier », ce dernier ne prévoyant pas de relations entre ses membres.

3 / Les opérateurs actuels de l'insertion insistent longuement sur les besoins « sociaux » des bénéficiaires : logement, santé, accompagne-

ment et soutien psychosocial. On est là dans le véritable champ de compétences du travail social, et il est indéniable que ces besoins peuvent fonctionner dans certains cas comme de véritables handicaps. La question est donc celle de l'articulation des interventions de professionnels différents. Il entre dans les fonctions de l'agent d'insertion de construire et pérenniser des liens fonctionnels avec les travailleurs sociaux concernés, tout en veillant à la cohérence des interventions eu égard à l'objectif d'insertion. L'enjeu est bien d'articuler insertion sociale et professionnelle et non de les opposer, comme on le fait souvent en pratique. Une telle articulation est possible dès l'instant où chacun des acteurs est dans son rôle et qu'un objectif non ambigu est défini. Contrairement à ce que prévoyaient quelques grands textes initiaux, le champ de l'insertion a été pour l'essentiel phagocyté par l'action sociale classique : il s'agit de revenir à l'interface du social et de l'économique.

4 / Reste enfin la question de la formation. Il faut répéter que poser la formation comme un préalable à l'insertion est un non-sens, mise à part l'alternance qui est elle-même une insertion. Il faut donc insérer pour former, et non l'inverse. La formation doit rester ou redevenir cet instrument de choix pour la mobilité horizontale ou verticale des salariés[1]. Cet objectif doit rester celui de l'agent d'insertion dans ses relations avec les réseaux d'entreprises, sans oublier néanmoins que les postes dits de « première qualification » existent encore en nombre et sans doute pour longtemps dans tous les bassins d'emploi.

Ces propositions nous semblent logiquement cohérentes avec les analyses qui constituent ces trois premiers chapitres : l'agent d'insertion doit quitter la posture du clinicien pour celle d'un animateur du marché de l'emploi plus particulièrement spécialisé dans l'intégration durable des publics les plus précaires. C'est bien sûr d'une autre professionnalité qu'il s'agit, dont on va maintenant examiner les diverses facettes.

1. On peut en dire autant du bilan de compétences, très largement imposé à des chômeurs de longue durée ou à des primo-demandeurs d'emploi, alors qu'il prend tout son sens dans des phases de mobilité intra- ou interentreprise.

4

Propositions pour une ingénierie de l'insertion professionnelle

1. À PROPOS D'INGÉNIERIE PSYCHOSOCIALE

Évoquer et illustrer le principe d'une ingénierie sociale devient une posture assez fréquente dans les publications de ces dernières années consacrées à la psychologie sociale appliquée (Guingouain & Le Poultier, 1994 ; Monteil & Beauvois, 2001 ; Py, Somat & Baillé, 1998). Sur un plan purement formel, la définition d'une telle posture est peu problématique : sachant qu'il est moins question d'interpréter que de résoudre, il s'agit de puiser dans les savoirs qui paraissent les plus appropriés au problème rencontré pour traduire celui-ci en des termes qui le rendent traitable. Ce qui débouche, pour reprendre Ghiglione (1994), sur une assertion du type : « Voici les questions auxquelles je suis susceptible de répondre sur la base d'un modèle théorique avéré et d'une méthodologie de la preuve fiable » (p. XIV). Toutefois, il n'est pas si sûr qùe les métiers issus de la psychologie appliquée, et tout particulièrement peut-être de la psychologie sociale, soient des métiers comme les autres. Trois raisons au moins laissent prévoir quelques difficultés spécifiques quant au projet d'une ingénierie sociale.

1 / La première tient à l'état des savoirs scientifiques eux-mêmes : non seulement notre discipline est relativement jeune, mais de plus la

tendance à éprouver les modèles et les hypothèses par des expérimentations ou quasi-expérimentations rigoureusement contrôlées est finalement assez récente. Nous avons donc affaire à des savoirs partiels, pour certains sans doute provisoires, à des théories pleines de zones d'ombre quand il ne s'agit pas de trous béants. Qu'on songe par exemple à la théorie de l'engagement, qui va être amplement mobilisée dans ce chapitre. Comment s'accommoder du fait qu'une méthodologie d'engagement puisse obtenir des « taux de soumission » très élevés dans certains cas (participer à une expérience de psychologie à 7 heures du matin), beaucoup plus modestes, voire décevants dans d'autres (le dépistage du sida) qui semblent exiger une technologie beaucoup plus lourde ? S'il est bien vrai que, du point de vue de la théorie, « mieux vaut s'occuper de ce que les gens font... que de ce qu'ils pensent, croient ou supposent » (Joule & Beauvois, 1998, p. 153), alors il faudrait peut-être en conclure que le modèle d'intervention qui en est issu peut utilement être complété par d'autres, plus classiquement informatifs, persuasifs ou juridiques par exemple. Bref, on peut s'attendre à ce que notre ingénieur procède assez souvent à quelque montage ou bricolage de matériaux théoriques d'origines assez hétérogènes. Un éclectisme théorique obligé en quelque sorte, ce qui peut d'ailleurs être perçu comme une chance du fait du pluralisme et de l'ouverture induits par cette posture. Les réalités complexes qu'affronte l'ingénierie sociale semblent irréductibles à un modèle théorique unique, du moins dans l'état actuel de ces modèles.

2 / Un autre obstacle bien problématique tient à l'omniprésence de savoirs communs, ayant statuts d'évidences, relatifs aux objets que le psychologue social se propose de traiter. Une bonne partie des chapitres précédents est d'ailleurs consacrée à leur décryptage. Tel responsable ministériel récemment rencontré, confronté à un problème bien réel de recrutement dans l'artisanat, pense qu'une « forte campagne de communication » à l'intention des jeunes pour les inciter à réinvestir ces métiers est l'arme la plus appropriée. Tel autre interrompt un exposé sur l'intérêt des méthodes d'accès direct à l'emploi pour les publics précaires en déclarant qu'une telle stratégie n'est envisageable que pour une infime partie des publics de l'insertion. On a vu combien ce secteur professionnel était imprégné d'une « connaissance » de sa population en forme d'handicapologie, d'immaturité, de passivité. Combien aussi il était convaincu que les contraintes de l'entreprise sont telles qu'il est tout à fait illusoire de prétendre infléchir leurs pratiques internes. On a tout lieu de penser qu'en matière d'exclusion professionnelle, ces savoirs communs seront d'autant plus pesants qu'ils concernent des

réalités souvent dramatiques, anxiogènes, susceptibles de générer une mise en cause d'identités collectives ou de réactiver la crainte d'une « explosion sociale » destructrice. Il est hors de question de synthétiser ici l'ensemble des savoirs, à vocation scientifique cette fois, que les travaux de la cognition sociale ont accumulé sur cette connaissance de sens commun ces dernières décennies. On se contentera d'en retenir utilement quelques propositions, semble-t-il, assez solides.

— Les savoirs quotidiens se préoccupent moins du vrai que du vraisemblable et surtout de l'acceptable. Est acceptable une connaissance socialement partagée, qui ne contredit pas frontalement quelque représentation ou valeur ou croyance enracinées dans la culture. Par exemple, et en ce qui concerne notre objet, il paraît acquis que la psychologisation soit un mode de connaissance très prisé dans nos contextes culturels (Beauvois, 1984 ; Leyens, 1983), ce qui laisse supposer qu'une approche situationnelle ou contextuelle des conduites ou événements est globalement contre-intuitive.

— La pensée quotidienne est d'abord une pensée de l'action, laquelle connaît des contraintes, des finalités, des tabous qui n'ont pas grand-chose à voir avec les logiques scientifiques. Le fleuriste veut d'abord de jolies fleurs ; mais il n'y a pas de critères du beau en dehors de l'accord social : le botaniste ne lui sera donc pas d'un grand secours sur ce point... Toutefois, cette métaphore débouche aussi sur quelques constats bien intéressants. Le fleuriste est contraint de proposer du muguet au 1er mai et des chrysanthèmes à la Toussaint, et il y parvient le plus souvent : non pas tellement parce que la nature fait bien les choses (puisqu'il lui arrive assez fréquemment de ne pas respecter à ce point le calendrier) mais parce que des savoirs scientifiques et techniques sont intervenus, comme l'œnologue chez le viticulteur ou le mycologue chez le producteur de champignons. On peut sans doute retenir de ces exemples que les savoirs scientifiques ont d'autant plus de chances d'être mobilisés que le souci d'efficacité professionnelle vient au premier plan (à côté ou à la place du respect des traditions ou des valeurs par exemple).

— Notons également que la connaissance de sens commun a le plus souvent un souci esthétique. Ses produits doivent être non seulement acceptables et pratiques mais aussi élégants. On a essayé de montrer en quoi la grandiose notion de projet devait sans doute son attractivité à cette caractéristique. Le même raisonnement pourrait s'appliquer à l'astro- ou morpho-psychologie, ou encore à la graphologie, qui postulent à des titres divers des formes d'équilibre et d'harmonie entre le corps, la personnalité, le cosmos, les astres... De ce point de vue, ces

« savoirs » n'ont pas grand-chose à craindre d'une confrontation au discours scientifique, non seulement parce qu'ils sont par nature plutôt insensibles au démenti des faits, mais surtout parce que la science n'est pas particulièrement esthétique. À l'inverse, astrologues et graphologues font sans doute une « erreur professionnelle » quand ils essaient de « prouver » scientifiquement le bien-fondé de leurs pratiques. Le fait que le discours et les normes scientifiques soient en position institutionnellement et légalement dominante a surtout pour effet de renvoyer à l'illicite un ensemble de pratiques dites irrationnelles, plus que de les réduire. Nos savoirs rationnels ne sont pas particulièrement beaux : l'ingénieur des ponts doit s'entourer d'autres praticiens pour que son produit soit aussi un ouvrage d'art...

— Il faut enfin se rappeler que la pensée de l'action concerne plus le cas particulier que la généralité d'un phénomène. À la limite, elle ira du particulier au général, du moins si le cas particulier est typique d'une théorie implicite sous-jacente. Cet ancrage de la pensée concrète dans le cas particulier peut s'illustrer par une analogie empruntée aux logiciens. Si l'on admet facilement qu'on peut faire entrer encore une paire de chaussettes dans une valise pourtant bien pleine, il s'ensuit logiquement qu'on peut rentrer un nombre infini de chaussettes dans cette valise. Même si je « sais » que cette conclusion est fausse, rien ne m'empêchera demain de penser que ces chaussettes que j'ai oubliées trouveront encore leur place dans la valise. Gigling (1997) remarque que cette analogie est bien applicable au domaine de l'exclusion : il est tout à fait acceptable de penser qu'un individu considéré isolément peut éventuellement sortir d'une situation d'exclusion, ceci pour le cas particulier. Mais la position de l'agent d'insertion correspond plutôt au nombre infini de chaussettes à faire entrer dans la valise : en d'autres termes, « la problématique de l'exclusion ne peut être réduite à la prise en considération individuelle de chaque cas, même si chaque individu est porteur de particularités » (p. 41). On a vu précédemment comment ce paradoxe était le plus souvent réglé en pratique : prôner des suivis individualisés et personnalisés qui deviennent en fait les mêmes pour tous.

Le botaniste et le fleuriste, l'expert et l'homme d'action, le savant et le politique... semblent donc équipés de « théories » et de modes de pensée distincts et surtout distants. Mais nous savons aussi que chacun est parfaitement capable d'adopter le point de vue de l'autre, puisque ces logiques coexistent chez tout un chacun : ceci n'est donc nullement affaire d'ignorance ou de sous-développement culturel. Il reste que l'ingénieur social va adopter une posture de botaniste envers des partenaires qui sont aussi ou d'abord des fleuristes. Il devra alors se rappeler que les croyances ou représentations sociales évoluent d'abord sous l'effet de pratiques nouvelles et que sa stratégie la plus efficace consiste donc probablement à initier ces pratiques nouvelles plus qu'à tout miser sur la formation, l'explication, la démonstration, par ailleurs nécessaires. En d'autres termes, s'il est bien un expert, le scientifique social n'est pas pour autant condamné à la posture du conseiller, fut-il du prince. Il devra aussi se souvenir que certaines de ses théories concernent plutôt les cognitions (comme la théorie des représentations sociales ou encore, comme son nom ne l'indique pas, celle de l'action raisonnée), et d'autres les conduites (comme la théorie de l'engagement). Logiquement, les secondes méritent une attention toute particulière dès l'instant où l'objectif est défini en termes de changement des pratiques. Toutefois, ce dernier point ne va pas sans soulever de nouvelles questions : qui décide qu'un changement de pratiques est souhaitable, et pourquoi ? La question de l'ingénierie sociale rencontre ici un nouveau problème.

3 / Ghiglione (1994) soulignait avec force que le fait d'avoir des théories de référence et des méthodologies rigoureuses ne conduisait pas nécessairement à des interventions idéologiquement « propres », et rappelait la nécessité d'adosser l'ingénierie sociale à une déontologie commune. Laquelle ne saurait se réduire à la recherche d'efficacité : si le choix des instruments et méthodes peut relever de la rationalité scientifique, celle-ci n'intervient pas dans la définition des buts, qui relève pour sa part de choix et de valeurs. Or certaines théories de la psychologie sociale contestent assez frontalement certaines valeurs centrales dans la déontologie des psychologues, comme la liberté de l'individu. C'est sans doute le cas, à nouveau, de la théorie de l'engagement qui nous explique, entre autres, comment amener une personne à émettre des conduites qu'elle n'émettrait pas spontanément. Ce qui évoque beaucoup plus certainement la manipulation qu'une ingénierie sociale déontologiquement garantie. On ne reprendra pas ici la minutieuse argumentation de Joule et Beauvois (1998, p. 188 et s.) sur ce point précis. À y regarder de près, le terme de manipulation désigne simultanément deux phénomènes distincts :

— le premier consiste en l'utilisation de moyens techniques pour provoquer des changements chez la personne, sans qu'elle ait conscience de ces leviers. Mais ce point ne saurait suffire à définir la manipulation puisqu'il concerne une large palette de situations, aussi nombreuses que variées, liées au fait que les gens ont rarement conscience des déterminations de leur conduite ;

— le deuxième réside dans le fait que le manipulateur poursuit des buts non avouables, non parce que leur publicité contredit l'atteinte du but (comme pour l'administration de placebo par exemple), mais parce qu'ils sont inavouables « en soi » (manipulation commerciale, politique, sectaire...). Dans ce dernier cas, il apparaît que la manipulation sert les utilités du manipulateur et contredit celles du manipulé : c'est pourquoi l'administration de placebos n'entre pas dans la catégorie.

Qui n'a pas essayé d'induire chez ses enfants, dès l'âge de 2 ans environ, l'envie d'aller bientôt à l'école ? Et qui songerait à taxer de manipulateurs les parents qui y réussissent, c'est-à-dire l'immense majorité d'entre eux ? Une technologie de l'insertion professionnelle nous semble relever du même cas de figure en ce qu'elle sert un objectif posé comme louable, voire noble, qui plus est explicitement affirmé par la collectivité et les agents qu'elle rétribue. Pourraient par contre beaucoup plus sûrement être taxés de manipulateurs ceux de ces agents qui développent des pratiques sans rapport visible avec l'objectif affiché...

On voit mal pourquoi l'ingénieur social éprouverait quelque scrupule ou état d'âme à mobiliser la théorie la plus efficace pour lutter contre le sida, préserver l'environnement, économiser l'énergie, donner envie d'apprendre aux enfants ou favoriser l'insertion ou la réinsertion professionnelle des exclus de l'emploi. Soulignons enfin que le fait de vouloir mettre des technologies éprouvées au service de causes comme l'instruction des enfants ou l'accès à l'emploi ne présume en rien du jugement qu'on porte sur l'école ou l'entreprise, tout en affirmant *a minima* qu'il vaut mieux en être que d'en être exclu. Ce qui relève finalement d'un consensus assez large.

En matière d'insertion professionnelle, l'ingénieur social tel qu'il est défini ici a l'avantage indéniable de poser un but qui coïncide avec la demande des bénéficiaires des dispositifs d'insertion et avec la mission que lui concèdent les politiques publiques en la matière[1]. Quelle technologie peut-il mettre en œuvre, c'est l'objet des pages qui suivent. Pour en faciliter la lecture, on définira, en tête des paragraphes concernés, les objectifs ou principes d'action tels qu'ils nous semblent logiquement issus des chapitres plus théoriques qui précèdent.

1. Ce qui est finalement une situation assez idéale, comparée par exemple à celle des travailleurs sociaux chargés d'imposer aux familles les mesures de tutelle décidées par un juge...

2. L'ENGAGEMENT DES EMPLOYEURS

L'agent d'insertion étant défini comme un intermédiaire du marché de l'emploi (comme l'ANPE, les agences d'intérim, les associations intermédiaires...), il sera donc positionné à l'interface de l'offre et de la demande. Ce qui révèle d'emblée un paradoxe actuellement incontournable : ce professionnel est conventionné et chargé de mission par des instances représentant la demande (services départementaux ou municipaux d'insertion, ANPE...) mais non l'offre (les entreprises, publiques ou privées) puisque les entreprises ne sont pas, ès qualité et sauf exceptions locales, des acteurs des dispositifs. Il s'ensuit que cet agent se trouve dans la situation quelque peu paradoxale où il doit « tirer hors d'eux-mêmes » les dispositifs dont il fait partie ou qui le mandatent pour parvenir à insérer l'insertion dans son environnement économique naturel.

Ce chapitre s'appuie pour une part sur une expérience de terrain concernant actuellement une centaine de sites en France (soit environ 10 000 demandeurs d'emplois dits précaires). Elle a été présentée ailleurs à diverses reprises (Castra, 2001 ; Castra, Laffite & Valls, 1988). Une association bordelaise[1], à l'origine de l'implantation de ces équipes dites IOD (Intervention sur l'offre et la demande) recueille mensuellement les bilans de ces équipes, impulse et généralise de nouvelles orientations d'action et tente d'en évaluer les effets. Ces dernières années, un accent particulier a été mis sur l'évitement de l'entretien d'embauche au profit de modalités moins sélectives d'accès à l'entreprise, ainsi que sur la recherche systématique de contrats à durée indéterminée et à plein temps. Les résultats de ces équipes, et plus généralement les leçons que l'on peut tirer de cette intervention de terrain qui n'en est plus au stade expérimental (elle a été initiée en 1982 dans la région bordelaise) constituent en partie le support des pages qui suivent.

1. Transfer, 26, cours Xavier-Arnozan, 33000 Bordeaux.

2.1. CONSTRUIRE ET ANIMER UN RÉSEAU

L'objectif est de placer l'agent d'insertion dans une réelle position d'intermédiation entre l'offre et la demande d'emploi. L'offre n'est pas seulement posée comme une donnée préexistante à détecter mais aussi comme un construit qu'on peut susciter, moduler, transformer. Parallèlement, l'animation du réseau a pour but d'obtenir les premiers engagements des employeurs vis-à-vis d'une population plutôt discriminée sur le marché du travail.

Tel qu'il est conçu ici, l'objectif de l'agent d'insertion est de diversifier et multiplier les offres d'emploi à toute personne qui en ferait la demande. On sait que la population des dispositifs présente souvent un certain nombre de « freins à l'emploi » à prendre en compte : problèmes de déplacements, de garde d'enfants, problèmes sociaux ou familiaux divers. Ces obstacles éventuellement handicapants ne sont sans doute pas particulièrement caractéristiques de cette population, contrairement par contre au manque de ressources pour les surmonter. Il semble donc essentiel de veiller à diversifier l'offre d'emploi eu égard à quelques variables essentielles : localisation géographique, temps partiel ou non, horaires fixes ou adaptables. Bien entendu cette diversité devra également concerner le profil des postes de travail, le contenu de l'activité. Si celle-ci est réputée ne pas exiger de qualification particulière – la majorité de la population n'en a aucune –, il n'en reste pas moins qu'elle représente des tâches plus ou moins attractives ou valorisées selon les personnes : des métiers du bâtiment à la grande distribution en passant par les entreprises de restauration collective, de nettoyage ou encore la maintenance des espaces verts, la palette est large d'activités différemment recherchées et valorisées par les sujets. Il s'ensuit que la prospection doit viser un échantillon d'entreprises, et donc d'emplois, particulièrement représentatifs du bassin local :

- chaque entreprise étant elle-même un élément d'un réseau – fournisseurs, clients, sous-traitants..., celui-ci peut être utilement mis à profit dans une stratégie de prospection systématique ;
- de plus, la raison sociale d'une entreprise dissimule souvent une grande variété de tâches internes : de la préparation des repas à leur distribution pour la restauration collective par exemple ;
- enfin, la taille de l'entreprise est une variable majeure. À titre d'exemple, on a vu au second chapitre (Bayle, 2000) que les plus

petites se signalaient par un comportement plus ouvert en matière d'intégration des handicapés. De même, le recours aux contrats courts ou à l'intérim est plutôt le fait des grandes. Pourtant, le risque est élevé de tirer de ces constats des conclusions erronées. S'il est une croyance très répandue dans tout le travail social, c'est bien celle selon laquelle la petite entreprise artisanale doit être privilégiée dès qu'on cherche à intégrer dans l'emploi des personnes présentant des difficultés d'insertion (et tout spécialement des jeunes). Pourtant, cette « évidence » doit être questionnée. Elle traduit surtout le fait que l'agent d'insertion accède plus facilement et directement au niveau décisionnel, à l'interlocuteur pertinent, dans la petite entreprise. Pour autant, rien ne garantit que l'intégration du nouveau soit plus facile et « naturelle » dans l'entreprise artisanale : le rapport personnalisé à l'autorité, l'absence de hiérarchie intermédiaire et de groupe de pairs étendu, le « commandement rapproché » ne sont pas par nature des variables facilitant l'intégration. Si l'on pense par exemple à la place que tiennent les affinités dans les petites unités de travail, on peut logiquement prévoir qu'elles seront un facteur aussi intégrateur qu'excluant dans ce contexte. Concernant la taille de l'entreprise, une conclusion possible est que, dans le cas des moyennes ou grandes, l'agent d'insertion doit multiplier les contacts et interlocuteurs, et notamment au plus près des positions décisionnelles (chefs d'équipe, d'atelier, de service...).

Pour l'agent d'insertion, construire un réseau d'entreprises est une tâche qui, dans un premier temps, s'apparente à une prospection classique de type commercial. Il est rare que des responsables d'entreprise refusent de parler de la leur, des profils de poste, des problèmes rencontrés pour le recrutement et la gestion des bas niveaux de qualification. Si l'agent d'insertion apparaît comme un interlocuteur compétent et fiable sur ces registres, alors on peut s'attendre à ce que sa contribution soit appréciée, voire recherchée, et qu'il accède assez rapidement à l'expression de demandes et de besoins. Son rôle consiste alors à obtenir les informations les plus détaillées sur les postes concernés, les profils requis, l'organisation dans son ensemble. De plus, ces réalités sont par définition mouvantes et évolutives : l'objectif est donc de pérenniser et d'approfondir ces relations de réseau. Étant entendu, on y reviendra bientôt, que l'enjeu est d'intervenir sur les pratiques de recrutement et d'intégration des personnes sans qualification, il s'agit bien de tout autre chose que d'une simple pratique de prospection : devenir pour l'entreprise, et dans la durée, un partenaire en matière de gestion des ressources humaines. Par contre, compte tenu d'un taux de « mortalité » inévitable dans un tel réseau, l'activité de prospection proprement dite reste nécessaire pour qu'il conserve une taille et une représentativité suffisantes.

Diverses stratégies sont envisageables pour obtenir de ces employeurs des engagements initiaux (les « actes préparatoires » dans la théorie de l'engagement) qui pourraient amorcer des conduites ultérieures plus significatives. Par exemple, ces responsables acceptent habituellement de recevoir dans l'entreprise, sans enjeu de recrutement immédiat, des personnes en recherche d'emploi qui s'informent sur les postes de travail, leurs contraintes, les prérequis pour y accéder. Lors de ces entretiens à visée d'information et de conseil, l'employeur accepte de la même façon d'orienter le demandeur vers telle ou telle entreprise de son propre réseau pour l'aider à approfondir cette démarche d'exploration. On peut également inviter quelques employeurs (dans les locaux de l'un d'entre eux de préférence) à des rencontres avec quelques chercheurs d'emploi, l'ordre du jour de la réunion étant bien l'examen de chaque cas particulier et la recherche de solutions concrètes.

Toutefois, il n'y a pas d'intérêt à répéter à l'infini ces engagements initiaux, le but n'étant pas de placer l'employeur dans un rôle pédagogique et de conseil. Par contre, chaque responsable est fréquemment confronté, pour son propre compte, à des problèmes de recrutement : c'est évidemment cette occurrence, fréquente compte tenu du taux élevé de *turn-over* sur les postes de basse qualification, qui intéresse au premier chef l'agent d'insertion. Notons que les offres d'emploi ainsi détectées sont d'autant plus fréquentes que le réseau construit par cet agent est étendu, et qu'il aura su établir une relation de confiance avec ces employeurs.

2.2. ÉVITER LE RECRUTEMENT CONCURRENTIEL

L'objectif de base est ici de sortir d'une pure logique de marché en matière de recrutement. Il s'agit de contrarier les processus « naturels » de discrimination à l'embauche, tout en engageant les employeurs dans des pratiques plus collectives, plus rationnelles aussi parce que plus centrées sur le poste de travail que sur la personne du candidat.

Nous avons vu au chapitre précédent que l'accès à l'entretien de recrutement n'était sans doute pas ce sésame ouvrant les portes de l'entreprise à des personnes souvent stigmatisées à plus d'un titre. Dans un article récent, Bernaud (2000) confirme que la discrimination est d'autant plus nette que l'entretien est peu structuré et que les emplois concernés sont peu qualifiés, ce qui est bien le cas ici.

L'enjeu est donc d'imaginer des modes d'accès à l'entreprise qui ne passent pas par les modalités classiques de mise en concurrence de plusieurs candidats à la suite d'entretiens individuels. Ainsi posée, cette question a déjà reçu diverses réponses : quand il s'adresse à une agence d'intérim par exemple, l'employeur ne sélectionne pas le salarié. De la même façon, quand un particulier mobilise les services d'une Association intermédiaire[1], il ne choisit pas non plus la personne qu'on lui envoie. Toutefois, le modèle de l'intérim n'est pas celui qui convient ici, non seulement parce qu'il concerne le plus souvent des salariés très qualifiés, mais aussi parce qu'il représente une forme de précarité qu'on peut justement souhaiter éviter. Surtout, on partira de l'idée qu'un employeur n'est nullement engagé par un choix qu'il n'a pas fait ; il est donc essentiel, pour son engagement futur, qu'il participe pleinement à la prise de décision. C'est donc sur les modalités de cette prise de décision que l'agent d'insertion peut agir.

Dans les développements qui suivent, on appellera EMR (Entretien de mise en relation) une alternative possible au classique entretien de recrutement. Il s'agit d'une rencontre à trois (l'employeur, le demandeur et l'agent d'insertion), qui est bien entendu précédée de contacts, au moins téléphoniques, entre l'employeur et l'agent d'insertion. Un seul candidat est présent ; dans toute la mesure du possible, la rencontre se déroule sur le lieu même du poste de travail, ce qui permet des échanges avec d'autres salariés. À ce stade, aucune décision n'est prise de part ou d'autre. L'EMR est le plus souvent suivi ou précédé d'une visite de l'entreprise. Il peut faire l'objet d'une préparation préalable (le demandeur a prévu des questions précises sur le poste, dont il a déjà une connaissance suffisante) et inclure une négociation de certains aspects d'un éventuel contrat (horaires, période de formation, salaire...). Ces diverses modalités constituent des variantes dont on tentera ci-après d'apprécier l'incidence en tant que variables indépendantes. À la suite d'une EMR, un contrat de travail est ou non signé ; quand il l'est, il arrive qu'il soit rompu : on sait bien sûr qui est à l'origine (le demandeur ou l'employeur) de la non-signature ou de la rupture du contrat. Enfin, le contrat sera dit validé quand il est

1. Il s'agit d'associations qui mettent des salariés à disposition de particuliers qui en font la demande, à temps très partiel le plus souvent et généralement dans le secteur des « services aux personnes » (ménage, entretien, garde d'enfants ou de personnes âgées...).

confirmé après une période d'essai d'environ deux mois. Ces diverses occurrences constituent les variables dépendantes dans les observations qui suivent.

Observation 1. Devenir des offres d'emploi en fonction du mode de recrutement.

Nos données actuelles indiquent que l'EMR est obtenu des employeurs dans 64 % des cas. À lui seul, ce chiffre indique que des alternatives au recrutement classique sont possibles, même si les responsables d'entreprise ont bien tendance à concevoir la mise en concurrence des candidats lors d'entretiens individuels comme la procédure la plus spontanément naturelle.

Si l'EMR n'est que légèrement plus prédictif d'une issue positive (validation du contrat dans 48 % des cas, contre 42 % pour l'entretien classique), la signification première de ce résultat est pourtant ailleurs : la procédure classique, qui met en concurrence plusieurs candidats, est donc moins prédictive mais plus sélective que l'EMR, qui n'en présente qu'un. D'autre part, la modalité EMR semble avoir une incidence plus nette sur la signature du contrat par les deux parties (83 % des cas, contre 69 % pour l'entretien classique).

Toutefois, un autre résultat important se dégage de ces données : en moyenne, moins d'une offre sur deux (45 %) débouche sur un contrat validé deux mois plus tard. Le reste est donc constitué, soit de refus de contracter, soit de ruptures précoces de contrats signés. Qui est à l'origine de ces refus ou ruptures ? L'initiative en est-elle différente selon le mode de recrutement ?

Observation 2. Initiative des refus ou ruptures de contrat selon le mode de recrutement.

Les résultats attestent d'une réalité souvent méconnue ou sous-estimée : le refus de signer un contrat de travail, ou sa rupture pendant la période d'essai, sont autant le fait du demandeur d'emploi que de l'employeur. Ce résultat traduit sans doute autant la difficulté des employeurs d'enrayer un *turn-over* élevé sur ce type de poste que la capacité de refus des employés face aux conditions de travail et au salaire (puisque les données indiquent aussi qu'un contrat a d'autant plus de chances d'être rompu qu'il est rémunéré au salaire minimum).

Au-delà de ce résultat moyen, une autre tendance se dégage des observations : les issues négatives (refus ou rupture) sont plutôt le fait de l'employeur après un entretien d'embauche classique mais plutôt le fait du demandeur après un EMR. Comme si l'EMR restituait au candidat plus d'initiative ou de contrôle sur la situation qu'il rencontre, ou comme si – hypothèse plus pessimiste – l'EMR n'était pas assez engageant pour le demandeur d'emploi, du fait même de la présence du médiateur qui lui ôterait une part de son initiative propre. C'est pour approfondir ce type d'hypothèse que nous avons procédé à des observations plus précises sur les conditions de déroulement des EMR qui sont, comme on peut s'en douter, assez variables selon les situations.

Observation 3. Conditions d'efficacité des Entretiens de mise en relation.

Pour aborder cette question, nous avons construit un protocole d'observation incluant des variables dont on faisait l'hypothèse qu'elles pouvaient être prédictives d'une issue positive :

— que l'EMR ait inclus (ou non) des échanges avec des salariés présents sur le poste ou sur des postes connexes ;
— qu'il ait inclus (ou non) une renégociation des termes initiaux du contrat (sur les horaires, la période de formation, le salaire, pour les cas les plus fréquents) ;
— qu'il ait pu être préparé et qu'il soit suffisamment long (plus de quarante-cinq minutes), ces deux variables étant étroitement liées.

Les protocoles concernent près de 200 EMR recensés sur 15 sites différents au printemps 2001.

Le seul résultat véritablement récurrent issu de ces observations concerne la variable « interactions avec d'autres salariés lors de l'EMR » : quand l'entretien associe les salariés présents sur le poste ou les postes voisins, il est nettement plus probable que le candidat accepte le poste et valide le contrat deux mois plus tard. Tout se passe comme si cette modalité, par les échanges qu'elle provoque, facilitait la décision positive tout en la rendant plus durable. Sans doute le candidat obtient-il par ce biais des informations plus précises et aussi plus « vécues » puisque faites de témoignages vivants en contexte naturel. Plus subtilement, l'EMR avec interactions aurait pour effet de rendre le recrutement plus collectif en engageant, au moins implicitement, d'autres salariés dans la décision. L'EMR tirerait alors sa spécificité du fait qu'il substitue au face-à-face singulier de l'entretien classique une situation plus groupale impliquant aussi les futures collègues. Ces analyses sont compatibles avec le fait que les EMR les plus prédictifs sont généralement plus longs, plus préparés et se déroulent plutôt sur le lieu même du poste, bien que ces variables semblent avoir un effet plus secondaire dans nos observations.

La variable « renégociation des termes du contrat » produit quant à elle des résultats plus contrastés, sans doute parce qu'elle est assez rare (25 % des cas), ce qui signifie probablement qu'elle reste une pratique assez difficile tant pour l'agent d'insertion que pour le candidat. Quand cette renégociation a lieu, elle améliore assez nettement la probabilité d'une issue positive : on comprend que des conditions renégociées soient mieux acceptées par les deux parties. On peut y voir un effet en quelque sorte mécanique : un candidat qui obtient un aménagement des horaires réduit du même coup les contraintes qui pèsent sur lui. Au-delà de cet effet simple, on peut faire l'hypothèse d'un engagement plus élevé des deux protagonistes dans la décision qu'ils prennent, du fait des concessions réciproques que comporte toute négociation. Quoi qu'il en soit, tout indique que l'offre d'emploi peut et doit être posée comme négociable, non seulement pour en adapter le contenu aux particularités de la demande, mais aussi pour qu'elle puisse être satisfaite.

Au total, quand les conditions optimales de l'EMR peuvent être réunies, nos observations indiquent une probabilité de validation du contrat de travail de l'ordre de 65 %, contre 42 % pour l'entretien classique. À nos yeux, ce résultat signifie d'abord que l'intervention sur les modes de recrutement des entreprises n'est pas un objectif inaccessible pour les professionnels de l'insertion, qui peuvent ainsi en réduire la sélectivité. De même qu'ils peuvent avoir une influence sur la précarité des emplois offerts : nos données montrent que 62 % des contrats validés sont des contrats à durée indéterminée (CDI), à temps complet dans 84 % des cas. Il semble donc possible, sur ce point aussi, d'influer sur les pratiques des entreprises, y compris pour des candidats durablement éloignés du marché du travail[1]. Surtout, la conclusion majeure de ces observations est sans doute celle-ci : les publics de l'insertion ne sont pas si inemployables qu'on le dit, et les conditions même de cette employabilité sont pour une bonne part contextuelles...

1. Nos données concernent une population dont 73 % est au chômage depuis au moins deux ans. Le niveau de formation est inférieur ou égal au CAP pour 90 % de ce public, dont 50 % est constitué d'allocataires du RMI.

2.3. AU-DELÀ DU PLACEMENT, L'INTÉGRATION

L'objectif est ici de promouvoir et de consolider dans le long terme des pratiques d'accueil et d'encadrement plus soucieuses d'intégration durable du salarié. Il s'agit d'un engagement plus permanent pour l'entreprise, bien au-delà du recrutement proprement dit.

Il faut redire que l'employabilité désigne moins une caractéristique de la personne que l'adéquation entre cette personne et un contexte donné. Ce contexte n'est pas toujours directement lisible par le nouveau venu : tous les travaux sur la socialisation organisationnelle mentionnent à des titres divers l' « effet de surprise » des premiers jours et l'importante activité, tant cognitive que relationnelle, que l'individu déploie pour y faire face. Une stratégie d'insertion doit donc accorder une attention toute particulière à cette phase d'entrée dans l'organisation, ces quelques jours ou semaines qui concentrent l'essentiel des ruptures. En d'autres termes, on a sans doute beaucoup à gagner à reporter sur les procédures d'accueil et d'intégration du salarié l'essentiel du temps et des moyens habituellement consacrés à l'adaptation de la demande, à la préparation du demandeur et au recrutement.

En premier lieu, penser, voire formaliser l'accueil n'est pas du temps perdu. Présentation des collègues et des supérieurs directs, visite de l'entreprise, informations sur sa production, sa clientèle, son histoire et ses perspectives : pour banales qu'elles soient, ces procédures sont loin d'être la règle dans les PME. Dès lors, les difficultés d'intégration sont sans doute moins liées aux faibles qualifications qu'à une lisibilité insuffisante des tâches et du « rapport au travail » tel qu'il est attendu dans cette entreprise particulière avec sa culture et ses normes internes. On en déduit fréquemment que le nouveau venu doit pouvoir s'appuyer sur une personne ressource habituellement nommée tuteur ou référent. Pour évidente qu'elle soit, cette conclusion n'en soulève pas moins une vraie question : pourquoi le rôle de tuteur devrait-il être différent de celui du chef d'équipe (ou autre responsable de proximité), comme si la fonction d'intégration était « en plus » du rôle d'encadrement ? Il y a probablement quelque paradoxe à faire du tutorat un rôle spécifique puisque le but est plus de développer une compétence collective que de pallier aux supposés manques ou inaptitudes de tel ou tel membre de ce collectif.

En second lieu, on visera la mise en place de temps d'évaluation et de bilan réguliers, en particulier les tout premiers jours, avec le supérieur direct. Là encore, l'expérience semble montrer que la présence de l'agent d'insertion est souhaitable lors de ces premiers temps : en cas d'incidents critiques, les acteurs principaux donnent rarement la même version des faits et ont tendance à s'attribuer réciproquement la responsabilité de l'événement. Compte tenu de la dissymétrie de la relation supérieur-subordonné, c'est l'attribution interne à l'exécutant qui prévaudra le plus souvent. Le rôle du tiers, comme d'ailleurs des collègues, est alors de faire de l'incident un « cas de figure » de portée plus générale, susceptible de permettre l'analyse de l'organisation du travail et une meilleure explicitation des attentes mutuelles. L'agent d'insertion est ici moins un médiateur qu'un analyste des situations et des relations professionnelles. C'est pourquoi le terme de suivi, très prisé dans tout le champ de l'insertion (l'actuel PARE prévoit un suivi en entreprise) est sans doute inadéquat puisqu'il suggère de focaliser l'intervention sur le nouvel entrant au détriment des situations et contextes où il évolue. Si le suivi est centré sur l'expérience de travail et les relations professionnelles, alors il concerne aussi le collectif. C'est donc d'aide à la gestion des ressources humaines qu'il s'agit, autant que de suivi individuel (lequel risque de favoriser une fois encore une lecture par trop personnalisante de problèmes organisationnels).

Poser l'intégration du nouveau salarié comme un objectif professionnel pour l'agent d'insertion apparaît à nouveau comme un but tout à fait accessible :

— dans 60 % des cas qui constituent nos données, un plan d'intégration a pu être obtenu de l'employeur avant le démarrage du contrat (progressivité des objectifs, définition d'étapes successives pour la maîtrise du poste) ;
— dans 78 % des cas, le nouveau salarié a été accueilli lors d'un entretien avec le responsable le premier jour de la prise de fonction ; ultérieurement, des entretiens réguliers (au moins un par semaine) ont eu lieu avec ce responsable dans 68 % des cas, incluant la présence de l'agent d'insertion pour au moins un de ces entretiens dans 50 % des cas ;
— enfin, dans sept cas sur dix, un référent technique (salarié plus ancien) a pu être désigné.

2.4. CONCLUSIONS : UNE LOGIQUE INTRUSIVE

Positionner les professionnels de l'insertion en termes de médiation entre l'offre et la demande d'emploi constitue certes un déplacement sensible eu égard aux définitions dominantes des métiers de l'insertion. Pour autant, il existe au moins deux conceptions possibles de ce rôle de médiateur.

— La première relève d'une logique adaptative, elle s'attache pour l'essentiel au « formatage » de la demande et à son ajustement à l'offre posée comme intangible. Elle peut bien sûr faciliter la rencontre de l'offre et de la demande, voire même obtenir quelque « discrimination positive » au profit de telle ou telle catégorie de demandeurs. À la limite, l'idée même de suivi en entreprise reste cohérente avec cette perspective, dont la grande faiblesse est de ne contrarier en rien les processus même de production de l'exclusion professionnelle. Une stratégie strictement adaptative est donc une fausse alternative, dont les bases déontologiques doivent par ailleurs être questionnées puisque l'individu supporte tout le poids – sinon la responsabilité – de la situation.

— On qualifiera d'intrusive une logique qui pose les pratiques de recrutement, de gestion et d'intégration des bas niveaux de qualification comme des construits sociaux, en partie à l'origine des processus d'exclusion, qu'il est donc possible de construire autrement. Dans cette posture, on fait le pari que l'entreprise accepte, voire demande cette intervention sur ses pratiques internes, ce que confirme l'expérience de terrain[1]. Promouvoir des formes de recrutement moins excluantes, favoriser l'accueil et l'intégration des salariés semble d'ailleurs moins une innovation qu'un retour, au moins partiel, à un état « normal » d'avant la dérégulation des relations de travail.

Au fond, la question est moins celle de la possibilité d'une telle pratique intrusive que de ses effets structurels. On peut en particulier se demander si l'entreprise généralise les pratiques nouvelles qu'elle adopte pour tel ou tel « cas » sous l'effet de l'intervention du médiateur. Sur ce point, quelques résultats provisoires (Maragnes, 2001) autorisent des conclusions en demi-teinte : dans les entreprises du réseau, la

1. Les équipes IOD sont loin d'être les seules à se réclamer de cette logique intrusive. Voir, par exemple, « L'emploi pour tous », document interne de l'Agence régionale pour l'amélioration des conditions de travail, Lorraine, juin 2000, qui prône et pratique des méthodologies voisines.

rationalisation des procédures d'accueil et d'intégration semble en effet faire « tâche d'huile » et tend à concerner tous les nouveaux entrants. Par contre, les procédures de recrutement restent inchangées dès qu'elles ne concernent pas le candidat « accompagné » par le médiateur. Le changement semble donc plus concevable et accessible en interne qu'à l'interface entre l'entreprise et le marché de l'emploi – sans doute du fait de l'alignement de l'entreprise sur la logique de ce marché pour reprendre Eymard-Duvernay et Marchal (1997).

Les remarges qui précèdent permettent de situer les diverses stratégies d'insertion à l'intersection d'un système d'axes :

— l'axe horizontal concerne le demandeur d'emploi. À l'extrémité gauche de l'axe, l'opérateur s'efforce de préparer la demande, de la différer pour la requalifier en fonction de la nature réelle ou perçue de l'offre. À l'autre extrémité, il y répond directement ;
— l'axe vertical concerne l'offre d'emploi ; en bas, on répond à l'offre telle qu'elle se présente ; en haut, on s'efforce de la modifier, de la faire évoluer, de la susciter.

Les diverses options et pratiques rencontrées dans le champ de l'insertion professionnelle peuvent être positionnées dans les quadrants de ce système d'axes, avec bien sûr toutes les simplifications liées à une telle modélisation.

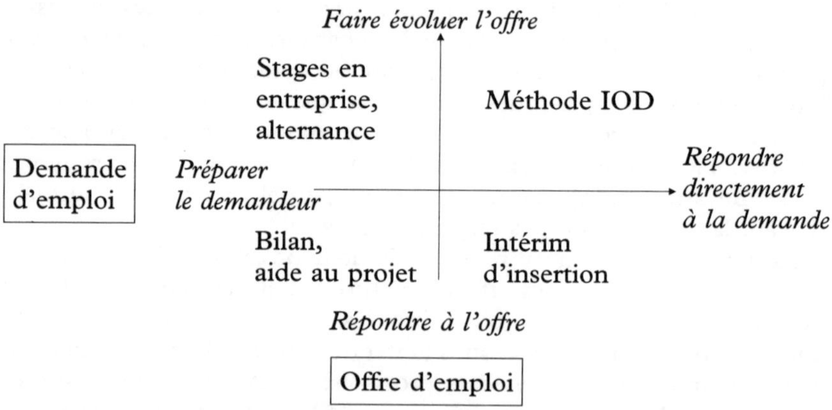

Sur la partie basse de ce graphique, le quadrant gauche concentre l'essentiel des méthodologies d'insertion en France, caractérisées par la place essentielle qu'elles consacrent à l'orientation et à la formation. Le quadrant droit peut être illustré par les pratiques de l'intérim dit d'insertion, qui vise à répondre à l'offre de missions et contrats courts concernant des non-qualifiés, tout en construisant parallèlement une qualification minimale ou un projet professionnel.

La partie haute du graphique concerne des pratiques qui, à des titres divers, travaillent l'offre préalable, voire la suscitent ou la révèlent. Les stages en entreprise supposent que l'offre est potentielle ou à venir et préparent la demande par la qualification et l'immersion dans l'entreprise sous statut de stagiaire. À droite, la méthode IOD cherche à coupler une action interventionniste en direction des employeurs avec des propositions immédiates d'offres aux demandeurs d'emploi dits prioritaires. Elle postule que, sous réserve d'une action sur l'offre, l'emploi de droit commun – y compris en contrat long et à plein temps – est accessible aux publics de l'insertion. C'est ce postulat qu'on va maintenant mettre en perspective.

3. L'ENGAGEMENT DES DEMANDEURS D'EMPLOI

Les publics qualifiés de prioritaires ont été, le plus souvent, durablement éloignés du marché du travail. Cette situation tient autant à des ruptures personnelles ou familiales qu'aux pratiques des dispositifs. Inversement, la plupart d'entre eux posent une demande d'emploi dont on peut faire l'hypothèse qu'elle est potentiellement pertinente sur ce marché des postes de première qualification, pour lesquels les employeurs déclarent n'exiger aucune formation préalable. C'est cette situation paradoxale qu'il s'agit de traiter.

3.1. UNE CENTRATION EXPLICITEMENT PRIORITAIRE SUR L'EMPLOI

Enjeu essentiel : l'agent d'insertion doit quitter la « posture du clinicien ». Il a devant lui un demandeur d'emploi qui veut être reconnu comme tel, et au-delà un citoyen qui s'adresse à un service public de l'insertion. Ce sont ces statuts et rôles qui fondent l'identité du demandeur dans ce lieu, avant ses éventuelles difficultés psychologiques ou sociales.

On s'attachera ici à illustrer un premier principe : dans la sphère de l'insertion, les instances chargées de l'accès à l'emploi devraient se consacrer exclusivement à cette tâche. La confusion trop fréquente entre les problématiques psychosociales des personnes et les difficultés d'accès à l'emploi doit être d'autant plus évitée qu'on a de bonnes chances de penser que les premières sont subordonnées aux secondes. L'agent d'insertion doit donc se définir et se présenter comme étant d'abord compétent en matière d'accès à l'entreprise. Il nous paraît essentiel que le bénéficiaire puisse clairement identifier son interlocuteur sur ce plan, ce qui lui permet de se reconnaître lui-même comme demandeur d'emploi.

Bien entendu, les problématiques psychosociales, familiales, de santé, de logement... sont souvent bien réelles. De plus, la « carrière » du bénéficiaire l'aura plutôt habitué à expérimenter des logiques d'aide sociale, dont il peut légitimement penser qu'elles constituent l'essentiel des politiques d'insertion. Concernant l'accès à l'emploi, il en aura souvent une représentation en termes de stages, de contrats aidés, courts ou à temps partiel, qui reflète sans doute aussi les réponses qu'on lui apporte le plus souvent.

On peut tirer de ces constats deux recommandations pratiques :

— un professionnel de l'insertion tourné vers l'accès à l'emploi de droit commun doit « faire rupture » avec d'autres logiques bien connues de son interlocuteur, et centrer les premières interactions sur cette question. Par exemple, l'entretien ou questionnaire habituellement proposé lors du premier contact (puisqu'une certaine information est en effet nécessaire pour la suite) doit être limité à la sphère professionnelle (expériences passées, formation, savoir-faire, projet éventuel...), y compris pour sa composante informelle, ou illégale (le « travail noir ») puisqu'il y a là des compétences souvent sous-estimées ou tout simplement non dites. Il va de soi qu'une attitude clairement a-normative est la plus indiquée sur cette question ;
— c'est par rapport à la sphère professionnelle que peuvent apparaître des freins à l'emploi en partie constitués des problématiques psychosociales précédemment évoquées. C'est ici qu'une coordination fonctionnelle avec la sphère du travail social est nécessaire, sous réserve qu'elle soit clairement définie en termes de partenariat et donc à distance de la classique confusion des rôles. Il est tout à fait concevable que des travailleurs sociaux animent ou impulsent des actions tournées vers le logement, la passation du permis de conduire ou la location de mobylettes. Il est plus surprenant que des professionnels en charge de l'accès à l'emploi consacrent l'essentiel de leur temps à ces activités. Au prix, bien sûr, d'une confusion entre les buts et les moyens et d'une centration sur les seconds.

On peut, bien sûr, s'étonner de ce plaidoyer pour une distinction si tranchée entre la sphère professionnelle et les autres sphères de vie d'une même personne – surtout venant d'un psychologue social. On ne reprendra pas ici l'argumentaire des chapitres précédents quant aux dommages causés par la confusion des problématiques, elle-même favorisée par l'apparition d'une sphère autonome de l'insertion. S'il est bien exact que les diverses sphères de vie sont liées et interdépendantes chez une même personne, il est par contre peu réaliste de considérer qu'un même professionnel soit compétent dans toutes ces sphères. De plus, compte tenu de l'autonomie relative de ces mêmes sphères de vie, il est peu probable que le sujet lui-même souhaite un soutien unique. Les rôles d'une même personne sont diversifiés, parfois clivés, voire antagonistes. Ceux liés à la sphère professionnelle relèvent aussi de logiques (économiques, organisationnelles...) irréductibles à la dynamique des personnes.

3.2. UNE POSTURE MÉTHODOLOGIQUE : QUI SOUHAITE ACCÉDER À L'EMPLOI LE PEUT

Le principe de base est ici le refus d'une logique de « tri » des chômeurs à partir d'un diagnostic-pronostic préalable, puisque ce tri conduirait nécessairement à exclure à nouveau les plus précaires. Il faut donc partir de la demande explicite et la considérer comme un premier engagement relativement coûteux pour la personne. Cette posture est d'autant plus urgente que le sujet est « sans projet ».

Quand elle concerne les publics de l'insertion, cette proposition ne va pas de soi et mérite quelques commentaires. L'incrédulité qu'elle suscite souvent tient en fait à une confusion entre la définition d'une posture méthodologique et un diagnostic sur la « réalité » des personnes.

Pour apprécier le sens de cette posture méthodologique, il suffit d'examiner son antithèse, beaucoup plus courante : quand une personne en difficulté déclare vouloir travailler, il faut d'abord s'assurer qu'elle le peut, qu'elle a un projet, qu'elle est « prête ». L'observateur (ici l'agent d'insertion) s'engage alors :

— dans une procédure de diagnostic, basée dans le meilleur des cas sur des informations concernant les diverses sphères de vie de la personne. Les approches sociocognitives nous ont appris combien ce diagnostic relevait plus de la « formation d'impression » que d'un traitement analytique de l'information. Laquelle est, d'ailleurs, parcellaire et souvent maniée avec une certaine clairvoyance normative par des personnes s'adressant à un guichet public dont elles attendent une aide. Il faut ajouter à ceci que, compte tenu du mode d'exercice professionnel de l'observateur (l'entretien individuel le plus souvent), le diagnostic sera centré sur la personne plus que sur son rapport aux situations ;

— dans une démarche de pronostic ensuite. Celui-ci est d'autant plus aléatoire qu'il concerne justement ce rapport de l'individu aux situations, sur lequel l'observateur n'a pas d'information. Quand ce pronostic concerne l'employabilité, ce qui est le cas ici, il mobilisera nécessairement des théories implicites sur l'entreprise, les employeurs, les contraintes du travail. De plus, chacun sait qu'un diagnostic relatif à des réalités passées autorise rarement un pronostic sur des réalités nouvelles, à venir. On a donc tout lieu de craindre que nos croyances volontiers fixistes (les gens sont ce qu'ils sont) soient ici bien encombrantes[1] ;

— dans une démarche de « tri » enfin. Le diagnostic alimente un processus de catégorisation, souvent binaire (les employables et les autres). Si ce mécanisme semble bien être à la base de tout traitement de l'information (la catégorisation permet de simplifier le réel), on a tout lieu de craindre que les ressources dont dispose l'agent d'insertion surdéterminent l'alimentation des catégories : les gens sont d'autant moins employables qu'on n'a pas de solution à leur proposer. Il s'ensuit que le problème majeur des logiques de tri est qu'elles risquent d'exclure ceux-là mêmes qui sont par ailleurs qualifiés de prioritaires.

« Qui veut travailler le peut » signifie donc, non pas d'abord un jugement exagérément optimiste sur le public de l'insertion mais un refus de l'opérateur de s'engager dans des procédures de diagnostic – pronostic, et donc de tri. Il considérera ainsi que le critère nécessaire et suffisant pour engager une recherche d'emploi est que la personne en fasse la demande. Cette posture présente en outre, sur le plan déonto-

1. Nous faisons allusion aux intéressants travaux de Dweck (1999) qui distingue les « fixistes » et les « optimistes » en matière de théories implicites. Les premiers voient les attributs humains comme des entités figées, les seconds comme malléables et pouvant s'améliorer. Il va de soi que de telles préconceptions ne sont pas sans conséquence sur la prise de décision en matière de devenir des personnes.

logique, l'avantage de respecter la demande du sujet, c'est-à-dire de ne pas mettre en doute son statut de chercheur d'emploi.

En tant que posture méthodologique, « qui veut travailler le peut » signifie aussi que dès l'instant où cette condition est présente, l'opérateur s'engage à mettre en œuvre les moyens nécessaires pour répondre à cette demande. Il s'agit bien d'une obligation de moyens telle qu'on peut l'attendre d'un service public. Si le bénéficiaire pose une telle demande en ce lieu, c'est sans doute parce qu'il a échoué à y satisfaire par ses propres moyens. Il est alors tout à fait paradoxal d'attendre qu'il « fasse lui-même », qu'il soit actif et autonome au point de résoudre lui-même le problème qu'il était venu poser à l'opérateur[1].

Poser une demande d'emploi peut s'analyser comme un premier niveau d'engagement pour le demandeur, c'est-à-dire comme un acte préparatoire au sens de la théorie de l'engagement. Si tel est bien le cas, il est alors essentiel d'inaugurer le plus tôt possible des actes plus coûteux, et donc de ne pas différer la réponse. De ce point de vue, le fait de multiplier les étapes préalables (rendez-vous multiples, entretiens, délais d'attente, démarches préparatoires diverses...) est le contraire d'une stratégie d'engagement. On mesure tout le décalage entre un tel point de vue et celui qui ferait d'un long délai d'attente un test de la « motivation » du demandeur.

On objectera à juste titre que ce premier engagement n'est pas toujours accompagné du « sentiment de liberté » comme l'exige le modèle théorique. Il est probable en effet que les bénéficiaires des dispositifs soient quelque peu contraints, sommés d'être actifs, voire menacés de radiation, et qu'ils émettent un acte qui pourrait bien être d'abord d'allégeance. L'agent d'insertion peut tenter de s'assurer un minimum de contrôle sur la façon dont les sujets lui sont adressés, en veillant par exemple à ce que plusieurs choix leur soient offerts. Surtout, il peut créer pour lui-même, à la place qui est la sienne, les conditions d'un engagement maximum du demandeur.

1. Une analogie permet de mieux saisir l'aspect paradoxal de cette situation. Un usager dont l'alimentation électrique est en panne serait fort surpris d'entendre qu'on viendra le dépanner à condition qu'il essaie d'abord de réparer lui-même (version « non directive ») ou encore qu'on viendra seulement pour l'aider à se dépanner (version « accompagnement »). Le paradoxe provient du fait qu'on est renvoyé à ses propres ressources qu'on estime insuffisantes, alors qu'on croyait s'adresser « à qui de droit », qui aurait les ressources adéquates.

3.3. La liberté de choix comme condition fondamentale d'engagement

L'objectif est de renforcer l'engagement du demandeur d'emploi en élargissant ses possibilités de choix et de contrôle de la situation, et donc son sentiment de liberté.

On peut déplorer que la théorie de l'engagement ait été popularisée en France par le biais d'un ouvrage au titre certes quelque peu accrocheur (Joule & Beauvois, 1987) mais dont l'inconvénient est de suggérer que le sentiment de liberté, central dans ce modèle, est nécessairement une illusion. Ce qui associe d'emblée la théorie de l'engagement à une technique de manipulation. Il faut pourtant rappeler qu'un individu placé en situation de choix, et qui choisit effectivement, connaîtra d'autant plus de dissonance que le nombre d'alternatives parmi lesquelles il doit choisir est élevé et qu'elles sont également désirables (cette dissonance étant liée aux caractéristiques positives des alternatives rejetées : Brehm & Cohen, 1959). Un mode de réduction de la dissonance étant de survaloriser l'alternative choisie *in fine,* on en conclut qu'une décision sera d'autant plus valorisée par un sujet qu'elle a consisté à trancher parmi un nombre important d'alternatives également attractives.

Choisir parmi plusieurs plats au restaurant n'est pas une illusion de liberté, pas plus que choisir parmi plusieurs orientations possibles pour un élève ou parmi plusieurs offres d'emploi pour un demandeur. Certes, il n'est pas exclu que les dés soient pipés, notamment quand la valeur des diverses options est tellement inégale que la décision finale est totalement prévisible : on admettra qu'un tel « choix » engage peu son auteur. De même, il faut noter que les diverses éventualités doivent être simultanément présentes pour qu'on puisse parler de choix, puisque c'est de leur désirabilité comparée que naît la dissonance.

On observera pourtant que le fait de réunir ces trois conditions (un nombre élevé d'options, simultanément présentes et également désirables) ne suffit pas toujours à garantir une réelle liberté de choix : encore faut-il reconnaître au sujet une possibilité de non-choix, notamment s'il estime que toutes les options sont également indésirables. Dans le cas d'options aussi négatives les unes que les autres aux yeux du sujet, on peut certes s'attendre à ce qu'il valorise quelque peu l'option retenue s'il doit en retenir une (comme lors d'un « projet » d'orientation pour des élèves en échec). Toutefois, le climat de contrainte dans lequel le choix prend place (la contrainte concernant cette fois le fait de choisir et non le choix lui-même) fait qu'il sera peu engageant pour le sujet. Bref, un sentiment de liberté qui ne serait pas une illusion peut être attendu d'une stratégie analogue à celle qu'utilise un bon questionnaire d'opinion : un nombre convenable de réponses également plausibles sont proposées, ainsi qu'une possibilité de non-réponse. Classiquement, ce type de question à choix multiple est réputé plus apte à détecter l'opinion de la personne, comparativement à une série de questions fermées à choix binaire. Cette analogie est d'ailleurs bien instructive, puisqu'on sait que la case « non-réponse » n'a pas de raison d'être si toutes les opinions possibles sont proposées : ce qui revient à nouveau à insister sur l'éventail des choix.

Dans le contexte d'un dispositif d'insertion, on peut craindre qu'une offre d'emploi soit acceptée par complaisance ou allégeance. Or, l'engagement du demandeur dans son choix conditionne probablement pour une part le devenir de cette offre : signature ultérieure du contrat lors de la venue dans l'entreprise, rupture de ce contrat, validation au-delà de la période d'essai. On fera donc l'hypothèse que ce devenir est d'autant plus positif que plusieurs offres auront été simultanément proposées.

Observation 4. Devenir des offres en fonction du nombre de choix possibles.

Cette observation est issue d'une méthodologie spécifique. Il a été demandé aux membres des équipes d'instruire un protocole précisant dans quelles conditions leurs dernières offres avaient été faites aux demandeurs (une offre seule, deux offres simultanées, trois offres ou plus). Le devenir final de l'offre est ensuite consigné dans le protocole : issue négative ou validation du contrat deux mois plus tard.

On observe que la condition « trois offres ou plus » concerne moins de 20 % des cas, ce qui dit assez la difficulté pratique d'une telle option. C'est pourtant la condition qui est la plus prédictive d'une issue positive, les deux premières ne différant pas entre elles sur ce point. Ainsi, qu'une offre soit présentée seule ou simultanément avec une autre ne semble pas avoir d'effet sur son devenir et n'aurait donc pas, selon l'hypothèse, d'incidence sur le degré d'engagement du demandeur. Par contre, la présentation simultanée d'au moins trois offres introduit une différence significative. Comme si un choix binaire n'en était pas un, ou comme si les injonctions symboliques inhérentes à la situation ne s'estompaient qu'au-delà de ce choix binaire : comme si trois options au moins étaient un vrai choix... Il y a là matière à réflexion sur les offres qu'on fait aux chômeurs, quand on leur en fait. Si ce résultat est bien compatible avec le modèle de l'engagement, il indique aussi combien sa prise en compte exige des équipes une prospection soutenue dans un réseau d'entreprises suffisamment étendu.

L'effet d'engagement induit par cette modalité de l'offre (au moins trois choix possibles) est d'autant plus remarquable qu'il ne concerne que le demandeur : or, ce dernier n'est pas bien entendu seul en cause pour ce qui est du devenir de l'offre (on a vu que le non-démarrage du contrat ou sa rupture étaient liés à une décision de l'employeur dans au moins un cas sur deux). À ce stade de la procédure, le sujet ne connaît pas l'entreprise, il dispose seulement d'informations détaillées sur le poste. Par contre, ces offres lui sont faites dès les deux ou trois premiers jours de son arrivée, c'est-à-dire aussitôt après son premier engagement dans une demande d'emploi. Ce bref délai est sans doute pour quelque chose dans les effets produits, évoquant cet « effet de gel » dont parlait Lewin[1] et après lui les théoriciens de l'engagement.

Bien entendu, il n'est pas exclu qu'il y ait un biais dans cette observation : on pense en particulier au fait que les équipes seraient amenées à proposer des offres plus nombreuses à des demandeurs particulièrement actifs, intéressés, exigeants, et que ces caractéristiques suffisent en fin de compte à expliquer le destin positif de l'offre. Cette contre-hypothèse est peu vérifiable en pratique ; par contre, nous savons que c'est précisément la consigne inverse que les équipes reçoivent : multiplier les offres aux sujets paraissant particulièrement attentistes, indécis, « sans projet ».

On ne peut pas non plus exclure totalement un simple effet mécanique des conditions de l'offre : plus les propositions sont simultanément nombreuses, plus la probabilité est élevée qu'il y ait une « bonne » offre parmi elles et plus bien sûr le demandeur la retiendra. Ce qui veut dire que ces offres seraient finalement honorées tout simplement parce que ce sont les meilleures. Et il est vrai que toutes les offres ne sont pas strictement identiques du point de vue de leur attractivité : au-delà de la subjectivité des préférences personnelles, on sait qu'un quart d'entre elles environ sont rémunérées au-dessus du SMIC et se terminent plus souvent par un contrat validé. Au-delà des conditions du choix, la

1. On se souvient que, pour Lewin, c'est la décision collective qui « gèle » la motivation, laquelle ne suffit pas par elle-même pour prédire la conduite.

nature même des offres joue donc probablement un rôle. Mais ce constat ne contredit pas la conclusion selon laquelle des offres simultanément nombreuses ont plus de chances de déboucher sur un destin positif pour le demandeur.

Au total, les informations en notre possession n'invalident pas l'hypothèse selon laquelle un choix a d'autant plus de chances d'être maintenu et validé qu'il a été fait parmi des alternatives suffisamment nombreuses. Cette « situation à choix multiples » est coûteuse pour les équipes par ce qu'elle suppose de capacité de proposition : c'est donc sans doute non seulement le demandeur mais aussi l'agent d'insertion qui sont plus fortement engagés par ce type de situation. D'autres engagements suivront, comme la visite de l'entreprise. Mais concernant encore les conditions de l'offre, ne peut-on mettre en œuvre d'autres facteurs d'engagement, et notamment la présence du groupe ?

3.4. ENGAGEMENT INDIVIDUEL OU EN GROUPE ?

On sait que l'engagement, défini comme le lien d'un individu à ses actes, la mesure dans laquelle il les reconnaît comme siens, est d'abord lié au sentiment de liberté lors de l'émission de ces actes. Toutefois, d'autres facteurs d'engagement ont été isolés et testés à plusieurs reprises, notamment le caractère public de l'acte qui tend à le rendre irréversible, non révocable. C'est ici que la présence du groupe peut s'avérer être un facteur supplémentaire d'engagement, conformément aux travaux de Lewin. La question est donc de savoir si le demandeur d'emploi peut utilement être impliqué dans des activités ou contextes de groupe, et lesquels.

On remarquera d'abord que si la recherche d'emploi peut bien passer par des activités de groupe (simulations d'entretiens, analyse des postes de travail, exercices de prise de rendez-vous...), la réponse à une offre ne peut être qu'individuelle. Or, nous avons insisté à plusieurs reprises sur le fait que les propositions d'emploi devaient intervenir le plus tôt possible après la demande, définie comme acte préparatoire : on a tout lieu de craindre que les activités de groupe constituent un délai supplémentaire, peu cohérent avec l'objectif. De plus, dans le modèle proposé, ce n'est pas le demandeur qui cherche un emploi mais l'agent d'insertion qui lui en propose. Les techniques de recherche d'emploi, qui se prêtent habituellement assez bien à des activités de groupe, ne font donc pas partie de ce modèle ; tout au plus pourraient-elles inter-

4. LA PLACE DE LA FORMATION

Le principe de base est ici : insérer pour former. Le but étant d'articuler la formation qualifiante avec la réalité vécue des postes de travail, il faut engager les employeurs dans une gestion plus prévisionnelle des emplois et des qualifications.

« Était-il raisonnable de s'en tenir à la formule traditionnelle faisant de la qualification certifiée le préalable à l'entrée dans le monde du travail, alors que l'on s'adressait à des jeunes rebutés par toute formation en raison des échecs répétés qu'ils avaient subis ? » (Malglaive, 1985, p. 376). Nous avons déjà évoqués les rapports d'évaluations produits par cet auteur, concernant le « dispositif 16-18 ans » mis en place en 1982. Cette citation traduit bien le désarroi des observateurs de l'époque, qui constatent qu'on ne peut pas pallier l'échec scolaire par « encore plus d'école ». Le même auteur concluait plus loin (p. 388) que pour de nombreux jeunes, seul un emploi immédiat serait susceptible de leur donner l'occasion de construire un projet professionnel, et conséquemment d'envisager une formation. « La majorité d'entre eux aspire à être reconnus socialement, être dotés d'une identité qui ne soit plus celle d'élève ou d'écolier. » Et le fait d'être reconnu comme stagiaire ne répond pas à cette attente...

Quelques années plus tard, Kokosowski (1987) réitère le même constat à l'issue d'évaluations menées notamment en Haute-Normandie. « Les jeunes en difficulté souhaitent s'investir dans des travaux qui ont un sens social immédiat, une utilité tangible. Toutefois, des activités plus symboliques comme la formation sont tolérées, voire acceptées si elles se situent dans une perspective instrumentale par rapport à des tâches de type professionnel » (p. 45). Les jeunes du dispositif accordent clairement une priorité aux activités professionnelles rémunérées, et pas seulement pour l'indépendance économique qu'elles sont susceptibles de générer mais aussi du fait d'une préférence pour l'expérience pratique en milieu naturel par opposition au « comme si » de la formation théorique.

Quinze ans plus tard, on voit mal ce qui serait venu démentir ces constats précoces, aussi bien pour les jeunes que pour les autres. La question de l'identité et de la reconnaissance sociale est bien au centre du problème, associée à celle de l'urgence économique : organismes bancaires et bailleurs refusent généralement leurs prêts et leurs logements à des personnes de revenus faibles, instables ou provisoires. Ce qui oblitère en retour la construction de projets réalistes, chronicise la dépendance aux services sociaux ou aux familles, empêche le développement d'un sentiment de contrôle du sujet sur sa situation. Les effets de ce cercle vicieux sont suffisamment connus pour qu'il soit inutile d'y insister à nouveau. C'est sans doute lui qui permet de mieux comprendre le discours fréquent de bon nombre de bénéficiaires des dispositifs, sur le mode « je prendrai n'importe quel travail qui se présentera ». Il y a quelque paradoxe à mettre en doute ou à dévaluer un tel discours, au nom de l'absence de projet qu'il traduit en effet : cette posture est antérieure à tout projet professionnel puisqu'elle concerne d'abord l'image de soi et le besoin de contrôle. À ce stade, la question est donc moins celle de l'existence d'un projet professionnel et de formation que celle des conditions mêmes de cette existence. Une chose est de valoriser la maîtrise de sa trajectoire par le sujet ; autre chose est de postuler cette autonomie comme donnée de départ, là où les conditions minimales de son existence même ne sont pas réunies.

Restent deux variables qui structurent aussi la question de la formation des publics sans qualification :

— une politique publique peut légitimement souhaiter améliorer le niveau général de qualification d'une population ; elle peut même, comme elle a manifestement tenté de le faire, mettre à profit des périodes de chômage élevé pour réaliser ce projet. La question est alors celle de la faisabilité d'un tel programme, les stratégies quasi scolaires ayant fait la preuve de leur faible efficacité. Inversement, l'alternance vraie, celle qui suppose des organismes de formation réellement articulés au tissu socio-économique environnant et la construction d'une réelle dialectique entre le faire et le savoir, paraît la réponse la plus pertinente. Mais peut-être aussi la plus difficile à mettre en œuvre : « De la "pédagogie du concret" à celle de l' "alternance", une idée traverse toute l'histoire récente de la formation des adultes : apprendre à partir de la pratique... Curieusement, il semblerait qu'elle soit aujourd'hui remise en cause par certains formateurs... En fait, cette opposition récente nous semble liée à ce qui a toujours fait la difficulté des démarches pédagogiques cherchant à s'appuyer sur la pratique : l'existence d'une rupture entre l'action telle qu'elle se déroule concrètement et le déploiement des mécanismes cognitifs permettant d'en comprendre les raisons. Attachés au développement de ces mécanismes, les "nouveaux formateurs d'adultes" reculent devant l'obstacle et abandonnent la pratique et le concret qu'ils avaient tant souhaité mettre au cœur de leur pédagogie » (Malglaive, 1990, p. 270). Au profit, par exemple, des ateliers de raisonnement logique ou des diverses techniques de rééducation cognitive, où les conditions concrètes de la pratique sont très généralement absentes. La critique de Malglaive trouve toutefois des échos dans des recherches récentes qui cherchent à réintégrer l'expérience concrète dans le processus de formation, notamment après plusieurs bilans critiques sur les méthodes d'éducation cognitive : « Comme l'ont bien montré les travaux sur la validation des méthodes d'éducation cognitive, les acquisitions se font toujours en référence à une base de connaissances et les transferts d'un contenu à l'autre sont toujours laborieux » (Guichard & Huteau, 2001, p. 257). Il n'est pas dans les objectifs de cet ouvrage d'instruire ce débat sur l'alternance : tout au plus peut-on observer qu'il inciterait sans doute davantage à « insérer pour former » plutôt que l'inverse ;

— toute entreprise peut avoir besoin de modifier ou développer les compétences et les qualifications de ses salariés, notamment quand il s'agit d'accompagner ou anticiper les évolutions technologiques ou de promouvoir de nouvelles activités. On est là sur le terrain bien connu de la formation professionnelle continue, des plans et congés de formation, de la gestion des carrières et de la mobilité intra- ou interentreprise. La formation a alors les meilleures chances d'être perçue comme un moyen, un instrument par rapport à un but final ; comme peut l'être, pour les mêmes raisons, un bilan de compétences, qui trouve pleinement son sens dans ce contexte. « Ce que redoutent les adultes n'est pas tant de "retourner à l'école"... mais d'y retourner sans garantie que ce retour soit bien l'instrument de leurs projets actuels » (Malglaive, 1990, p. 266). Cette garantie est manifestement mieux assurée quand le projet de formation naît de la confrontation à la pratique, de la situation de travail et des besoins d'ajustement qui s'y révèlent. On peut bien sûr s'élever contre cette conception de la formation, purement instrumentale à première vue, qui plus est inféodée au projet de l'entreprise plus qu'à celui du sujet lui-même. C'est oublier que les plus défavorisés des salariés (professionnellement, socialement, culturellement) n'expriment guère de besoins de formation, laquelle ne leur paraît pas être une « action praticable » à leur portée (Malglaive, 1990, p. 264). Parallèlement, ce n'est pas non plus à eux que les entreprises consacrent l'essentiel de leur investissement en formation, mais au contraire aux plus qualifiés ou diplômés. Là encore semble régner un étrange consensus en termes de renoncement. Comme en matière d'accueil et d'intégration des salariés, il reviendra au professionnel de l'insertion de poser la question de la formation dès qu'elle apparaît pertinente, d'inciter l'employeur à penser des plans de carrière et le salarié à construire un projet – qu'il soit réalisable ici ou ailleurs.

En matière d'insertion des publics jeunes ou adultes en difficulté, l'itinéraire et les réflexions de l'auteur de « l'insertion professionnelle et sociale des jeunes » (Schwartz, 1981) méritent qu'on s'y arrête. On sait que ce rapport au Premier ministre proposait de développer la formation par des stages en alternance. « Devenu délégué du Premier ministre, j'ai vite réalisé que sa mise en pratique n'était qu'un simulacre d'alternance, il n'y avait aucune articulation entre les situations de travail et les situations de formation des jeunes » (Schwartz, 1998, p. 43). L'auteur décide alors de lier étroitement la formation des jeunes des plus faibles niveaux (« choix qui exaspérait entreprises et formateurs », p. 44) à la modernisation des entreprises, à partir de deux propositions centrales :

— un adulte n'est prêt à se former que s'il peut trouver dans sa formation une réponse à ses problèmes, dans sa situation ;
— l'analyse collective des dysfonctionnements (dans l'atelier, le service) est la mieux à même de générer la réflexion des agents sur leur travail, de responsabiliser les acteurs concernés, de parvenir à une organisation qualifiante des activités.

On voit comment le curseur s'est déplacé du formé, déconnecté des situations concrètes, vers l'organisation du travail dont les blocages et dysfonctionnements révèlent souvent la nécessité de nouvelles qualifications. Certes, ces dernières correspondent rarement, par définition, à des formations ou diplômes existants ; de plus, l'organisation du travail ne sort pas indemne de l'analyse de ses dysfonctionnements. On est loin du modèle dominant où un puissant marché de la formation (qui fonctionne pour l'essentiel sur fonds publics) propose un « prêt-à-porter » vers lequel les entreprises externalisent massivement leurs coûts de formation. Le modèle de Schwartz ne définissait pas la formation « en soi », « au cas où » ou « en attendant » mais comme le produit d'une analyse des conditions et postes de travail par les agents et l'encadrement. On comprend mieux dès lors la conclusion de l'auteur (1998, p. 54) : « Il faut complètement repenser la gestion des entreprises... l'organisation de la formation professionnelle... Bref, un beau programme politique. » En tout cas une dimension importante de la professionnalité des agents d'insertion.

Conclusion générale

Un dispositif d'insertion prévoit, organise, gère des trajectoires, des itinéraires où « cheminent » les bénéficiaires. À certains endroits de ce parcours, lieux qu'on pourrait définir comme des nœuds décisionnels, un professionnel (ou une commission, une équipe...) décide de la suite de la trajectoire. Ce rôle de « portier » (au sens de Lewin : celui qui facilite ou bloque la circulation d'un produit dans un canal) prend une importance toute particulière dès lors qu'on insiste sur l'individualisation de ce parcours. Certes, à première vue, cet agent dispose de plusieurs choix possibles pour organiser la suite de la carrière : ces éventualités oscillent en effet entre le « travail sur soi » et l'orientation vers la sphère professionnelle. Si la durée du parcours tend à s'allonger ces dernières années, c'est plutôt du fait d'une accentuation du travail sur soi : d'une simple réflexion sur ses intérêts et choix professionnel au début des années 1980 à l'actuelle remédiation cognitive en passant par l'alphabétisation, la remobilisation et autre appui social individualisé.

Ainsi, et encore une fois : à première vue, la palette est large des propositions possibles pour le bénéficiaire. Notons tout d'abord que cette place particulière qu'occupe le professionnel le met inévitablement en position de formuler un diagnostic-pronostic (à moins bien sûr de considérer que c'est le bénéficiaire qui choisit, ce qui est peu réaliste). Cette opération est fortement aléatoire pour plusieurs raisons : parce que le *feeling* remplace le plus souvent des technologies plus lourdes et coûteuses, parce que la pratique génère des « savoirs immédiats » qui ont statut d'évidences, parce que la file d'attente est longue et la pression institutionnelle forte. Et surtout parce qu'un pronostic devrait nécessairement inclure des informations précises sur un ailleurs (comme l'entreprise par exemple) dont l'opérateur ne dispose pas. Cette situation de forte incertitude est donc celle où les normes et représentations sociales, en particulier celles qui sous-tendent l'évaluation des personnes, s'expriment le plus pleinement. Nous avons tenté de répertorier les plus saillantes, en observant qu'elles ont souvent pour caractéristique d'oublier le poids des contextes et des situations sur la conduite des individus. Y compris d'oublier le poids de ce contexte particulier qu'est le dispositif d'insertion lui-même, où le bénéficiaire croit probablement s'adresser à un service public apte à répondre à sa demande d'emploi alors qu'on attend d'abord qu'il fasse la preuve de son autonomie et de sa motivation.

Mais il y a plus. La palette des « solutions » possibles que le professionnel peut offrir à son interlocuteur est au fond beaucoup plus binaire qu'il n'y paraît. La distinction entre insertion sociale et professionnelle, tout aussi pratiquement solide que théoriquement douteuse, exprime bien le caractère fondamentalement dual des options possibles. À la base du diagnostic – et même si de nombreuses variantes et nuances viennent quelque peu obscurcir le tableau – réside une véritable décision lourde de conséquences : le bénéficiaire est employable ou pas. Les nuances ou variantes évoquées ci-dessus s'expriment à travers des couples d'antonymes structurant le discours professionnel : motivé-passif, autonome - sans projet, mature-immature, réaliste-utopique... On doit ajouter que des qualificatifs beaucoup plus moralisateurs (les bénéficiaires sont régulièrement soupçonnés d'utiliser les dispositifs pour les avantages qu'ils procurent, tout en évitant de « jouer le jeu ») sont plus facilement repérables dans les conversations spontanées que par questionnaires et entretiens, lesquels en sous-estiment très probablement le poids. Quand un opérateur dispose de plusieurs choix possibles, et que ces choix ne sont pas particulièrement ordonnés en une hiérarchie de valeurs, on est alors plutôt fondé à parler d'orientation. Quand le choix est en réalité binaire, que l'un est le négatif de l'autre et que seul l'un des deux est désirable, ou parlera alors de tri ou de sélection, sachant bien sûr que le plus désirable est aussi le plus rare.

Cette fonction de tri nous a semblé constituer le problème le plus crucial auquel sont confrontées les méthodologies classiques d'insertion, pour au moins trois raisons :

1 / lors de cette décision, l'opérateur a naturellement tendance à oublier que les affectations auxquelles il procède sont en fait très dépendantes des ressources dont il dispose ; en ce sens, décider qu'une personne est « trop loin » de l'emploi informe sans doute plus sur la rareté des propositions qu'on peut lui faire que sur son employabilité. Ce n'est pourtant pas ce qui prime dans la perception de l'opérateur, où l'employabilité aura au contraire tendance à s'imposer comme caractéristique de la personne. Le fait que les professionnels de l'insertion soient peu ou pas centrés sur l'accès à l'emploi, et donc sur l'exploration active de l'environnement économique, a sans doute pour effet de renforcer la tendance à la naturalisation du chômage et à opacifier leur propre réflexion sur leurs pratiques professionnelles ;

2 / si le critère basique qui sous-tend le tri est bien l'employabilité, laquelle est évaluée à la motivation, la mobilisation, la qualité et le réalisme du projet, alors le professionnel de l'insertion ne peut que réaliser une contre-finalité : alors qu'il est sensé favoriser l'autonomie, il la postule. Alors que sa fonction a toujours été définie comme une aide à la construction et à la mise en œuvre d'un projet, il sélectionne ceux qui en ont déjà un. Alors que l'accompagnement individualisé est posé comme d'autant plus nécessaire que la personne est « loin de l'emploi », il l'accompagnera en fait vers autre chose. Alors qu'elle est l'objectif à atteindre, l'autonomie est devenue la condition préalable. C'est pourquoi la proposition selon laquelle « l'insertion n'insère pas » est trop pessimiste : l'insertion parvient à insérer cette partie de son public qui n'avait sans doute pas spécifiquement besoin d'elle ;

3 / s'il est bien vrai que les dispositifs d'insertion ont tendance à prélever la partie de leur public la plus proche de l'emploi, c'est donc qu'il maintiennent l'autre dans le champ du social, pour reprendre l'expression de Simon Whul. Ce champ où l'on procède à des apprentissages, où l'on pratique des activités dont on peut à bon droit se demander s'ils ne concernent pas plus une socialisation interne aux dispositifs qu'un véritable engagement vers la sphère professionnelle. Sachant que l'employabilité – au sens statistique originel – est inversement proportionnelle à la durée du chômage, il faut donc en conclure que le tri auquel procèdent les dispositifs a toutes les chances de renforcer l'exclusion professionnelle de ceux qu'ils définissent pourtant comme leur cible prioritaire.

Bien qu'elles soient loin d'être nouvelles, ces conclusions n'en continuent pas moins de provoquer incrédulité ou indignation chez bon nombre de professionnels de l'insertion. Lesquels opposent les grandes difficultés personnelles et sociales auxquelles sont confrontés les publics de l'insertion (les « freins à l'emploi » en termes plus modernes) et le manque objectif d'emplois disponibles. Les deux grandes familles d'explications, internes et externes, sont bien présentes et étroitement liées dans l'argumentation, même si les attributions internes sont chronologiquement premières dans la majorité des cas.

La prévalence des explications internes est cohérente avec le modèle thérapeutique qui prévaut dans ce secteur professionnel. Paradoxalement, cette métaphore médicale mériterait peut-être d'être explorée plus avant : le médecin peut légitimement constater que la maladie résiste à toutes ses interventions et conclure que la guérison est hors de portée. Mais il ne peut le faire qu'après avoir mobilisé tous les savoirs disponibles sur le marché de la connaissance scientifique. C'est bien cette condition qui n'est pas réalisée ici. L'insertion professionnelle est un ensemble de conduites concrètes produites dans des contextes sociaux dont certains (comme l'entreprise) peuvent s'avérer particulièrement contraignants. Concernant ces pratiques sociales, le marché de la connaissance scientifique nous indique qu'il peut être illusoire d'en chercher les déterminations dans la personne. Si les psychologues sociaux ont qualifié de « fondamentale » cette erreur d'attribution, c'est à la fois parce qu'elle génère d'autres illusions dans la perception d'autrui et aussi parce qu'elle pourrait bien s'enraciner dans quelque croyance générale propre à la société occidentale (par exemple le « personnalisme » de Moscovici, l'individualisme libéral plus généralement). Aucun ouvrage sur l'insertion ne parviendra à déstabiliser ce pivot de notre culture ; il le renforcera même d'autant plus qu'il est étroitement « cognitiviste » ou « clinique ». Par contre, une théorie de l'insertion peut et doit attirer l'attention des professionnels (comme d'ailleurs des décideurs publics) sur le fait que ces fictions individualistes[1] seraient sans doute moins saillantes si l'on orientait plus résolument les pratiques vers un traitement des contextes et des situations. Et le contexte naturel de l'insertion professionnelle, c'est d'abord les organisations de travail et leur gestion des ressources humaines. Si l'on a souvent évoqué

1. Un grand merci à M.-L. Rouquette (2001) pour cette définition de la psychologie comme « science pratique des fictions individualistes ». Moins de psychologie pour une autre psychologie, c'est au minimum la question posée. Elle devient tout à fait cruciale dans le champ de l'insertion.

ici la psychologisation (voire la privatisation) des problème sociaux, ce n'est bien sûr pas pour nier que le chômage a des répercussions psychologiques, mais pour alerter sur le fait qu'à trop confondre les causes et les effets, on en viendrait tôt ou tard à cette forme d' « acharnement thérapeutique » qui met un clinicien à la place des intermédiaires du marché du travail.

Mais voilà que justement, du travail, « il n'y en a pas ». Cette fois, l'explication est bien externe : elle n'en est pas pour autant moins discutable. Comment comprendre ce paradoxe béant : dans un champ professionnel où l'on glorifie l'autonomie, la responsabilité, la capacité à gérer sa propre vie, on accepte par contre que les « décideurs » économiques n'aient aucune prise sur la qualité et le volume des emplois, et que les professionnels de l'insertion n'aient à leur tour aucune prise sur la gestion des ressources humaines par ces mêmes décideurs. Ici, le volontarisme libérateur qui prévaut pour les demandeurs d'emploi fait place au renoncement ou à l'attente magique de la « relance économique ». Comme si la rationalité économique procédait d'une logique implacable parce que non humaine ; comme si les innombrables microdécisions quotidiennes n'étaient pour rien dans la construction des « grandes équilibres », comme si la main invisible était bien réelle en somme.

Pendant ce temps, l'artisan pourtant harcelé par ses clients ne recrute pas parce qu'il n'en a pas l'opportunité, parce que les « jeunes ne veulent pas travailler » ou qu'ils se sont en effet détournés de voies professionnelles dévalorisées par le système éducatif. Au hasard d'une candidature spontanée ou plus vraisemblablement d'une recommandation, le recruteur embauche un nouveau salarié au moment même où il en fait le projet. Un responsable de PME voit l'avenir avec d'autant plus de confiance qu'il accède facilement à la demande d'emploi, avec ou sans l'aide d'un médiateur. Lequel peut d'ailleurs aider aussi à la mise à jour de besoins non satisfaits, du fait tant de sa compétence que de sa position d'observateur extérieur. Bref, le marché de l'emploi est un fait social et psychosocial, donc un construit. L'insertion comme l'exclusion sont des jeux à plusieurs partenaires, et le fait que ces jeux s'équilibrent parfois sur des consensus en forme de renoncement constitue justement le premier défi des agents d'insertion. À notre connaissance, il n'y a pas de théorie économique qui n'admette une certaine marge de liberté des acteurs : voilà ce sur quoi une méthodologie d'insertion peut avoir prise, si du moins elle le décide.

L'entrée dans l'entreprise, et en particulier le recrutement est sans doute l'une des réalités les plus difficiles à travailler pour les professionnels de l'insertion, qui se contentent le plus souvent de « formater » la demande d'emploi pour qu'elle coïncide au mieux avec l'offre telle qu'ils la perçoivent. Et il est sans doute vrai que la logique du marché imprègne profondément les pratiques dans ce secteur. Bien entendu, cette logique concurrentielle est particulièrement excluante pour les publics précaires, pas seulement du fait des handicaps « objectifs » qui les caractérisent souvent, mais aussi du fait de discriminations liées à la normativité dans l'évaluation d'autrui. Pourtant, la forte incertitude qui marque la situation de recrutement, liée à la difficulté, plus courante qu'on ne le pense, d'accès à la demande permettent de penser que ce champ n'est pas hors de portée de l'agent d'insertion. Le fait que la majorité des recrutements passe encore par la cooptation, la recommandation, les réseaux relationnels va dans le même sens. Dans le dernier chapitre, nous avons tenté de montrer que des alternatives au recrutement concurrentiel sont possibles et déjà pratiquées ici ou là. Quoi qu'il en soit, on voit mal comment une réelle méthodologie d'insertion pourrait ne pas poser le recrutement comme un enjeu majeur de son intervention, non pour s'y adapter au plus près mais pour contrarier des logiques qui excluent toujours les mêmes. De plus, le fait que notre pays semble se caractériser par des pratiques de sélection particulièrement irrationnelles et globalement contraires aux droits des personnes devrait concerner aussi le législateur, mais ceci est une autre affaire.

Viser l'intégration durable dans l'organisation de travail, développer le « suivi » en entreprise est un objectif de plus en plus communément affiché des méthodologies d'insertion. Il est vrai qu'il correspond, bien plus que le recrutement, à une demande des responsables de PMI-PME qui ne s'accomodent pas tous d'un *turn-over* élevé. Les opérateurs de l'insertion peuvent sans doute négocier, en échange de ce « service » au fond bien utile, une gestion plus cohérente des carrières et mobilités internes, et surtout un investissement plus conséquent des efforts de formation vers les moins qualifiés, qui en sont actuellement pratiquement exclus. Toutefois, la question du « suivi » en entreprise pose aussi un problème délicat : quel est son terme ? Ne risque-t-on pas à nouveau de chroniciser l'intervention, y compris par tuteur et référent interposés ? Et donc de promouvoir au sein de l'entreprise de nouveaux statuts d'exception avec les risques de stigmatisation qu'ils comportent. Ici encore, l'individualisation des procédures amènerait à oublier que les situations de travail sont d'abord des réalités collectives. De plus, le suivi en entreprise trouve de fait sa limite dans la liberté du salarié de quitter une organisation ou un poste de travail qui ne lui conviennent pas. Il serait paradoxal de ne pas lui reconnaître explicitement la possibilité de cet acte d'autonomie.

Au fil des pages et des chapitres précédents, nous avons suggéré plus que véritablement dessiné les contours d'une nouvelle professionnalité dans le secteur de l'insertion. Il en ressort un portrait assez distant de ce qui se pratique un peu partout actuellement. Un déplacement significatif s'est opéré, du marché de l'aide aux chômeurs vers le marché de l'emploi, et donc vers l'entreprise. Sauf pratiques locales ou quasi expérimentales, ces professionnels n'existent pas puisque les politiques publiques ont « décidé », contre toute évidence, qu'on pouvait faire du neuf avec de l'ancien. Qu'on pouvait ajouter l'objectif d'insertion professionnelle à cet ensemble de pratiques, provenant pour l'essentiel du champ de l'action sociale, articulées autour de modèles psycho-socioéducatifs, et donc fortement centrées sur l'aide à la personne. Un curieux changement est apparu au début des années 1990 : on insista désormais sur le suivi du cheminement d'individus singuliers parmi les divers plans et mesures qui leur sont accessibles, et non plus sur l'application aveugle, à grand échelle, de ces mesures à de vastes catégories de publics. Ce changement est apparu à beaucoup comme une avancée significative. De fait, il ne pouvait que rencontrer l'assentiment des professionnels de l'action sociale, pour qui l'idée de suivi individualisé a toujours été un modèle valorisé. Pour autant, on ne voit pas en quoi ce nouveau moyen aurait pu être magiquement plus efficace, puisqu'il ne concernait en rien l'essentiel qui était et reste l'accès à l'entreprise. Il se pourrait même que l'individualisation des procédures ait renforcé la tendance à la « posture thérapeutique », si fréquente dans ce secteur, puisqu'elle privilégie la relation duelle. Quoi qu'il en soit, un moyen ne se justifie pas en soi, du seul fait de son élégance, mais par rapport à un objectif. Les professionnels de l'insertion doivent avoir des compétences en matière de fonctionnement des organisations de travail, de recrutement, de gestion des ressources humaines ; ils doivent être au fait des arcanes des politiques publiques comme des logiques de prise de décision au sein des partenariats locaux. Ils doivent avoir une bonne connaissance du marché du travail, des emplois et des métiers. On est assez loin de la posture du clinicien puisque l'individu qu'il faut « suivre » ou « accompagner » est d'abord un acteur social, un citoyen, un demandeur d'emploi ou un salarié, ces diverses dénominations évoquant nécessairement une forte dimension collective. Laquelle n'est pas « en plus » du sujet singulier mais littéralement constitutive de ce sujet comme acteur social.

Un tel profil professionnel a sans doute peu de correspondances avec les formations existantes, sauf peut-être du côté de quelques DESS de sciences humaines ou sociales. Il ne faudrait pourtant pas en conclure hâtivement que le problème majeur réside dans la formation de ces intervenants : les pratiques professionnelles n'ont souvent qu'un rapport assez lointain avec la formation initiale. D'une part parce que ces pratiques sont aussi sous l'emprise de représentations, de savoirs quotidiens enracinés dans la culture : de ce point de vue, dans le secteur qui nous occupe, la « posture du clinicien » est beaucoup plus spontanée que la pratique intrusive vers l'entreprise préconisée ici. D'autre part parce que les pratiques des professionnels de l'insertion sont prises dans des logiques sociales issues pour partie des circulaires, programmes, cahiers des charges qu'éditent les politiques publiques : sur ce plan, on ne peut que constater la timidité des incitations à travailler avec et sur l'entreprise, contrastant avec l'insistance sur l'aide à la personne. Des pratiques d'insertion qui seraient compatibles avec les thèses développées dans cet ouvrage consacreraient le plus clair de leur temps, de leur investissement humain et matériel, à ce nécessaire travail vers l'entreprise : on est très loin du compte, et ceci est d'abord affaire de décision politique. Sur ce point, l'observateur des politiques d'insertion ces vingt dernières années est assez perplexe : il observe surtout une reproduction de dispositifs et de mesures quasiment à l'identique, alors que dans le même temps des évaluations approfondies en montrent les limites, les carences, voire les effets négatifs. Sans doute le propos de Viveret (1989, p. 17) pour qui « l'évaluation des politiques publiques est ainsi un puissant levier... de la rénovation du secteur public » reste-t-il, pour l'instant, quelque peu idéal.

Pourtant, ces évaluations ont bien mis en lumière les faiblesses de nos dispositifs : ils sont trop centrés sur la personne, pas assez sur les contextes et situations où elle évolue ; ils se focalisent trop exclusivement sur les savoirs, représentations, projets, pas assez sur les conduites effectives. Il en ressort une proposition majeure, finalement très optimiste : l'insertion professionnelle est moins affaire de publics que de méthodes.

Bibliographie générale

Abric, J.-C. (1994). *Pratiques sociales et représentations*. Paris : PUF.

Aissani, Y., & Bidaud, I. (1998). Évolution de la représentation sociale de l'alcool chez les alcooliques sous l'effet d'une thérapie basée sur un dispositif de communication. *Les Cahiers internationaux de psychologie sociale, 40*, 10-24.

Alaphilippe, D., & Fontaine, R. (1996). Sociopsychologie du vieillissement. In C. Tapia (Éd.), *Introduction à la psychologie sociale* (pp. 211-246). Paris : Les Éditions d'Organisation.

Almudever, B., Croity-Belz, S., & Hajjar, V. (1999). Sujet proactif et sujet actif : deux conceptions de la socialisation organisationnelle. *L'Orientation scolaire et professionnelle, 28*, 421-446.

Allport, G. W. (1935). Attitudes. In C. Murchison (Éd.), *Handbook of Social Psychology*, vol. 2 (pp. 798-844). Worcester : Clark University Press.

Amerio, P., & De Piccoli, N. (1991). Représentation et action dans le contexte social. In J.-L. Beauvois, R.-V. Joule, & J.-M. Monteil (Eds.), *Perspectives cognitives et conduites sociales*, t. 3 (pp. 23-44). Cousset, B : Delval.

Aubret, J. (1990). *Les bilans de compétences personnels et professionnels. Guide méthodogogique*. Paris : EAP.

Aucouturier, A.-L. (1994). *Panels et évaluation des politiques de l'emploi*. Paris : La Documentation française.

Autes, M. (1999). *Les paradoxes du travail social.* Paris : Dunod.
Bayle, N. (2000). *Entre le penser et le faire.* Thèse de Doctorat, Université Toulouse-Le Mirail.
Beauvois, J.-L. (1984). *La psychologie quotidienne.* Paris : PUF.
Beauvois, J.-L. (1991). Faut-il renoncer au recrutement ? *Revue internationale de psychologie sociale, 4,* 187-190.
Beauvois, J.-L. (1994). *Traité de la servitude libérale.* Paris : Dunod.
Beauvois, J.-L., & Joule, R.-V. (1981). *Soumission et idéologies.* Paris : PUF.
Beauvois, J.-L., Bourjade, A., & Pansu, P. (1991). Norme d'internalité et évaluation professionnelle. *Revue internationale de psychologie sociale, 4,* 9-28.
Becker, H. S. (1960). Notes on the concept of commitment. *American Journal of Sociology, LXVI,* 32-40.
Becker, H. S. (1985). *Outsiders.* (J.-P. Briand, & J.-M. Chapoulie, trad.). Paris : A.-M. Métailié (Édition originale, 1963).
Benarrosh, Y. (2000). Tri des chômeurs : le nécessaire consensus des acteurs de l'emploi. *Travail et Emploi, 81,* 18-27.
X Benoit-Guilbot, O. (1990). La recherche d'emploi : stratégies, qualification scolaire et professionnelle et « qualification sociale ». *Sociologie du travail, 4,* 491-507.
Bentler, P. M., & Speckart, G. (1979). Models of attitude-behavior relations. *Psychological Review, 86,* 452-464.
Bernaud, J.-L. (2000). Recrutement et évaluation du personnel. In J.-L. Bernaud & C. Lemoine (Eds.), *Traité de psychologie du travail et des organisations* (pp. 95-133). Paris : Dunod.
Bihr, A., & Pfefferkorn, R. (1999). *Déchiffrer les inégalités.* Paris : Syros.
Bouffard, L., Lens, W., & Nuttin, J. (1983). Extension de la perspective temporelle future en relation avec la frustration. *International Journal of Psychology, 18,* 429-442.
Boutinet, J.-P. (1993). *Anthropologie du projet.* Paris : Dunod (Édition originale, 1990).
Boutinet, J.-P. (1999). Compétences individuelles et projets personnalisés en convergences et en contrastes. *Carriérologie, 7,* 251-266.
Brandin, P., Choulot, S., & Gaffie, B. (1998). Transformation de deux représentations en réseau. *Les Cahiers internationaux de psychologie sociale, 37,* 97-121.
Brangier, E., & Tarquinio, C. (1998). La compétence : modèles et usages. L'émergence de nouvelles normes sociales. *Connexions, 70,* 13-30.
Brechon, P. (2000). *Les valeurs des français.* Paris : A. Colin.

Brehm, J. W., & Cohen, A. R. (1959). Choise and chance relative deprivation as determinants of cognitive dissonance. *Journal of Abnormal and Social Psychology, 58*, 383-387.

Bruchon-Schweitzer, M. L., & Ferrieux, D. (1991). Les méthodes d'évaluation du personnel utilisées pour le recrutement en France. *L'Orientation scolaire et professionnelle, 20*, 71-88.

Castel, R. (1995). *Les métamorphoses de la question sociale*. Paris : Fayard.

Castra, D. (1994). Explications causales et modes d'exercice professionnel en travail social. *Les Cahiers internationaux de psychologie sociale, 22*, 33-50.

Castra, D. (1995*a*). *Insertion, exclusion, perspectives psychosociales*. Habilitation à diriger des recherches, Université Bordeaux 2.

Castra, D. (1995*b*). Les élus locaux vus par les travailleurs sociaux : une représentation en mouvement. *Les Cahiers internationaux de psychologie sociale, 26*, 88-109.

Castra, D. (1995*c*). Mécanismes implicites de prise de décision dans la situation de recrutement. *L'Orientation scolaire et professionnelle, 24*, 115-133.

Castra, D. (1995*d*). Théorie de l'engagement et insertion professionnelle. *Connexions, 65*, 159-176.

Castra, D. (1996*a*). Les représentations de l'exclu : psychologisation et naturalisation. Communication présentée à la 3e Conférence internationale sur les représentations sociales. Aix-en-Provence, septembre.

Castra, D. (1996*b*). Un point de vue sociocognitif sur les pratiques de bilan. *Carriérologie, 6*, 37-44.

Castra, D. (1997). Attribution interne, norme d'internalité et exclusion sociale. In M.-L. Rouquette (Éd.), *L'exclusion, fabriques et moteurs* (pp. 49-60). Perpignan, F : Presses Universitaires de Perpignan.

Castra, D. (1998). Internalité et exclusion sociale. *Les Cahiers internationaux de psychologie sociale, 37*, 45-62.

Castra, D. (2001). Comment insérer les bas niveaux de qualification dans les entreprises ? In C. Levy-Leboyer, M. Huteau, C. Louche & J.-P. Rolland (Eds.), *RH, les apports de la psychologie du travail* (pp. 159-176). Paris : Les Éditions d'Organisation.

Castra, D., Laffite, J.-M., & Valls, F. (1988). Une méthode d'action sur offres et demandes. *L'Orientation scolaire et professionnelle, 17*, 233-247.

Castra, D., & Valls, F. (1997). Employabilité et insertion professionnelle. Actes du Colloque international « Compétences et contextes professionnels ». Metz, juin (pp. 99-104).

Channouf, A., Py, J., & Somat, A. (1996). Prédire les comportements à partir des attitudes : nouvelles perspectives. In J.-L. Beauvois & J.-C. Deschamps (Eds.), *Des attitudes aux attributions. Sur la construction sociale de la réalité* (pp. 55-66). Grenoble : Presses Universitaires de Grenoble.

Channouf, A., & Mangard, C. (1997). Les aspects socionormatifs de la consistance cognitive. *Les Cahiers internationaux de psychologie sociale, 36*, 28-45.

Chopart, J.-N. (1993). L'employabilité, défi ou gageure ? *Connexions, 62*, 35-52.

Coquelle, C. (1997). Peut-on (bien) vivre sans projet ? *Carriérologie, 6*, 117-128.

Corneille, D. (1995). Le contact comme mode de résolution du conflit intergroupes. *Les Cahiers internationaux de psychologie sociale, 23*, 40-60.

Coulon, F., & Duret, P. (1997). L'intégration à la cité par le spectacle sportif, étude comparée du football à Marseille et Paris. *Revue française des affaires sociales, 2*, 215-224.

Crahay, M. (1996). *Peut-on lutter contre l'échec scolaire* ? Bruxelles : De Boeck.

Cueillens, Ch., & Castra, D. (1998). Norme d'internalité et sphères de vie. *Psychologie du travail et des organisations, 4*, 44-53.

Curie, J. (1995). La composante normative des explications causales ou quand les hommes marchent tout seuls. *Revue internationale de psychologie sociale, 8*, 117-127.

Curie, J., & Dupuy, R. (1994). Acteurs en organisation, ou l'interconstruction des milieux de vie. In C. Louche (Éd.), *Individu et organisations* (pp. 53-80). Paris : Delachaux & Niestlé.

Cusson, M. (1981). *Délinquants pourquoi* ? Paris : A. Colin.

Dagot, L. (1999). *Allégeance, internalité et insertion professionnelle : le cas du bilan de compétences.* Mémoire de DEA de psychologie, Université Bordeaux 2.

Damon, J. (1998). Les politiques d'insertion. *Problèmes politiques et sociaux, 807*, 1-75.

DARES. Direction de l'animation de la recherche, des études et des statistiques (1996). *40 ans de politiques de l'emploi.* Paris : La Documentation française.

Deconchy, J.-P. (1998). La construction mentale de la spécificité humaine : parcours expérimental dans le champ des croyances. In J.-L. Beauvois, R.-V. Joule & J.-M. Monteil (Eds.), *20 ans de psycho-*

logie sociale expérimentale francophone (pp. 111-150). Grenoble : Presses Universitaires de Grenoble.

Deconchy, J.-P., & Hurteau, Ch. (1998). Non-contrôle cognitif, épuisement cognitif et recours aux explications « irrationnelles ». In J.-L. Beauvois, R.-V. Joule & J.-M. Monteil (Eds.), *Perspectives cognitives et conduites sociales,* t. 6 (pp. 103-126). Paris : Delachaux & Niestlé.

Deconchy, J.-P., Jorf, R., & Oung, B. (2000). Déréliction acquise et traitement systématique ou heuristique de données inexplicables de prime abord. *Les Cahiers internationaux de psychologie sociale, 47-48,* 55-72.

Degenne, A., & Forse, M. (1994). *Les réseaux sociaux*. Paris : A. Colin.

Delobbe, N., & Colfs, N. (1999). La socialisation organisationnelle des nouvelles recrues : impact des différences individuelles et valeur médiatrice de l'adaptation à la tâche, au rôle et au groupe. *Psychologie du travail et des organisations, 5,* 165-188.

Deniger, M. A. (1998). Pauvreté et insertion sociale et professionnelle des jeunes familles : perspectives québécoises. In B. Charlot & D. Glasman (Eds.), *Les jeunes, l'insertion, l'emploi* (pp. 150-165). Paris : PUF.

Deschamps, J.-C. (1996). Au-delà des théories « classiques » de l'attribultion. In J.-C. Deschamps & J.-L. Beauvois (Eds.), *Des attitudes aux attributions. Sur la construction sociale de la réalité* (pp. 237-260). Grenoble : Presses Universitaires de Grenoble.

Desrumaux-Zagrodnicki, P. (1998). *Manuel pratique en travail social. Des méthodes pour être efficace.* Paris : Gaëtan Morin.

Desrumaux-Zagrodnicki, P., Masclet, G., Poignet, H., & Sterckeman, L. (2000). Influence de l'apparence physique et des explications causales des candidats sur les décisions de recruteurs pour des postes de statuts supérieurs et subalternes. *Les Cahiers internationaux de psychologie sociale, 47-48,* 131-142.

Desrumaux-Zagrodnicki, P., & Rainis, N. (2000). Recrutement pour un poste de cadre en fonction des explications causales et des aptitudes des candidats. *Revue internationale de psychologie sociale, 13,* 203-224.

Doise, W. (1973). Relations et représentations intergroupes. In S. Moscovici (Éd.), *Introduction à la psychologie sociale*, t. 2 (pp. 195-214). Paris : Larousse.

Doise, W. (1982). *L'explication en psychologie sociale*. Paris : PUF.

Doise, W. (1993). *Logiques sociales dans le raisonnement*. Paris : Delachaux & Niestlé.

Doise, W., Clémence, A., & Lorenzi-Cioldi, F. (1992). *Représentations sociales et analyses de données*. Grenoble : Presses Universitaires de Grenoble.

Donzelot, J. (1991). *Face à l'exclusion. Le modèle français*. Paris : Esprit.

Dubar, C. (1987). *L'autre jeunesse*. Lille : Presses Universitaires de Lille.

Dubar, C. (1991). *La socialisation. Construction des identités sociales et professionnelles*. Paris : A. Colin.

Dubar, C. (1996). La sociologie du travail face à la qualification et à la compétence. *Sociologie du travail, 2*, 179-192.

Dubar, C. (1998). Réflexions sociologiques sur la notion d'insertion. In B. Charlot & D. Glasman (Eds.), *Les jeunes, l'insertion, l'emploi* (pp. 29-37). Paris : PUF.

Dubet, F. (1994). *Sociologie de l'expérience*. Paris : Le Seuil.

Dubois, N. (1986). Aspects normatifs *versus* cognitifs de l'évolution de l'enfant vers l'internalité. *Psychologie française, 31*, 109-114.

Dubois, N. (1987). *La psychologie du contrôle*. Grenoble : Presses Universitaires de Grenoble.

Dubois, N. (1994). *La norme d'internalité et le libéralisme*. Grenoble : Presses Universitaires de Grenoble.

Dubois, N. (1998). Internalité et connaissance évaluative. In J.-L. Beauvois, R.-V. Joule & J.-M. Monteil (Eds.), *20 ans de psychologie sociale expérimentale francophone* (pp. 189-230). Grenoble : Presses Universitaires de Grenoble.

Dubois, N. & Trognon, A. (1989). L'apport de la notion de norme d'internalité à l'approche des pratiques de formation. In J.-L. Beauvois, R.-V. Joule & J.-M. Monteil (Eds.), *Perspectives cognitives et conduites sociales,* t. 2 (pp. 213-226). Cousset, B : Delval.

Dubois, N., & Tarquinio, C. (1997). L'internalité comme compétence sociale : trois questionnaires destinés à son évaluation. *Pratiques psychologiques, 2*, 73-87.

Dubois, N., Beauvois, J.-L., Gilibert, D., & Zentner, E. (2000). Attribution d'internalité dans des contextes intergroupes minimaux. In J.-L. Beauvois, R.-V. Joule & J.-M. Monteil (Eds.), *Perspectives cognitives et conduites sociales,* t. 7 (pp. 345-370). Rennes : Presses Universitaires de Rennes.

Dumora, B. (2000). *Les intentions d'orientation : aspects développementaux et psychosociaux*. Habilitation à Diriger des recherches, CNAM, Paris.

Dumora, B., & Lannegrand-Willems, L. (1999). Le processus de rationalisation en psychologie de l'orientation. *L'Orientation scolaire et professionnelle, 28*, 3-29.

Dweck, C. S. (1999). *Self-Theories : Their Role in Motivation, Personality and Development*. London : Taylor & Francis.

Eymard-Duvernay, F., & Marchal, E. (1997). *Façons de recruter. Le jugement des compétences sur le marché du travail*. Paris : A.-M. Métailié.

Eymard-Duvernay, F., & Marchal, E. (2000). Qui calcule trop finit par déraisonner : les experts du marché du travail. *Sociologie du travail, 42*, 411-432.

Ferréol, G. (1992). Système d'emploi et relations de travail. In G. Ferréol (Éd.), *Intégration et exclusion dans la société française contemporaine* (pp. 379-416). Lille : Presses Universitaires de Lille.

Ferrieux, D. (1993). Le rôle des représentations dans la construction individuelle de l'employabilité en début de vie active. *Revue européenne de psychologie appliquée, 43*, 153-160.

Festinger, L. & Carlsmith, J. M. (1959). Cognitive consequences of forced compliance. *Journal of Abnormal and Social Psychology, 58*, 203-210.

Fishbein, M., & Ajzen, I. (1975). *Belief, Attitude, Intention and Behavior : An Introduction to Theory and Research*. Reading, UK : Addison-Wesley.

Fisher, D. (2000). *L'histoire des étudiants en France de 1945 à nos jours*. Paris : Flammarion.

Flament, C. (1994). Structure, dynamique et transformation des représentations sociales. In J.-C. Abric (Éd.), *Pratiques sociales et représentations* (pp. 37-58). Paris : PUF.

Flament, C. (1996). Les valeurs du travail, la psychologie des représentations comme observatoire d'un changement historique. In J.-C. Abric (Éd.), *Exclusion sociale, insertion et prévention* (pp. 113-124). Toulouse : Érès.

Fougère, D. (1996). Trajectoires de chômeurs de longue durée. In S. Paugam (Éd.), *L'exclusion : l'état des savoirs* (pp. 146-157). Paris : La Découverte.

Fournier, G., & Pelletier, R. (1994). Analyse exploratoire de croyances vocationnelles de jeunes adultes sans emploi. *Les Cahiers internationaux de psychologie sociale, 24*, 95-117.

Fournier, G., Pelletier, R., & Pelletier, D. (1993). Typologie des croyances entretenues par les jeunes de 16 à 25 ans sans emploi à l'égard de l'insertion socioprofessionnelle. *L'Orientation scolaire et professionnelle, 22*, 65-83.

Fraisse, P. (1967). *Psychologie du temps*. Paris : PUF.

Gangloff, B. (1997*a*). La norme d'internalité et ses fondements : les tribulations d'une notion dans l'univers de l'évaluation professionnelle. *Psychologie du travail et des organisations, 3*, 61-75.

Gangloff, B. (1997*b*). Les implications théoriques d'un choix d'items : de la norme d'internalité à la norme d'allégeance. *Pratiques psychologiques, 2*, 99-106.

Gaulejac (de), V. (1994). *La lutte des places*. Paris : Desclée de Brouwer.

Gazier, B. (1990). L'employabilité : brève radiographie d'un concept en mutation. *Sociologie du travail, 4*, 575-584.

Ghiglione, R. (1994). *Préface* à G. Guingouain & F. Le Poultier (Eds.). *À quoi sert aujourd'hui la psychologie sociale ?* (pp. XIII-XVI). Rennes : Presses Universitaires de Rennes.

Gigling, M. (1997). À propos de quelques points de vue sur les causes de l'exclusion. In M.-L. Rouquette (Éd.), *L'exclusion : fabriques et moteurs* (pp. 35-48). Perpignan, F : Presses Universitaires.

Goffman, E. (1968). *Asiles*. Paris : Éditions de Minuit.

Guichard, J. (1997). Quelles sont les finalités des méthodes de psychopédagogie du projet d'avenir ? *Carriérologie, 6*, 7-24.

Guichard, J., & Huteau, M. (2001). *Psychologie de l'orientation*. Paris : Dunod.

Guillevic, C. (1991). *Psychologie du travail*. Paris : Nathan.

Guimelli, Ch. (1988). *Agression idéologique, pratiques nouvelles et transformation progressive d'une représentation sociale*. Thèse de Doctorat, Université d'Aix-en Provence, F.

Guimelli, Ch. (1994). La fonction d'infirmière. Pratiques et représentations sociales. In J.-C. Abric (Éd.), *Pratiques sociales et représentations* (pp. 83-108). Paris : PUF.

Guingouain, G., & Le Poultier, F. (1994). *À quoi sert aujourd'hui la psychologie sociale ?* Rennes : Presses Universitaires de Rennes.

Guyennot, C. (1998). *L'insertion. Discours, politiques et pratiques*. Paris : L'Harmattan.

Hall, E. (1984). *Le langage silencieux*. Paris : Le Seuil.

Herzlich, Cl. (1969). *Santé et maladie, analyse d'une représentation sociale*. Paris : Mouton.

Huteau, M. (1997). L'éducation à l'orientation ne se limite pas à l'aide à la formation de projets. *Revue de l'Association française des administrateurs de l'éducation, 7*, 7-13.

Ibanez, T. (1989). Faire et croire. In J.-L. Beauvois, R.-V. Joule & J.-M. Monteil (Eds.), *Perspectives cognitives et conduites sociales*, t. 2 (pp. 27-46). Cousset, B : Delval.

Jaze, A. (1998). Jeunes en échec : peut-on estimer l'effet d'un dispositif postscolaire de formation ? In B. Charlot & D. Glasman (Eds.), *Les jeunes, l'insertion, l'emploi* (pp. 139-149). Paris : PUF.

Jellab, A. (1997). Jeunes en quête d'emploi et mission locale : socialisation institutionnelle et logiques d'action juvéniles. *Revue française des affaires sociales, 51*, 187-203.

Jellison, J. M., & Green, J. (1981). A self presentation approach to the fundamental attribution error : The norm of internality. *Journal of Personality and Social Psychology, 40*, 643-649.

Jodelet, D. (1989). *Folies et représentations sociales*. Paris : PUF.

Joule, R.-V. (1996). Une nouvelle voie de réduction de la dissonance : la rationalisation en acte. In J.-L. Beauvois, R.-V. Joule & J.-M. Monteil (Eds.), *Perspectives cognitives et conduites sociales,* t. 5 (pp. 293-307). Paris : Delachaux & Niestlé.

Joule, R.-V., & Beauvois, J.-L. (1987). *Petit traité de manipulation à l'usage des honnêtes gens*. Grenoble : Presses Universitaires de Grenoble.

Joule, R.-V., & Beauvois, J.-L. (1998). *La soumission librement consentie*. Paris : PUF.

Kokosowski, A. (1987). L'orientation dans les formations des jeunes sans qualification. *L'Orientation scolaire et professionnelle, 16*, 35-52.

Kop, J.-L., Dickes, P., Desprez, W., Bachacou, H., Danton, G., & Moriconi, Th. (1997). L'évaluation des effets du bilan de compétences par les bénéficiaires. *Connexions, 70*, 95-108.

Laberon, S. (1996). La prise de décision en situation de recrutement : entre rationalité et rationalisation. Communication présentée au IXe Congrès de l'AIPTLF. Sherbrooke, Canada, août.

Lanfranchi, J.-B., & Touzard, H. (2000). Modèle de la motivation à se protéger contre le sida. *Les Cahiers internationaux de psychologie sociale, 47-48*, 110-130.

Lapiere, R. T. (1934). Attitudes versus actions. *Social Forces, 13*, 230-237.

Lecigne, A., & Castra, D. (1997). De la représentation du mauvais élève à celle de l'élève signalé : une question de personne ? *Les Cahiers internationaux de psychologie sociale, 34*, 29-45.

Le Coz, M.-H. (2000). *Touche pas à ma relation*. Mémoire de DESS de psychologie sociale, Université Bordeaux 2.

Lerner, M. J. (1980). *The Belief in a Just World. A Fundamental Delusion*. New York : Plenum Press.

Leroy, J.-F. (1993). La notion de projet. *Les Cahiers internationaux de psychologie sociale, 17*, 72-103.

Lévy, A. (1965). *Psychologie sociale. Textes fondamentaux anglais et américains*. Paris : Dunod.

Levy-Leboyer, Cl. (1990). Sélection et évaluation du personnel : quoi de nouveau ? *Revue de psychologie appliquée, 40*, 41-50.
Lewin, K. (1972). *Psychologie dynamique*. Paris : PUF.
Leyens, J.-P. (1983). *Sommes-nous tous des psychologues* ? Bruxelles : Mardaga.
Lieberman, S. (1956). The effects of change in roles on the attitudes. *Human Relations, 9*, 385-402.
Loriol, M. (1999). *Qu'est-ce que l'insertion ?* Paris : L'Harmattan.
Luminet, O. (1996). La norme d'internalité dans la consultance en recrutement. Variations et clairvoyance dans l'emploi des critères attributifs. *Revue internationale de psychologie sociale, 9*, 69-89.
Maclouf, P. (1992). L'insertion, un nouveau concept opératoire des sciences sociales ? In R. Castel & J.-F. Lae (Eds.), *Le revenu minimum, une dette sociale* (pp. 122-125). Paris : L'Harmattan.
Malglaive, G. (1985). *Observation et évaluation du dispositif de formation des jeunes de 16 à 18 ans*. T. 3 : *Fonctionnement du dispositif et stratégies des jeunes*. Noisy-le-Grand, F : ADEP Éditions.
Malglaive, G. (1990). *Enseigner à des adultes*. Paris : PUF.
Maragnes, P. (2001). *Évaluation des effets durables de l'intervention des équipes IOD sur les pratiques des entreprises*. Mémoire de DESS de psychologie sociale, Université Bordeaux 2.
Marc, E., & Picard, D. (1984). *L'École de Palo Alto*. Paris : Retz.
Marc, E., & Picard, D. (1989). *L'interaction sociale*. Paris : PUF.
Mauger, G. (2001). Les politiques d'insertion. Une contribution paradoxale à la déstabilisation du marché du travail. *Actes de la recherche en sciences sociales, 136-137*, 5-14.
Messu, M. (1991). *Les assistés sociaux*. Toulouse : Privat.
Milgram, S. (1974). *Soumission à l'autorité*. Paris : Calmann-Lévy.
Mishel, W. (1968). *Personality and Assessment*. New York : Wiley.
Moliner, P. (1995). Noyau central, principes organisateurs et modèle bidimensionnel des représentations sociales : vers une intégration théorique. *Les Cahiers internationaux de psychologie sociale, 28*, 44-55.
Monteil, J.-M., & Mailhot, L. (1988). Éléments d'une représentation sociale de la formation : analyse d'une enquête auprès d'une population de formateurs. *Connexions, 51*, 9-26.
Monteil, J.-M., & Beauvois, J.-L. (2001). *Des compétences pour l'application*. Grenoble : Presses Universitaires de Grenoble.
Montmollin (de), M. (1972). *Les psychopitres*. Paris : PUF.
Moscovici, S. (1961). *La psychanalyse, son image et son public*. Paris : PUF.

Moscovici, S. (1962). L'attitude : théories et recherches autour d'un concept et d'un phénomène. *Bulletin du CERP, 11*, 2, 177-191, et *11*, 3, 247-267.

Moscovici, S., & Doise, W. (1992). *Dissensions et consensus*. Paris : PUF.

Nallet, F. (1996). Le bilan de compétences 10 ans après : principes fondateurs, pratiques et utilités sociales. *Carriérologie, 6*, 109-116.

Nicole-Drancourt, C., & Roulleau-Berger, L. (1995). *L'insertion des jeunes en France*. Paris : PUF, « Que sais-je ? ».

Noël, J.-F. (1991). L'insertion en attente d'une politique. In J. Donzelot (Éd.), *Face à l'exclusion, le modèle français* (pp. 191-202). Paris : Esprit.

Nuttin, J.-M. (1972). Changement d'attitude et role-playing. In S. Moscovici (Éd.), *Introduction à la psychologie sociale*, t. 1 (pp. 13-58). Paris : Larousse.

Nuttin, J.-R. (1980*a*). *Théorie de la motivation humaine*. Paris : PUF.

Nuttin, J.-R. (1980*b*). *Motivation et perspective d'avenir*. Louvain : Presses Universitaires de Louvain.

OCDE (1993). La formation initiale en France : efficacité interne et maîtrise des coûts. Éducation, formation, emploi, de la théorie à l'épreuve des faits. *Problèmes économiques, 93*, 20-28.

Pansu, P., Pavin, C., Serlin, E., Aldrovandi, M., & Gilibert, D. (1998). Esquisse d'une méthode de présentation de soi en entretien de sélection : une application de la théorie de la norme d'internalité dans le cadre de la recherche d'emploi. In J. Py, A. Somat, & J. Baille (Eds.), *Psychologie sociale et formation professionnelle. Propositions et regards critiques* (pp. 177-188). Rennes : Presses Universitaires de Rennes.

Paugam, S. (1996). *L'exclusion : l'état des savoirs*. Paris : La Découverte.

Petit, F. (1979). *Introduction à la psychosociologie des organisations*. Toulouse : Privat.

Pierrehumbert, B. (1992). « J'aimerais aimer l'école... » Quelques données sur les images et les idéaux des élèves en difficulté scolaire. In B. Pierrehumbert (Éd.), *L'échec à l'école : échec de l'école ?* (pp. 177-212). Paris : Delachaux & Niestlé.

Pujol, J.-C. (2000). *L'orientation, la famille et l'adolescent : conformité et différenciation*. Thèse de Doctorat, Université Bordeaux 2.

Py, J., Somat, A., & Baillé, J. (1998). *Psychologie sociale et formation professionnelle*. Rennes : Presses Universitaires de Rennes.

Remondi, L. (1999). Représentations du travail et de la pauvreté dans le dispositif RMI. In M. Loriol (Éd.), *Qu'est-ce que l'insertion ?* (pp. 33-54). Paris : L'Harmattan.

Riffaut, H. (1994). *Les valeurs des français*. Paris : PUF.

Robertis (de), C. (1981). *Méthodologie de l'intervention en travail social.* Paris : Le Centurion.

Rocher, G. (1968). *Introduction à la sociologie générale.* T. 1 : *L'action sociale*. Paris : Points.

Rochex, J.-Y. (1994). Pourquoi certains élèves défavorisés réussissent-ils ? *Sciences humaines, 44,* 10-13.

Roques, M. (1993). Les effets psychologiques du chômage. In P. Tap & H. Malewska-Peyre (Eds.), *Marginalités et troubles de la socialisation* (pp. 45-84). Paris : PUF.

Rosnay (de), J. (1975). *Le macroscope*. Paris : Le Seuil.

Rouquette, M.-L. (2001). Les espèces d'origine, à propos de : Jean-Pierre Deconchy, les animaux surnaturés. *Les Cahiers internationaux de psychologie sociale, 50,* 80-84.

Saberan, D. (1996). *Contenu et dynamique de la perception des exclus chez les travailleurs sociaux.* Mémoire de DEA de psychologie, Université Bordeaux 2.

Saleh, I. (1983). La multidimensionnalité de l'échelle de Rotter. *Revue de psychologie appliquée, 33,* 163-170.

Sauvage, P. (1997). RMI : quelle insertion ? *Informations sociales, 57,* 55-64.

Schwartz, B. (1981). *L'insertion professionnelle et sociale des jeunes*. Paris : La Documentation française.

Schwartz, B. (1998). Trente ans d'expériences et d'hypothèses sur la formation et l'insertion. In B. Charlot & D. Glasman (Eds.), *Les jeunes, l'insertion, l'emploi* (pp. 38-54). Paris : PUF.

Sherif, M. (1969). Ingroup and intergroup relations. Experimental analysis. In M. Sherif & C. W. Sherif (Eds.), *Social Psychology* (pp. 221-266). New York : Harper and Row.

Stoetzel, J. (1983). *Les valeurs du temps présent, une enquête européenne.* Paris : PUF.

Super, D. E. (1964). *La psychologie des intérêts*. Paris : PUF.

Thiebaut, E. (1998). La perspective temporelle, un concept à la recherche d'une définition opérationnelle. *L'année psychologique, 98,* 101-125.

Thomas, W. I. (1923). *The Unadjusted Girl.* Boston, CA : Little Brown.

Thomas, W. I. & Znaniecki, F. (1920). *The Polish Peasant in Europ and America*. Boston, CA : Badger.

Triandis, H. C. (1977). *Interpersonal Behavior.* Monterey, CA (Californie) : Brooks-Cole.

Visscher (de), P. (1991). *Us, avatars et métamorphoses de la dynamique des groupes*. Grenoble : Presses Universitaires de Grenoble.

Viveret, P. (1989). *L'évaluation des politiques et des actions publiques*. Paris : La Documentation française.

Vouillot, F., & Huteau, M. (1994). Projet professionnel, image de soi et image des professions : le cas de la filière « carrières sociales ». *Carriérologie, 5*, 7-27.

Wicker, A. W. (1969). Attitudes versus actions : The relationship of verbal and overt behavioral responses to attitude objects. *Journal of Social Issues, 25*, 41-47.

Wuhl, S. (1991). *Du chômage à l'exclusion ?* Paris : Syros.

Wuhl, S. (1997). *Insertion : les politiques en crise*. Paris : PUF.

Imprimé en France
par Vendôme Impressions
Groupe Landais
73, avenue Ronsard, 41100 Vendôme
Avril 2003 — N° 49 937

